Deppe

Fin de Siècle

Frank Deppe

Fin de Siècle

Am Übergang ins 21. Jahrhundert

PapyRossa Verlag

Umschlag: Willi Hölzel, Köln
Satz: dtp-studio Volker Hirsekorn, Bonn
Druck: Interpress

Die Deutsche Bibliothek - CIP-Einheitsaufnahme
Deppe, Frank:
Fin de Siècle : Am Übergang ins 21. Jahrhundert /
Frank Deppe. - Köln : PapyRossa-Verl., 1997
ISBN 3-89438-121-3

Inhalt

Vorwort

Die ersten Entwürfe zu den Kapiteln 2 bis 5 dieses Buches sind zwischen 1993 und 1996 entstanden. Die überarbeiteten Vortragsmanuskripte sind – mit Ausnahme des letzten Kapitels – in der Zeitschrift „Sozialismus" (Hamburg) erschienen[1], deren Mitherausgeber ich bin. Für den vorliegenden Band habe ich – Ende 1996/Anfang 1997 – die Texte gründlich überarbeitet. Dabei sind – soweit möglich – Überschneidungen und Wiederholungen reduziert worden. Angesichts des relativ eigenständigen Charakters der ursprünglichen Aufsatzmanuskripte konnten allerdings gelegentliche Überschneidungen nicht immer vermieden werden. Das letzte Kapitel, von dem ein stark gekürzter Auszug in einem von Andreas Foitzik und Athanasios Marvakis herausgegebenen Band mit dem Titel „Orientierung in Widersprüchen" (Hamburg 1997) erscheinen wird, sowie das einleitende „Stichwort: Fin-de-Siècle" wurden für dieses Buch neu geschrieben.

Ich danke Richard Detje (Hamburg) und Jürgen Harrer (Köln) für die redaktionelle Bearbeitung der hier versammelten Texte. Zu besonderem Dank bin ich einer Institution mit dem nicht immer unumstrittenen Namen „MAK" verpflichtet. Dieser Diskussionszusammenhang hält mich an, immer wieder den – auch international – entwickeltsten Stand der Analysen des Kapitalismus, der sozialen und politischen Konflikte und Klassenkämpfe sowie der theoretischen und strategischen Reflexionen sozialistischer Intellektueller zur Kenntnis zu nehmen und zu prüfen.

Frank Deppe

---

1) Kapitalismus und Demokratie, 9/1993; Ein neuer Gesellschaftsvertrag, 7/1994; Politik am Ende des 20. Jahrhunderts, Supplement zu 9/1995; Arbeitslosigkeit, Wohlfahrtsstaat und Gewerkschaften in der Europäischen Union, Supplement zu 2/1996 (Teile dieses Artikels sind in das letzte Kapitel dieses Buches aufgenommen).

1. Stichwort: Fin de Siècle[1]

Ein Jahrhundert, ja ein Jahrtausend geht zu Ende. Dieses Datum entfaltet schon im Vorfeld eine außerordentliche symbolische Kraft. So nimmt die Zahl der Publikationen, Konferenzen, Sendereihen und Ausstellungen zum „Fin de Siècle" unaufhörlich zu. Auf jeden Fall existiert bereits ein lukrativer Markt für das Thema. Jahrhunderbilanzen, Besichtigungen eines Zeitalters, Jahrhundertvergleiche, Abrechnungen mit Illusionen usw. haben Konjunktur. Dieses Interesse reflektiert selbst noch die Zeiterfahrung einer tiefgreifenden welthistorischen Zäsur, in der alte Strukturen, Institutionen, Denk- und Weltanschauungssysteme sich aufgelöst haben. Der Zusammenbruch der staatssozialistischen Systeme und die Auflösung des Ost-West-Gegensatzes, der Systemkonkurrenz, die seit dem Ende des zweiten Weltkrieges das globale System – militärisch, politisch, ökonomisch und ideologisch – strukturiert hatte, haben eine neue welthistorische Epoche der „Turbulenzen" eröffnet, deren Resultate noch im Dunkel der Zukunft liegen.

Zugleich scheint sich die innere Entwicklungsdynamik der westlich-kapitalistischen Gesellschaften und ihrer Ökonomien – also der Sieger des Kalten Krieges – erschöpft zu haben. Eine neue Formation kapitalistischer Entwicklung kündigt sich an. Die Unsicherheit über deren Struktur und Dynamik drückt sich vorab in der inflationären Verwendung der Vorsilbe „post" aus, von der Ulrich Beck schon 1986 sagte, daß sie das „Codewort für Ratlosigkeit" sei, „die sich im Modischen verfängt" (Beck 1996: 12). Auf der einen Seite technologische Sprünge ins Informationszeitalter und neue Dimensionen globaler Kommunikation und Vergesellschaftung, auf der anderen Seite die sich ver-

1) „Der Begriff 'fin de siècle' entstammt einem Schauspiel zweier unbekannter Pariser Schriftsteller aus dem Jahre 1888. Der Name wurde allerdings verwandt, um ein kulturelles Unbehagen im Europa des späten 19. Jahrhunderts zu charakterisieren. Im strengen Sinne bezog sich fin de siècle nicht allein auf die Tatsache des zu Ende gehenden 19. Jahrhunderts, sondern bezeichnete auf Seiten der gebildeten und redegewandten Bourgeoisie den Glauben, daß das Ende des Jahrhunderts Verfall, Niedergang und schließlich eine Katastrophe mit sich bringen würde" (West 1993: 1).

schärfende Tendenz zur Polarisierung von Arm und Reich, zur Exklusion eines wachsenden Teils der erwerbsfähigen Bevölkerung von den Arbeitsmärkten (Massenarbeitslosigkeit). Dazu kommt das verwirrende Gemisch von Widersprüchen und Spannungen, z.B. das Nebeneinander von Nationalismus und Separatismus auf der einen sowie der Entwertung des Nationalstaates und der Aufwertung transnationaler Politikformen (z.B. im Rahmen der Europäischen Union) auf der anderen Seite. Die Geschichte, in der Zeit des Kalten Krieges gleichsam im Kühlschrank aufbewahrt, ist „aufgetaut" (Magris 1996) – oder: Die Zementierung des Politischen durch den Ost-West-Gegensatz (Beck 1993b: 205) ist aufgesprengt!

Die Geschichte folgt freilich nicht den Kalenderdaten. Insofern bedeutet das Ende eines Jahrhunderts oder gar eines Jahrtausends keineswegs eine Epochenmarkierung. Alle ernsthaften Analysen des „20. Jahrhunderts" orientieren sich nicht an den kalendarischen Grenzmarkierungen. Das „kurze 20. Jahrhundert" (E. Hobsbawm) beginnt im August 1914 und endet mit der Auflösung der Sowjetunion im Jahre 1991. Das „lange 20. Jahrhundert" (Arrighi), das amerikanische Jahrhundert, beginnt im letzten Drittel des 19. Jahrhunderts und neigt sich – freilich in der Horizontverschiebung über das Jahr 2000 hinaus – seinem Ende zu. Für diejenigen, die die „informationelle Revolution" als das Signum unserer Epoche begreifen, hat das „20. Jahrhundert gerade erst begonnen" (Schäfer 1996).

Es hat allerdings immer wieder Jahrhundertübergänge gegeben, in deren Erwartung das Bewußtsein wie die konkret historische Erfahrung eines tiefgreifenden epochalen Umbruchs, einer Zeitenwende, sich zu Endzeit- oder Untergangsstimmungen verdichtet haben. So fanden z.B. am Ende des 15. Jahrhunderts – in Oberitalien, aber auch in vielen Städten Europas – Bußpredigten von Bettelmönchen zahlreiche Zuhörer. Diese prangerten die Laster, den Luxus wie den Müßiggang der Reichen an; sie waren beim Volk gerade deshalb beliebt, weil sie dazu noch die „schlechte Regierung" kritisierten.

Schon um 1428/29 ließen Bettelmönche „Scheiterhaufen der Eitelkeiten" aufflammen, „so wie sie sechzig Jahre später Florenz ... mit unwiderruflichem Verlust für die Kunst von Savonarola anzünden ließ ... Diese Scheiterhaufen waren im fünfzehnten Jahrhundert in Frankreich wie in Italien ein immer wiederkehrender Ausdruck der großen

Ergriffenheit, die die Prediger hervorriefen. Es war die zeremonielle Form, in der sich die reuevolle Abkehr von Eitelkeit und weltlichen Freuden verkörperte, die Stilisierung einer leidenschaftlichen Ergriffenheit in eine gemeinsame feierliche Tat, wie denn jene Zeit allerwärts zum Schaffen stilvoller Formen neigt" (Huizinga 1975: 8). Das Datum 1500 – als das halbe Jahrtausend – scheint dabei keine besondere Rolle gespielt zu haben. Zentral war, namentlich in Oberitalien und in Florenz, die Erfahrung, daß im letzten Jahrzehnt des alten Jahrhunderts – mit dem Beginn des langen Krieges auf italienischem Boden und der Vertreibung der Medici (1494) – eine lange Periode der relativen Ruhe und des kulturellen Glanzes in eine Periode von Kriegen und Katastrophen, des kulturellen und politischen Niedergangs umgeschlagen war. Der Massenanhang, den der Bettelmöch Savonarola zwischen 1494 und seiner öffentlichen Verbrennung im Jahre 1498 um sich versammelte (Piper 1979: 41 ff.), war von der dumpfen Ahnung eines epochalen Umbruchs, aber auch durch die Angst vor Krieg und Katastrophen, vor Tod und Elend, ergriffen. Nur wenige Jahre später hat in Deutschland – in der Zeit der Bauernkriege und der städtischen Volkserhebungen – Thomas Müntzer in seiner „Fürstenpredigt" das Bild vom zusammenstürzenden Koloß des „fünften Reiches" (in Anlehnung an die Deutung des Traums des Nebukadnezar im 2. Kapitel des Buches „Daniel" im Alten Testament) beschworen, um die Ankunft eines Gottesreiches zu verkünden.

Es war also diese Krisenerfahrung, auf die auch der Florentiner Niccolò Machiavelli eine politische Antwort suchte. Das Rad der Fortuna – so das Zeitempfinden vor allem der herrschenden Klassen – drehte sich wie verrückt. Mit anderen Worten: Die Menschen hatten die Kontrolle über ihr Leben, die Zeitumstände und die Zukunftsgestaltung verloren (Martines 1979: 442). Der überwiegende Teil der intellektuellen Eliten reagierte darauf durch „Weltflucht": Ästhetische Abstraktion und realitätsferner Idealismus werden zu Bestandteilen der sich entwickelnden höfischen Kultur und erfüllen darin wiederum Funktionen der Herrschaftslegitimation. Ulrich Becks Kommentar zum neuzeitlichen – postmodern drapierten – Nihilismus trifft also auch auf diesen Typus intellektueller Krisenreaktion zu: „Nach dem Nichts kommt nicht nichts, sondern Ästhetisierung" (Beck 1993: 193). Machiavelli hingegen glaubte, daß entschlossenes politisches Handeln, das Eingreifen in die Speichen des Rades der Fortuna, die Katastrophe aufzuhalten, eine verfallshemmende Funktion wahrzunehmen vermöge. So bewegen sich seine politischen Analysen in einer faszinierenden Spannung zwischen brutalem Realismus auf der einen und Idealismus/Utopismus auf der anderen Seite – und gerade dieser Widerspruch, als Reflex auf eine historisch spezifische Erfahrung des Epochenumbruchs, hat immer wieder neue Deutungen des kleinen Buches „Vom Fürsten“ (1513) inspiriert (Deppe 1987).

Freilich leitet sich auch bei Machiavelli der tiefe Schock über das „Endstadium“ der Unterdrückung und Knechtung, der Fremdherrschaft und Vernichtung Italiens (Machiavelli 1986: 199 und 201) aus der biographischen Erfahrung der Zäsur von 1494 ab. Das Jahrhundert des Glanzes – zuletzt unter Lorenzo „Il Magnifico“, dem Prächtigen (1464 – 1492), der im Bewußtsein der Zeit das Ideal des Renaissancemenschen verkörperte – wurde abrupt beendet und machte einem „Zeitalter der Katastrophen“ Platz. Machiavellis „Geschichte von Florenz“ (1525) endet mit dem Tod von Lorenzo im Jahre 1492. Unmittelbar danach – so der letzte Satz – begann „der böse Samen zu keimen, ...der Italien verwüstete und immer noch verwüstet“ (Machiavelli 1925: 537). Dieser böse Samen wurde in der Zeit der Ruhe – in der „Belle Epoque“ der Medici-Herrschaft seit Cosimo dem Alten (1429 ff.) – gepflanzt. Die innere und äußere Ruhe war trügerisch und die kulturelle Blüte war ebenso wie das Luxusleben der Reichen nur Ausdruck einer allgemeinen Dekadenz der herrschenden Klassen, die mit der Zäsur des Jahres 1494 brutal zutage trat. Der Aufstieg von Florenz war durch Geschäftstüchtigkeit der Bankiers, harte Arbeit in der Textilproduktion, Wagemut (auch auf militärischem Gebiet) und Bürgersinn ermöglicht worden. Nunmehr hatten sich die wagemutigen „Unternehmer“ in satte Rentner verwandelt, die ihr Vermögen nicht durch ihre Arbeit vermehrten, sondern durch Luxuskonsum aufzehrten. Vor allem über die „vergoldete Jugend“ sagt Machiavelli (1925: 454) verächtlich: „Ihre Studien bestanden darin, in der Kleidung geschmackvoll zu erscheinen, in Reden scharfsinnig und schlau, und wer am geschicktesten über den anderen lästerte, war der Weiseste und Geachtetste ... ansonsten verschwendeten sie ihre Zeit mit Spiel und Weibern und mit üppigen Gastmählern“.

Jacob Burckhardts „Kultur der Renaissance in Italien“ (1860) hatte diese innere Krisenstruktur der Spätrenaissance weitgehend ignoriert. Er feierte im Gegenteil das „Erwachen der Persönlichkeit“ (Burckhardt 1928: 131 ff.) als den Aufbruch zur Neuzeit, als den Durchbruch der modernen Subjektivität. Seine Heldengestalten waren Krieger und Staatsmänner, Dichter, Jäger, Sportler und Liebhaber in einem – wahrhafte „uomi universali“, die sich ihrer Ruhmsucht und Gewalttätigkeit nicht schämten. Diese Überzeichnung der Renaissance-“Übermenschen“ (Abbild des Genie-Kultes, der in der Renaissance selbst entstanden war) bildet zugleich den Hintergrund für eine überaus pessimistische Zeitdiagnose in der zweiten Hälfte des 19. Jahrhunderts. Die Modernisierung durch kapitalistische Industrialisierung, Verstädterung und Demokratisierung zerstört zugleich die Grundlagen einer individualistischen Kultur. Das Zeitalter der Massen und der „Vermassung“ – so die konservative Kulturkritik – kündigt sich an. Noch vor dem Ende des Jahrhunderts schrieb Gustave Le Bon in seinem viel gelesenen Buch „Psychologie der Massen“ (1895): „Kulturen wurden bisher nie von den Massen, sondern stets nur von einer kleinen, intellektuellen Aristokratie geschaffen. Die Massen haben nur Kraft zur Zerstörung. Ihre Herrschaft bedeutet stets eine Stufe der Auflösung. Eine Kultur setzt feste Regeln, Zucht, den Übergang des Triebhaften zum Vernünftigen, die Vorausberechnung der Zukunft, überhaupt einen hohen Bildungsgrad voraus – Bedingungen, für welche die sich selbst überlassenen Massen völig unzugänglich sind“ (Le Bon 1957: 5).

Dieser Grundgedanke ist von Friedrich Nietzsche – zeitweilig Basler Universitätskollege von Burckhardt – noch zugespitzt und radikalisiert worden und entfaltete vor allem um die Jahrhundertwende unter den jungen, bürgerlichen Intellektuellen in Europa eine außerordentliche Wirkungskraft. Seit dem aristokratischen „willensstarken 17. Jahrhundert“ vollzieht sich ein Abstieg und Werteverfall, der sich schließlich im Übergang zum 20. Jahrhundert zu einem „radikalen Nihilismus“ vollendet, d.h. zu der „Überzeugung einer absoluten Unhaltbarkeit des Daseins, wenn es sich um die höchsten Werte, die man anerkennt, handelt“ (Nietzsche 1980: 10). Der Machiavellismus – als Erinnerung an das Heldenzeitalter der italienischen Renaissance – wird gänzlich mystifiziert: Er ist der „Typus der Vollkommenheit in der Politik ..., übermenschlich, göttlich, transzendent, er wird vom Menschen nie erreicht, höchstens gestreift“ (ebd. 213/4).

In der letzten Dekade des 19. Jahrhunderts verbreitete sich – in unterschiedlicher Intensität und Form – in den Zentren der bürgerlichen Welt jener Pessimismus, jenes Empfinden der Stagnation, der Dekadenz, des Werteverfalls, das Nietzsche umgetrieben hatte. Fin-de-Siècle wurde zum Begriff einer düsteren Stimmung, in der sich die Wahrnehmung vom Ende der bürgerlichen Welt des 19. Jahrhunderts mit einem „Gefühl unheilvoller Vorbedeutung" (Lichtheim 1973: 79), einem Gefühl bevorstehender Katastrophen und Gewaltexplosionen verband. Es waren die „bösen Träume, die den Schlaf der Belle Epoque störten" (Hobsbawm 1989: 111). In dieser Übergangsperiode der Ruhe und des Glanzes (der sich am sinnfälligsten in der Architektur wie der Kultur der großen Opernhäuser manifestierte) – etwa zwischen 1890 und 1910 – „ging es wirtschaftlich bergauf und das Leben war für Leute mit Geld überaus reizvoll und für die Reichen einfach glücklich .... die Herrscher der meisten westlichen Länder machten sich zwar Sorgen um die Zukunft, hatten aber von der Gegenwart nichts Ernsthaftes zu befürchten .... Ihre Gesellschaften und Regierungsapparate schienen im großen und ganzen gut lenkbar zu sein" (ebd.: 348). Die Kinder der europäischen Bourgeoisie – vor allem die Künstler und Intellektuellen – spürten jedoch, daß dieses „Golden Age" bald seinem Ende entgegentaumeln würde. Im Ersten Weltkrieg wurden dann seit August 1914 die letzten bürgerlich-liberalen Illusionen zerstört. Es gab kein Zurück mehr in die Welt des 19. Jahrhunderts. Spenglers Prognose vom „Untergang des Abendlandes" (1911) schien sich längst verifiziert zu haben. „Ethik, Bürgerlichkeit, Verfall", schrieb Thomas Mann im Ersten Weltkrieg, „das gehört zusammen, das ist eins" (Mann 1991: 98).

Es war gewiß kein Zufall, daß gerade Wien, die Hauptstadt des Vielvölkerreiches, zum Zentrum der Fin-de-Siècle-Kulturkritik werden sollte. In der „oesterreichischen Versuchsanstalt des Weltuntergangs" – so Karl Kraus 1914 – verdichteten sich die Widersprüche und Spannungen, die den Bruch mit dem Alten und die gleichsam gewaltsame Geburt des Neuen antrieben. Zunächst einmal rührte gerade hier „ein Gutteil der alles durchdringenden Unruhe aus dem Kontrast zwischen dem traditionellen Lebensstil und der zweiten industriellen Revolution: seit der Jahrhundertwende wußte jedermann, was ein Auto oder ein Flugzeug war. Nach wie vor besaß der Landadel .... seine großen Güter, war aber eine Symbiose mit dem Großbürgertum eingegangen und hatte so eine Zivilisation hervorgebracht, deren einziger gemeinsamer Nenner Reichtum hieß“ (Lichtheim 1983: 79/80).

Das Zerbrechen dieser Zivilisation drohte vor allem in Österreich dadurch, daß die ethnischen und sozialen, kulturellen und politischen Spannungen immer deutlicher erkennen ließen, daß die Zeit der Habsburger Monarchie zu Ende ging. Dazu kam, daß in den 90er Jahren die Macht der Liberalen in Österreich und vor allem in ihrer Bastion Wien politisch im Schwinden war. Das Empfinden einer sozialen und politischen Desintegration verband sich mit einem Gefühl der politischen Ohnmacht. „Und je mehr sich das politische Handeln als vergeblich erwies, desto stärker wurde die Kunst zu einer Religion, zu einer Quelle des Sinns und der Nahrung der Seele“ (Schorske 1994: 8). Die Krise des Liberalismus war jedoch nicht allein Reflex einer Krise des bürgerlichen Denkens, der Erschöpfung der dynamischen und kreativen Potenzen der Kapitalistenklasse, der Transformation des wagemutigen und innovativen Unternehmers (den Schumpeter in Wien ins Zentrum seines ökonomischen Denkens rückte) in den fetten Rentier, der von seinen Dividenden und Finanzgeschäften lebt. Sie war zugleich Resultat der Herausforderungen durch die Entwicklung der sozialistischen Arbeiterbewegung, deren Massenorganisationen – zumindest in Österreich und in Deutschland – seit den 90er Jahren enorm an Einfluß und Macht gewonnen hatten. Auf der anderen Seite kündigte sich eine andere Massenbewegung an: In Wien hatte 1895 der Katholik und Antisemit Karl Lueger die Bürgermeisterwahlen gewonnen. Die folgende Dekade der Herrschaft der christlich-sozialen Demagogen in Wien sollte für einen jungen Mann aus der Provinz, Adolf Hitler, zum Modell werden.

„Der Liberalismus geriet zwischen die Fronten dieser neuen Massenbewegungen, weshalb die Individualisten alter Schule sich unbehaglich zu fühlen begannen“ (Lichtheim 1993: 55). Zudem wurde der traditionelle liberale Geist durch die Ausweitung der Staatstätigkeit – erste Ansätze der staatlichen Sozialpolitik, die Ausweitung von bildungspolitischen Maßnahmen – verunsichert. Der „unaufhaltsame Vormarsch“ der staatlichen Bürokratie und – als paralleler Prozeß – die Durchsetzung der Maschinen in der Fabrik wurden z.B. von Max Weber als die zentralen Bezugspunkte einer pessimistischen Zukunftsvision von Modernisierung registriert: „Eine leblose Maschine ist geronnener Geist. Nur daß sie dies ist, gibt ihr die Macht, die Menschen in ihren Dienst zu zwingen und den Alltag ihres Arbeitslebens so beherrschend zu bestimmen, wie es tatsächlich in der Fabrik der Fall ist. Geronnener Geist ist auch jene lebendige Maschine, welche die bürokratische Organisation mit ihrer Spezialisierung der geschulten Facharbeit, ihrer Abgrenzung der Kompetenzen, ihren Reglements und hierarchisch gestuften Gehorsamsverhältnissen darstellt. Im Verein mit der toten Maschine ist sie an der Arbeit, das Gehäuse jener Hörigkeit der Zukunft herzustellen, in welche vielleicht dereinst die Menschen sich, wie die Fellachen im altägyptischen Staat, ohnmächtig zu fügen gezwungen sein werden, wenn ihnen eine rein technisch gute und das heißt: eine rationale Beamten-Verwaltung und -Versorgung der letzte und einzige Wert ist, der über die Arbeit der Leitung ihrer Angelegenheiten entscheiden soll" (Weber 1964: 1060).

Die Fin-de-Siècle-Kulturkritik war allerdings nur eine der bürgerlichen Denkströmungen der Zeit. Daneben gab es „vorwärtsdrängenden Progressismus", der insbesondere von den Technik- und Naturwissenschaften beeinflußt war. Immerhin erschien im Jahre 1900 ein biologischer Bestseller von Ernst Haeckel, der die „Lösung aller 'Welträtsel' verhieß" (Bracher 1984: 21). Im politischen Denken der Eliten setzte sich mehr und mehr der Sozialdarwinismus – als „Basisphilosophie" der imperialistischen Politik – durch. Der „moderne Großkapitalist" hatte sich längst vom liberalen Programm des „Nachtwächterstaates" verabschiedet. Er war Anhänger des nationalen Machtstaatsgedankens geworden. Solche Ideen erfaßten gegen Ende des Jahrhunderts auch „immer neue Schichten der Akademiker und besonders der studentischen Jugend. In den meisten Ländern der Kulturwelt wandten sich gerade Akademiker von den alten Parolen der Freiheit und des Fortschritts ab, und statt dessen begeisterten sie sich für nationale Größe, für Machtpolitik und Autorität" (Rosenberg 1962: 230). In dieser Epoche verloren „humanitäre und naturrechtliche Ideen gegenüber der anscheinend naturgesetzlich begründeten Verführungskraft der antidemokratischen und antiindividualistischen Ideologien an Boden..., der Eigenwert der Nation triumphierte über den des Einzelmenschen. Schon Heinrich von Treitschke konnte mit großer Wirkung postulieren, das Individuum solle sich opfern 'für eine höhere Gemeinschaft, deren Glied es ist'; es besitze seinen Wert nur als Teil der Nation" (Schulze 1994: 274/5).

Die Fin-de-Siècle-Kulturkritik bildet noch ein Moment jener „Revolte gegen den Positivismus", die der Historiker H. Stuart Hughes als zentrales Merkmal des wissenschaftlichen, politischen und künstlerischen Denkens am Ende des 19. Jahrhunderts bezeichnete. „Es gibt bestimmte Perioden in der Geschichte, in denen einige fortgeschrittene Denker, die in der Regel unabhängig voneinander arbeiten, Vorstellungen über das menschliche Verhalten entwicklen, die von denjenigen Vorstellungen, die in der Zeit gemeinhin anerkannt werden, so verschieden sind, daß sie zusammengenommen eine intellektuelle Revolution zu bilden scheinen. Das Jahrzehnt zwischen 1890 und 1900 war eine dieser Perioden. In diesem Jahrzehnt und dem folgenden wurden die Basisprämissen des sozialen Denkens im 18. und 19. Jahrhundert einer kritischen Überprüfung unterzogen. Daraus entstanden neue Annahmen, die für unsere eigene Zeit charakteristisch sind" (Hughes 1961: 33). Die Revolte gegen das Fortschritts- und Rationalitätsdenken seit der Aufklärung durchdringt nicht allein den Kulturpessimismus im Geiste Nietzsches. Der Irrationalismus wird – in der Lebensphilosophie von Henri Bergson ebenso wie in der Mythenlehre von Georges Sorel und der Ideologietheorie von Vilfredo Pareto – als wesentliches Merkmal des menschlichen Lebens und Zusammenlebens, der Gesellschaft, der Geschichte und des politischen Gemeinwesens, gedacht. Die Zerstörung der Illusion autonomer Subjektivität, die Sigmund Freud mit dem Satz eröffnete, „daß das Ich nicht Herr sei in seinem eigenen Hause" (zit. n. Görlich/Lorenzer 1987: 181), mußte das bürgerliche Selbstbewußtsein ebenso erschüttern wie die Krise des auf Galilei und Newton zurückgehenden physikalischen (mechanistischen) Weltbildes, die durch „Einsteins Universum der Relativität" ausgelöst wurde (Hobsbawm 1989: 305 ff.).

Göran Therborn hat allerdings mit Recht auf eine Schwäche der rein geistesgeschichtlich deduzierten Kernthese von Hughes aufmerksam gemacht. Die zentrale Spannung am Ende des Jahrhunderts resultierte nicht aus der Revolte *gegen* den Positivismus, sondern gerade aus der Konfrontation zwischen dem Positivismus und den „Massen, genauer: der Arbeiterbewegung". Der Sozialdarwinismus im politischen und sozialen Denken – wie er insbesondere von Herbert Spencer vertreten wurde – stand daher in der Kontinuität des positivistischen und liberalen Denkens der Bourgeoisie: „Hinter Verfassungen, Menschenrechtserklärungen und anderen rhetorischen Kunstgriffen bedeutet – nach dieser Konzeption – Politik tatsächlich den ewigen Kampf der Wenigen, um die Vielen zu beherrschen. Das ist ein natürlicher Kreislauf, in dem herrschende Eliten aufsteigen, degenerieren, besiegt werden und verschwinden. Dieser Prozeß hat kein Ende und drückt keinen Fortschritt aus. Die Wissenschaft ist die kühl distanzierte Beobachtung dieser Tretmühle. Für die soziale Frage gibt es im Grunde keine Lösung. Die Wissenschaft ist keine Anleitung zum Handeln; im besten Fall können ihre Erkenntnisse die härtesten Formen des Kampfes etwas abmildern. Jenseits dieser gemeinsamen Themen gibt es freilich bedeutende Unterschiede zwischen den Autoren" – wobei sich Therborn hier vor allem auf die Soziologie und die Politikwissenschaft bezieht (Therborn 1976: 191).

Der Bruch mit dem Alten, der dem Fin-de-Siècle-Denken eignet, ist jedoch zugleich Geburtshelfer des Neuen. Insofern gilt diese Zeit um die Jahrhundertwende nicht nur als Periode des „Aufbruchs in die Moderne", charakterisiert durch die „Durchrationalisierung unserer Lebenswelt" (Nitschke u.a. 1990, Band 1: 19), sondern auch als heroische Periode einer kulturellen Revolution: „der utopische und revolutionäre Geist, den man häufig mit den zwanziger Jahren und mit der Weimarer Republik in Verbindung bringt, war genau genommen ein hervorstechendes Chakteristikum der Vorkriegs-Periode: der Kubismus, die atonale Musik, der Futurismus, die moderne Sprachphilosophie ebenso wie die Psychoanalyse machten bereits vor dem Kriege von sich reden" (Jacoby 1990: 56). Zahlreiche Neuerungen begannen, wie T. W Adorno in Wien selbst feststellen mußte, in den 20er Jahren wieder zu verblassen: „die heroischen Zeiten der neuen Kunst lagen vielmehr um 1910" (Adorno 1963: 59). Die Avantgarde der Vorkriegszeit war bereits Teil der etablierten Kultur geworden (Hobsbawm 1994: 181).

Zugleich markiert das Ende des 19. Jahrhunderts – nun auch als Ergebnis der enormen Spannungen zwischen fragwürdig gewordenen Traditionsbeständen und Modernisierungsprozessen sowie (was die neueren Modernisierungstheoretiker gerne übersehen) des Klassenkampfes – die Geburtsstunde des modernen Intellektuellen. Im Januar 1898 veröffentlichte Emile Zola sein Manifest „J'accuse", in dem er die reaktionären Machenschaften bei der Verurteilung des Hauptmanns Dreyfus anklagte (Bering 1982: 36 ff.). Der Intellekt, so Siegfried Kracauer im Jahre 1931, ist das „Instrument zur Zerstörung aller mythischen Bestände um und in uns ... (dieses) destruktive Verhalten .... hat stetig Ideologien zu entlarven und dadurch alle hingenommenen Intentionen auf die Probe zu stellen ... Ideale, die der Intellekt nicht angefressen und geschmeckt hat, sind unnütze Naturprodukte" (Kracauer 1992: 249/50).

Daß am Ende des 20. Jahrhunderts Fin-de-Sièle-Analogien, konstruiert werden, vermag kaum zu überraschen. Wieder einmal herrschen Ungewißheiten und pessimistische Stimmungen, verbunden mit der düsteren Ahnung bevorstehender Gewaltexplosionen und Katastrophen, vor. Der Kontrast zur Belle Epoque des „Golden Age" erinnert an das späte 15. Jahrhundert, und die intellektuelle Klage über Langeweile, Dekadenz und Einförmigkeit exaltiert sich gelegentlich zur Sehnsucht nach neuen „Stahlgewittern" oder emotionalen „Volksverbrüderungen" im Zeichen einstürzender Mauern, wobei auch der schale Nachgeschmack solcher Volksfeste kommerziell vermarktet wird. In diesen Stimmungen verdichtet sich das Bewußtsein vom Verlust der Kontrolle der Menschen über ihr eigenes Leben sowie über die Entwicklung von Gesellschaft und Politik – und darin wurzelt auch jene Angst, die mit der Zuspitzung der ökologischen Katastrophenpotentiale, mit der Anwendung von Risikotechnologien sowie mit den „Fortschritten" auf dem Gebiet der Gen-Technologie beständig zuzunehmen scheint. Wieder einmal hat sich – unter der Flagge des Postmodernismus – der Chor jener Stimmen erhoben, die jetzt mit Hinweis auf die Katastrophen des 20. Jahrhunderts das Fortschrittsdenken sowie die neuzeitlichen Rationalitäts- und Subjektbegriffe verwerfen. Die Kultur des späten 19. Jahrhunderts erinnert freilich daran, daß jene Inszenierungen der „zynischen Vernunft" wenig orginell und dazu oft noch schlechte Kopien sind.

Angesichts der totalen Kommerzialisierung der Kultur im Übergang zur Informationsgesellschaft des 21. Jahrhunderts dürfte freilich die Frage nach den individuellen Trägern einer neuen „Kulturrevolution" falsch gestellt sein. Dem „Tod des Subjekts", Lieblingsthema der Poststrukturalisten, korrespondiert der Verfall jener Avantgarden, die sich als Begründer der revolutionären Kultur der Moderne begriffen hatten. Im 20. Jahrhundert gibt es daher eine erstaunliche, bislang kaum erforschte, Parallele zwischen Entstehung und Verfall von Avantgardekonzeptionen in der Kunst und der revolutionären Politik (z.B. bei Lenin). Die Pop-Art signalisiert das Aufkommen eines ästhetischen Populismus, der sich der traditionellen Unterscheidung von Hoch- und Massenkultur verweigert. Der medial inszenierte politische Populismus ermittelt beständig das Ranking der politischen Führer in der Gunst des Volkes und appelliert an dessen Souveränität als einer kulturellen und politischen Wertegemeinschaft mit politischen Losungen (Sachzwang Weltmarkt, Globalisierung, Überleben im Standort usw.), die gerade die Ausübung dieser Souveränität fundamental negieren bzw. zum Anachronismus erklären.

Ein alter und wenig produktiver Streit ist der Frage gewidmet, ob „aus der Geschichte zu lernen" sei. Eine positive Antwort ist vertretbar, wenn gleichzeitig anerkannt wird, daß *erstens* die Geschichte sich nicht wiederholt und daß sie *zweitens* keinem vorab deduzierten „Plan" folgt. Die Anerkennung der Komplexität und Kontingenz von gesellschaftlichen und politischen Prozessen ist demnach Voraussetzung nicht nur für historisch vergleichende Analysen, sondern mehr noch für prognostische – auf die Zukunft des Kapitalismus gerichtete – Überlegungen. Die Jahrhundertwende um das Jahr 1900 fällt in den Metropolen des Kapitalismus mitten in die Epoche des Übergangs zum Imperialismus, in der sich ein Ende des langen Friedens in Europa, der Pax Britannica, ankündigte – verbunden mit den Gewaltexplosionen der Weltkriege, der sozialistischen Revolutionen und der faschistischen Gegen-Revolutionen. Am Ende des 20. Jahrhunderts ist „überall vom Ende die Rede" (Beck 1996b: 19). Die „Pax Americana" wirkt fort; aber nach dem Ende der Systemkonkurrenz ist ihre systemische Bindekraft und Legitimation abgeschmolzen. In den Kapitalmetropolen der Triade USA/Westeuropa/Japan und ihrem Umfeld wird die Modernisierungsdynamik nicht nur durch die „neuen Technologien", also nicht nur durch enorme Produktivkraftschübe, sondern auch durch das Abräumen jener gesellschafts- und sozialpolitischen – allgemeiner: zivilisatorischen – „Schutzwälle" angetrieben, die im 20. Jahrhundert, im Ergebnis von Klassenkämpfen und von kapitalistischen Krisen, errichtet worden waren, um den „wilden Kapitalismus" zu zähmen. Gleichzeitig akkumulieren sich an der Peripherie, genauer noch: an den Schnittstellen von Zentren und Peripherie (die stets deutlicher auch die Binnenstruktur der entwickelten kapitalistischen Gesellschaften prägen) gewaltige Widerspruchskomplexe und Gewaltpotentiale, die – zusammen mit dem Druck der Bevölkerungsentwicklung – den Blick auf die Zukunft des 21. Jahrhunderts verdüstern (z.B. Kennedy 1993).

Die Übergangs- und Umbruchsperiode am Ende des 19. Jahrhunderts war einerseits durch die Spannung zwischen vorkapitalistischen und industriekapitalistischen Strukturen und Lebensweisen, andererseits durch die Spaltung der Gesellschaft in antagonistische „Klassenblöcke" und damit durch den Klassenkampf bestimmt. „Reflexive Modernisierung" am Ende des 20. Jahrhunderts bedeutet hingegen, über die Erzeugung von Risiken und Nebenfolgen, „Selbstgefährdung der industriellen Moderne" (Beck). Der Zerfall von Gesellschaft folgt nicht der Logik der Klassenpolarisierung und der diese reflektierenden ideologischen und politischen Prozesse – obwohl mit dem Ansteigen der Massenarbeitslosigkeit, der Armut und der sozialpolitischen Marginalisierung in den Kapitalmetropolen auch die Klassendimension der „sozialen Frage" wieder deutlicher zutage tritt. Der Zerfall von Gesellschaftlichkeit manifestiert sich nicht allein in der Erosion von sozialer Kohäsion, wie sie vor allem durch den modernen Wohlfahrtsstaat gewährleistet wurde, sondern auch im Zerfall von Werteorientierungen, die mit der Idee und Praxis der gesellschaftlichen Solidarität (im politischen Gemeinwesen) verbunden sind. Die Konsequenzen dieses Wandels betreffen unmittelbar den politischen Bereich – auf der einen Seite als Verlust der zivilgesellschaftlichen Vermittlung des Politischen, auf der anderen Seite als Verlust gesellschaftlicher Kontrolle über die Akkumulationsdynamik einer entfesselten kapitalistischen Ökonomie, die seit dem 19. Jahrhundert immer auch über den demokratischen Staat und seine wirtschafts- und sozialpolitischen Steuerungsinstrumente ausgeübt wurde.

Die Optimisten betrachteten gerade die Produktivkraftentwicklung – verbunden mit Ent-Gesellschaftlichung, Ent-Grenzung, Ent-Nationalisierung, Ent-Staatlichung etc. – als Bedingung für den Übergang in ein neues Zeitalter der unbegrenzten Kommunikation und der globalisierten Ökonomie. Die Pessimisten hingegen befürchten, daß die Entfesselung des Kapitalismus – nach seinem historischen Sieg über den kommunistischen Feind – die schon vorhandenen Tendenzen zu einer globalen sozialen und ökologischen Katastrophe noch verstärken und beschleunigen wird. Die Anhänger des Marxismus waren am Anfang des Jahrhunderts Optimisten, während der Fin-de-Siècle-Pessimismus den alten, liberalen Fortschrittsoptimismus zersetzte. Am Ende des Jahrhunderts gehören die meisten jener Marxistinnen und Marxisten, die oft nur aufgrund glücklicher Umstände dessen Katastrophen überlebten, zu den Pessimisten. „Unsere Welt", so schreibt Eric Hobsbawm (1994: 585) am Ende seiner Jahrhundertbilanz, „muß sich ändern – aber wir wissen nicht, wohin wir gehen".

2. Kapitalismus und Demokratie – Ist die Marxsche Kritik der Politik überholt?[1]

Die Fragestellung dieses Kapitels ist ebenso weit gespannt wie – im Spiegel des Zeitgeistes – unpopulär. Mit dem Zusammenbruch der „realsozialistischen Systeme", der Auflösung des Systemgegensatzes ist definitiv eine geschichtliche Epoche zu Ende gegangen. Der Sozialismus ist am Ende und mit ihm sind auch jene Theorien und Strategien erledigt (in erster Linie der Marxismus-Leninismus), die ihn als soziale Bewegung inspiriert und begleitet haben – so ließe sich die „herrschende Meinung" in Wissenschaft und Politik zusammenfassen. Nach dieser herrschenden Meinung scheiterte der sich so nennende Realsozialismus eben daran, daß er – im Vergleich mit dem Kapitalismus und den westlichen Demokratien – weder ökonomische Effizienz, noch demokratische Legitimation zu verwirklichen vermochte. Die Perestroika Gorbatschows, die beides erreichen wollte, war demzufolge das Programm eines in der Geschichte „Zu-Spät-Gekommenen".

Hypothesen und Fragestellungen

Es hat also – so hat es Francis Fukuyama schon 1989 formuliert – den Anschein, „daß dieses Jahrhundert, das voller Vertrauen auf den Endsieg der westlichen liberalen Demokratie begann, an seinem Ende einen vollen Kreis beschreibend wieder zu seinen Anfängen zurückkehrt: nicht zu einem 'Ende der Ideologien' oder einer Konvergenz von Kapitalismus und Sozialismus, wie man einmal geglaubt hatte, sondern zu einem klaren Triumph des wirtschaftlichen und politischen Liberalismus" (Fukuyama 1990: 3). Diese Sätze wurden unmittelbar unter dem Eindruck der Implosion der „realsozialistischen" Systeme geschrie-

1) Der Text beruht auf einem Vortrag, der am 9. Juni 1993 im Rahmen einer Vortragsreihe des Fachbereich Gesellschaftswissenschaften und Philosophie der Philipps-Universität Marburg zum Thema „Demokratien unter Legitimationsdruck" gehalten wurde.

ben. Schon nach einer atemberaubend kurzen Zeitspanne war allerdings die Euphorie der Sieger schon wieder in die eher pessimistischen Töne eines Krisendiskurses umgeschlagen. Diesen faßte Michael Stürmer in der Frankfurter Allgemeinen Zeitung zum Jahresende 1992 so zusammen: „Die Hoffnungen von 1989 gerieten zur Glücksstimmung 1990. Dem folgte 1991 der Wirklichkeitsschock an Golf und Adria. 1992 kamen Ratlosigkeit und Rezession. 1993 aber wird das entscheidende Jahr. Ob Rußland oder Nordamerika, ob Westeuropa oder Osteuropa: was jetzt zum Besseren oder Schlimmeren sich wendet, wird lange wirken".

Einige Aspekte dieser scheinbaren Paradoxie sollen im folgenden ausgelotet werden. Dabei wird von zwei Hypothesen ausgegangen. Die Krise der Politik in den demokratischen Staaten des Westens verweist *erstens* – wie es der Münchner Soziologe Burkhart Lutz betont hat – „auf Strukturprobleme des Westens" selbst (Lutz 1993; sowie Lutz 1984). Damit reflektiert sie Widersprüche zwischen der Dynamik der sozialökonomischen Entwicklung und ihrer Steuerungsfähigkeit nach Maßgabe jener Normen, die die westlichen Demokratien in der Prosperitätsphase der Nachkriegszeit – von angelsächsischen Ökonomen inzwischen als das „Golden Age of Capitalism" (Marglin/Schor 1990) qualifiziert – anerkannt und institutionalisiert hatten. Die Auszehrung von demokratischer Legitimität stünde so – wie es Claus Koch formuliert hat – in unmittelbarem Zusammenhang mit einem doppelten Prozeß: mit gesellschaftlichen Desintegrationsprozessen im Innern und mit der Erosion des Nationalstaates als „Heimat und Adressat demokratischer Legitimation" im Kontext des heutigen transnationalen bzw. globalen Kapitalismus (Koch 1993a: 3).

Die *zweite* Hypothese bezieht sich allgemeiner auf das Verhältnis von Kapitalismus und Demokratie: der Zusammenhang zwischen dem System wirtschaftlicher Freiheit (das auf Privateigentum an den Produktionsmitteln, marktvermitteltem Tausch und dem Warencharakter der Arbeitskraft beruht) auf der einen und dem System politischer Freiheit (als Schutz vor staatlicher Willkür sowie als Garantie der Partizipation an politischer Willensbildung) ist keineswegs so naturwüchsig kohärent und homolog, wie die Theorien des Liberalismus – bzw. heute des Neoliberalismus (z.B. Friedman 1976) – annehmen.

Formeln wie z. B. die von Barrington Moore – „Kein Bourgeois, keine Demokratie“[2] – können gewiß Zugänge zur Problematik eröffnen. Dennoch zwingt das Wissen um die verschiedenen Wege, also auch um die historischen Brüche und Wandlungen im Verhältnis von ökonomischem und politischem System entwickelter industriekapitalistischer Gesellschaften dazu, den heuristischen Wert solcher Formeln nicht zu überschätzen. Die Untersuchung dieser Beziehung führt auf ein spannungsgeladenes, heftig umkämpftes Feld mit kollektiven Akteuren, Institutionen und natürlich auch politischen Ideen und Ideologien.

Zum Demokratiebegriff

Die moderne Demokratie als Organisationsform der politischen, öffentlichen Gewalt beruht auf dem Prinzip der Volkssouveränität (Art. 20, Abs. 2. GG). Dieser soll durch Repräsentativorgane Geltung verschafft werden, die aus allgemeinen, gleichen und freien Wahlen hervorgehen. Politische Entscheidungen werden nach dem Mehrheitsprinzip getroffen. „Der Demokratiebegriff enthält folgende Prinzipien:

– *Gleichheit*: Rechtsgleichheit, Gleichheit der Chancen, Möglichkeit der Teilnahme an der politischen Willensbildung für alle Bürger:

– *Mehrheitsprinzip*: als pragmatische ultima ratio dann, wenn die Diskussion allein keinen Konsens herstellen kann;

– *Relativismus*: Keine der konfligierenden politischen Meinungen kann Anspruch auf allgemeinverbindliche objektive Wahrheit erheben. Deshalb gilt: Die jeweilige Meinung der Mehrheit ist nur ein Mandat auf Zeit; die Opposition kann notfalls die Regierung ablösen;

– *Geltende Gesetze* sind im Idealfall nicht der Ausdruck des Willens einer Minderheit, sondern die Resultante der aktiven Beteiligung der Bürger...“ (Lenk 1991: 939).

Die Macht des Staates, vor allem die der Exekutivgewalt, soll durch Rechtstaatlichkeit, Gewaltenteilung und (in einigen Systemen) durch Föderalismus begrenzt werden. Der schwedische Politikwissenschaft-

2) Moore (1977: 418) bezeichnet dies als die „marxistische These“, die vor allem für England zutrifft. Seine Untersuchung ist den *drei* Wegen zur modernen Welt (Kapitalismus/bürgerliche Revolution; Kapitalismus/Faschismus; Kommunismus) gewidmet.

ler und Soziologe Göran Therborn benennt in einem Aufsatz mit dem Titel „The Rule of Capital and the Rise of Democracy" vier Variablen: 1. eine repräsentative Regierung, die 2. von einer Wahlbevölkerung gewählt ist, die aus der gesamten erwachsenen Bevölkerung besteht, deren Stimmen 3. ein gleiches Gewicht haben und denen es 4. erlaubt ist, ohne Einschüchterung durch den Staatsapparat für jede Meinung zu optieren. Er fügt hinzu: „Ein solcher Staat ist eine *bürgerliche* Demokratie insoweit, als der Staatsapparat durch eine bürgerliche Klassenzusammensetzung charakterisiert ist und die Staatsmacht so operiert, daß sie die kapitalistischen Produktionsverhältnisse sowie den Klassencharakter des Staatsapparates aufrechterhält und fördert" (Therborn 1977: 4).

Über solche Definitionen mag gestritten werden. Der Artikel von Therborn weist allerdings in seinen empirischen Abschnitten – am Beispiel der 17 entwickelten kapitalistischen Industriestaaten – nach, daß die Durchsetzung einer demokratischen Regierungsform, die den oben genannten Kriterien entspricht, ein durch und durch neuzeitliches Phänomen des 20. Jahrhunderts ist[3]. Dabei sind zwei große „Wellen" zu unterscheiden: die erste während und am Ende des Ersten Weltkrieges, die zweite nach dem Zweiten Weltkrieg. Die Zwischenkriegsperiode hingegen ist von einer erheblichen Labilität und von einer tiefen Krise der Demokratie gekennzeichnet – kurz: von einer längerwährenden Stabilität der Demokratie kann für die westlichen Metropolen des Kapitals überhaupt erst während der zweiten Hälfte des 20. Jahrhunderts gesprochen werden.

Diese Feststellung mag erstaunen; denn immerhin beruhen die Leitideen der demokratischen Regierungsform auf einer sehr weit zurückreichenden Tradition. Schon vor der naturrechtlichen Begründung der Volkssouvernität und der repräsentativen Demokratie, der Aufklärung und den bürgerlichen Revolutionen des 17. und 18. Jahrhunderts wurden – gegen aristokratisch-absolutistische sowie gegen religiös-theo-

---

3) Daher irrt Ulrich Beck (1993a:109), wenn er sagt: „Der Aufbruch in die Moderne: die Abschaffung ständischer Herrschaftsformen, die Ersetzung einer gottgewollten durch eine menschengewollte Ordnung – Parlament, Gewaltenteilung, abwählbare Regierung, (das allgemeine Wahlrecht) – *alle diese Errungenschaften werden im 19. Jahrhundert* zusammen mit der Ausweitung des Waffendienstes für alle Bürger *durchgesetzt*".

kratische Herrschaftsformen – Freiheit, Gleichheit, Rechtssicherheit und Volkssouveränität eingeklagt[4].

Strukturelle Probleme der Beziehung zwischen Kapitalismus und Demokratie

Die Überprüfung der Frage, warum es so unendlich lange gedauert hat, bis sich schließlich – in der zweiten Hälfte des 20. Jahrhunderts, dazu nur in einigen entwickelten kapitalistischen Gesellschaften – diese Prinzipien der bürgerlichen Demokratie durchgesetzt haben, eröffnet unvermeidlich den Zugang zu einigen strukturellen Widersprüchen und Konfliktfeldern, die der Beziehung von Kapitalismus und Demokratie eigentümlich sind. Für das 17. Jahrhundert in England hat C. B. Macpherson schon auf die Konstitution dieser Widerspruchsbeziehung hingewiesen. Der Besitzindividualismus beruht auf der Herausbildung des modernen Privateigentums in einer Marktgesellschaft (vgl. dazu auch Rittstieg 1976; Römer 1978): „Die Gesellschaft wird zu einer Anzahl freier und gleicher Individuen, die zueinander in Beziehung stehen als Eigentümer ihrer eigenen Fähigkeiten und dessen, was sie durch deren Anwendung erwerben. Der Staat wird zu einem kalkulierten Mittel zum Schutz dieses Eigentums und der Aufrechterhaltung einer geordneten Tauschbeziehung" (Macpherson 1973:15). Die entscheidende Frage der Verfassungskämpfe seit dem 17. Jahrhundert wird die nach dem Ver-

4) Vgl. dazu z.B. die radikale naturrechtliche Begründung des Gleichheitsgedanken, die Machiavelli in seiner „Geschichte von Florenz" einem Führer des Aufstandes der „Ciompi", der Wollarbeiter von Florenz, vom Jahre 1378 in den Mund gelegt hat (vgl.Deppe, 1987: 99 ff.); oder die radikale Kritik der „heutigen Staaten" als eine „Verschwörung der Reichen", die „den Namen und den Rechtstitel des Staates mißbrauchen, um für ihren eigenen Vorteil zu sorgen", in der „Utopia" des Thomas Morus (1516). Schließlich sei an die Forderungen des Levellers John Lilburne in der englischen Revolution nach 1640 erinnert. Diese faßt Leo Kofler in seiner „Geschichte der bürgerlichen Gesellschaft" (1971: 348) wie folgt zusammen: „Schrankenlose Gewissensfreiheit und Gleichberechtigung aller religiösen Bekenntnisse; allgemeine und regelmäßige Wahlen zur Volksvertretung; Verwirklichung der politischen Souveränität des Volkes, wenn auch unter Ausschluß der Knechte und Lohnarbeiter ...; völlige Gleichheit vor dem Gesetz und – also schon vor Locke und Montesquieu – Trennung von gesetzgebender und richterlicher Gewalt" (als Überblick vgl. auch Deppe 1981).

hältnis des Eigentums zum politischen Bereich. Den Privateigentümern als Tauschsubjekten gebietet die Vernunft, die öffentliche Gewalt, die den Tauschakt und seine Rechtsform, den Vertrag, sichert, als legitim anzuerkennen (vgl. dazu auch Kostede 1980).

Damit sind für die Entwicklung des Verhältnisses von Kapitalismus und demokratischer Staatsform drei fundamentale Widerspruchskomplexe gesetzt, die freilich noch lange durch die Vorherrschaft des Absolutismus in Europa (also bis ins 19. Jahrhundert hinein) verdeckt und überlagert werden. Erst die französische Revolution von 1789 und die industrielle Revolution in England haben dann deren Bewältigung auf die Tagesordnung der sozialen und politischen Geschichte der entwikkelten bürgerlichen Gesellschaft gesetzt (vgl. dazu den Begriff der „dual revolution" bei Hobsbawm 1962).

Erstens, das Verhältnis von (staatlicher) Souveränität und Freiheit. Die individuelle Freiheit der Privateigentümer (*nicht* die kollektive Freiheit sozialer Gruppen bzw. politischer Organisationen) bedarf eines starken Staates – also des Hobbesschen „Leviathan" –, dem die Aufgabe zukommt, „der Ausübung der dem Individuum gegebenen Fähigkeiten die größtmögliche Sicherheit zu garantieren" (Macpherson 1973: 297). Noch bei Rousseau wird dies als grundlegendes Problem bezeichnet, dessen Lösung der Gesellschaftsvertrag darstellt: „Finde eine Form des Zusammenschlusses, die mit ihrer ganzen gemeinsamen Kraft die Person und das Vermögen jedes einzelnen Mitgliedes verteidigt und schützt und durch die doch jeder, indem er sich mit allen vereinigt, nur sich selbst gehorcht und genau so frei bleibt wie zuvor" (Rousseau 1977: 17).

Bürgerliche Freiheit hat – so das Thema der großen Untersuchung von Franz Neumann über die „Herrschaft des Gesetzes" – den souveränen Staat (zunächst in seiner absolutistischen Gestalt) zur Voraussetzung: „Der souveräne Staat existiert unabhängig von den verschiedenen Interessengruppen, die in der Gesellschaft miteinander kämpfen. Nur dieser moderne Staat richtet Schutzzölle auf und bewacht die Grenzen, erobert neue Märkte draußen und schafft die Einheitlichkeit von Verwaltung und Recht nach innen, zerstört lokale und partikulare Gewalten und verdrängt die Kirche aus der säkularen Sphäre, hält die kämpfenden sozialen Gruppen in bestimmten Grenzen oder rottet eine von ihnen aus, wenn es für den Zweck des Staates notwendig erscheint" (Neumann 1980:15).

Zweitens. Die politische Ökonomie dieses Staates entwickelt sich im Kampf um das Steuermonopol, also um die Frage, welchen Anteil des gesellschaftlichen Reichtums in der Form des Geldes an den Staat abgegeben wird, um dessen Souveränität (die Staatsapparate, vor allem Militär, Polizei, Justiz, allgemeine Verwaltung, diplomatischen Dienst etc.) zu alimentieren. Norbert Elias hat diesen Kampf im „Prozeß der Zivilisation" für Frankreich eindrucksvoll rekonstruiert (Elias 1977: 279 ff.; sowie Rokkan 1971 und Tilly 1975). Die Ambivalenz der besitzenden Klasse gegenüber dem Staat kommt daher nicht allein in der jeweiligen Grenzziehung zwischen souveräner Macht und individueller Freiheit, sondern auch in dem Interesse zum Ausdruck, daß der Staat nicht nur effektiv (in bezug auf die Herstellung von Sicherheit und Ordnung), mächtig (in bezug auf seine Rolle im internationalen Staatensystem), sondern auch möglichst „billig" zu sein habe[5].

Drittens. Das (gesellschaftliche und politische) Machtmonopol der besitzenden Klassen als Schranke für die Realisierung der Volkssouveränität. Der Besitzindividualismus entwickelt sich im Milieu sozialer Ungleichheit (zunächst von spätfeudalen Gesellschaften) und reproduziert diese (zur Klassenspaltung moderner kapitalistischer Gesellschaften) in dem Maße, in dem er sich zum Kapitalverhältnis, d.h. Nutzung der Lohnarbeit, weiterentwickelt. Von Anfang an war im bürgerlichen Denken die politische Partizipation (durch Wahl) eng an Besitz und Bildung gekoppelt (durch das Zensuswahlreich, das – wie Therborn zeigt – erst im 20. Jahrhundert beseitigt wurde, nunmehr allerdings durch die Kämpfe der sozialistischen Arbeiterbewegung und die im Hintergrund lauernde Gefahr der „bolschewistischen Revolution"). Solange dieses Monopol (d.h. Ausschluß der Mehrheit der Bevölkerung von der Beteiligung an Wahlen sowie vom Recht der Bildung politischer bzw. gewerkschaftlicher Vereinigungen) fortbestand, beschränkten sich die Kämpfe um die Beteiligung an der politischen Macht bzw. um Mehrheiten in der Regel auf die landbesitzende Aristokratie

5) Bekanntlich ging der Französischen Revolution von 1789 eine tiefe Finanzkrise voraus, vgl. dazu u.a. Skocpol, 1979: 60 ff.; im Blick auf die zunehmende Verschuldung der Großmacht USA in den 80er Jahren unseres Jahrhunderts sprechen sowohl Paul Kennedy (1989: 776) als auch Richard Rosecrance (1987: 95) von einer gewissen historischen Analogie.

und die industriekapitalistische Bourgeoisie. Der Klassencharakter politischer Herrschaft – auch und gerade in der Form der repräsentativen Demokratie und unter Berufung auf liberale Ideen – mußte also nicht ideologiekritisch – im Sinne der „Entschleierung“ – dechiffriert werden; er war unmittelbar evident[6].

Freiheit und Gleichheit – das schwierige Erbe der bürgerlichen Revolution

Das 19. Jahrhundert – noch im Übergang zum 20. – wird nun gleichsam zum geschichtlichen Laboratorium, in dem in Europa diese strukturellen Widerspruchskomplexe zum Gegenstand politischer, sozialer und ideologischer Kämpfe werden. Voraussetzung ist dabei nicht allein die gewaltige Kraft bzw. Energie, die die französische Revolution von 1789 – vor allem auch über die „kleineren französischen Revolutionen“ des 19. Jahrhunderts: 1830, 1848 und schließlich die Kommune von 1871 – ausgestrahlt hat (Deppe 1970). Vielmehr wird nunmehr mit der – wenn auch höchst ungleichzeitigen – Durchsetzung der modernen industriekapitalistischen Produktionsverhältnisse die „soziale Frage“ bzw. die Frage nach der gesellschaftlichen Ungleichheit neu thematisiert. Sie erscheint nicht mehr als bloße Konfrontation von Armut und Reichtum, sondern als soziale und politische Form des Klassengegensatzes zwischen Bourgeoisie und Proletariat. Mit der Entstehung der sozialistischen Arbeiterbewegung – die sowohl die Traditionen des Linksjakobinismus (vgl. u.a. Seidel-Höppner/Höppner 1987) als auch die frühen Erfahrungen der englischen Wahlrechtsbewegungen der 30er Jahre (Chartism) aufgreift[7] – werden die „soziale“ und die „demokratische“ Frage auf neue Weise miteinander verbunden.

---

6) Nicht zu Unrecht wurde daher bis weit ins 19. Jahrhundert hinaus das britische Unterhaus mit der „Hauptversammlung einer Aktiengesellschaft“ verglichen. 80 bis 90 Prozent der Bevölkerung waren vom Wahlrecht ausgeschlossen. Als Abgeordnete wurden nur führende Grundbesitzer oder Vermögende aus der städtischen Bevölkerung gewählt; vgl. Rittstieg 1976: 33 ff.

7) „1838 entwarf ein Komitee der allgemeinen Londoner Arbeitergesellschaft (Working Men's Association)... die Volkscharte (people's charter), deren 'sechs Punkte' die folgenden sind: 1. Allgemeines Stimmrecht für jeden mündigen Mann (!), der bei gesun-

Die Konstitution des „souveränen Volkes“ zum demokratischen Staat (zum „Volksstaat“, wie es später in einigen Programmen hieß) soll dazu dienen, sei es durch Sozialreformen und/oder durch Eingriffe in die Eigentumsverhältnisse der Gesellschaft (durch Vergesellschaftung), nicht allein soziale Ungleichheit zu beseitigen, sondern auch eine neue Qualität der Beziehung von Freiheit, Gleichheit und Solidarität zu verwirklichen. Damit verändert sich der Charakter der Bürgerrechte: die legalen und politischen Rechte, die durch die „bürgerliche Revolution“ verwirklicht werden, sind die Voraussetzung für die Schaffung einer Gegenmacht (countervailing power) durch die organisierte Arbeiterbewegung. Diese organisierte, kollektive Gegenmacht wirkt auf der politischen Ebene (Wahlkämpfe, Arbeit von sozialistischen Parlamentsfraktionen, Regierungsbeteiligungen) ebenso wie auf der ökonomischen Ebene, wo die Gewerkschaften durch Tarifverträge und den Druck auf die Sozialgesetzgebung eine Gegenmacht gegenüber dem Kapital bilden. Daraus entwickelt sich im 20. Jahrhundert eine Vorstellung von der Demokratie als „Klassenkompromiß“. Die sozialen und ökonomischen „Grundrechte“ ergänzen die politischen Teilhabe- und Freiheitsrechte. Die Ausdehnung der sozialen und ökonomischen Grundrechte im 20. Jahrhundert – so hat es T. H. Marshall formuliert – verändert die Struktur des ganzen Systems (Marshall 1973).

Im Resultat dieser Auseinandersetzungen – die zunächst den Kampf um die Aufhebung der Koalitionsverbote (hier geht es um die Gewerkschaften) wie der Organisationsverbote insgesamt umschließt – bilden sich mehr und mehr gesellschaftliche Massenorganisationen heraus, deren Existenz und Wirken der demokratischen Doktrin von einem Staat ohne intermediäre Körper entgegensteht. Noberto Bobbio (1988: 14) hat diesen Prozeß zur Pluralisierung der gesellschaftlichen und politischen Machtverhältnisse folgendermaßen beschrieben: „Zu den politisch relevanten Subjekten wurden immer mehr die Gruppen, die Groß-

---

dem Verstande und keines Verbrechens überführt ist; 2. jährlich zu erneuernde Parlamente; 3. Diäten für die Parlamentsmitglieder, damit auch Unbemittelte eine Wahl annehmen können; 4. Wahlen durch Ballotage, um Bestechnung und Einschüchterung durch die Bourgeoisie zu vermeiden; 5. gleiche Wahldistrikte, um gleich billige Repräsentation zu sichern, und 6. Abschaffung der ... ausschließlichen Wählbarkeit derjenigen, die 300 Pf. Sterling in Grundbesitz haben, so daß jeder Wähler auch wählbar ist“. Friedrich Engels, Die Lage der arbeitenden Klasse in England (1845), in: MEW, 2: 444/445.

organisationen, Verbände unterschiedlichster Natur, Gewerkschaften der verschiedensten Berufsgruppen, Parteien mit den diversesten Ideologien ... und immer weniger die Individuen ... Das Volk als ideale (oder mystische) Einheit gibt es nicht mehr, sondern das Volk ist gespalten in entgegengesetzte und miteinander konkurrierende Gruppen, die ihre relative Autonomie gegenüber der Zentralregierung haben...". Damit erst entsteht jene moderne Problematik der institutionellen Vermittlung von Ökonomie, Gesellschaft und Politik, die neuerdings in der sog. „Theorie der Regulation" reflektiert wird: „Jede kapitalistische Gesellschaft (benötigt) ein institutionell-normatives Netzwerk, das die divergierenden Strategien und Handlungen konkurrierender und miteinander kämpfender Individuen, Gruppen und Klassen in einer mit den Bedingungen der Kapitalakkumulation vereinbaren Weise aufeinander zu beziehen vermag" (Hirsch 1993: 196; vgl. auch Lipietz 1991).

Kehren wir aber noch einmal zum 19. Jahrhundert zurück. Über diesen unaufgelösten Antagonismus von Freiheit (im politisch-rechtlichen Sinne) und Gleichheit (im Sinne politisch-rechtlicher und materieller Gleichheit) ist viel geschrieben worden – immer wieder auch im Bezug auf das berühmte Diktum von Alexis de Tocqueville, daß von der Aufklärung und der Revolution, allgemeiner: von dem Bestreben zur Verwirklichung von (individueller) Freiheit *und* Gleichheit wie aus einer gemeinsamen Quelle zwei Tendenzen ausgelöst wurden: „die eine führt die Menschen geradewegs zur Freiheit und kann sie auch plötzlich in die Anarchie treiben; die andere leitet sie auf längerem, verschwiegenerem, und sicherem Wege in die Knechtschaft" (Tocqueville 1956: 178). Wie aber wurde im politischen Denken der Zeit – offen oder verdeckt – die Lösbarkeit dieses Problems unter den Bedingungen der Entwicklung einer kapitalistischen Wirtschaftsgesellschaft reflektiert?

– Eine für die deutsche Entwicklung – vor allem dann nach 1871 – besonders wirkungsvolle Lösungsvariante des Widerspruchs wurde schon in Hegels Rechtsphilosophie (in den §§ 243-246) dargelegt. Wenn sich – so sagt er im Blick auf die englischen Verhältnisse sowie die klassische Nationalökonomie – die „bürgerliche Gesellschaft in ungehinderter Wirksamkeit befindet", so „vermehrt sich die Anhäufung der Reichtümer... auf der einen Seite, wie auf der anderen Seite die Vereinzelung und Beschränktheit der besonderen Arbeit und damit die Abhängigkeit und Not der an diese Arbeit gebundenen Klasse"(Hegel 1955:

200 ff.). Die Lösung dieser „Dialektik" liegt – neben der Kolonisation – letztlich in der Intervention des Staates, der – so findet es sich später bei Lorenz von Stein – das allgemeine Interesse, Vernunft und Freiheit, vor den miteinander im Streit liegenden Privatinteressen der Gesellschaft schützt, der aber auch Reformen (z.B. Bildungsreform, Sozialreform) durchzusetzen habe, um die Klassenantagonismen zu entschärfen. Mittels einer „Revolution von oben" könne „ein durch das französische Beispiel belehrtes Königtum die bürgerliche Revolution überflüssig werden lassen..., indem es vorbeugend die soziale Revolution des Proletariats sozialstaatlich reguliert und eindämmt" (Steil 1993: 84; vgl. auch Marcuse 1962: 327 ff.). Hier also entspringt jene Konzeption, die später als preußischer Staatssozialismus bzw. Kathedersozialismus bezeichnet worden ist. Natürlich ist dieser nicht eine bloße Materialisierung des Hegelschen Denkens, sondern eine praktisch-politische Reaktion auf den wachsenden Einfluß der sozialistischen Arbeiterbewegung im Bismarckschen Reich.

– Neben dieser etatistischen Variante beschäftigt sich das liberale Denken – in Ökonomie und Politik – mit den Antinomien der Freiheit. Während sich die klassische Nationalökonomie bei Ricardo und seinen Schülern – schon mit deutlich pessimistischen Untertönen – mit den zyklischen Krisen der kapitalistischen Ökonomie zu beschäftigen beginnt, deutet sich bei Tocqueville und J. St. Mill die Einsicht an, „daß die Verbindung von Freiheit und Gleichheit, die das aufgeklärte gebildete Bürgertum in seinem Kampf um seinen gerechten Anteil an der politischen Macht eingegangen war, sich zuungunsten der Freiheit auflöst. Das Gleichheitsargument, das dazu benutzt worden war, um Freiheit zu gewinnen, drohte die errungene Freiheit in Gefahr zu bringen und damit die Grundsäulen des Liberalismus zu erschüttern" (Rausch 1974: 246/7). Die Verteidigung der Freiheit des nonkonformistischen Individuums gegen die „Tyrannei der Gesellschaft" verbindet sich daher bei Mill mit der Hoffnung, daß das ungestörte Wirken der Marktgesetze schließlich zu einer allgemeinen Hebung des Wohlstandes beitrage.

Die dritte Variante läßt sich mit dem Titel eines nach wie vor lesenswerten Buches des Historikers Arthur Rosenberg (1962) umschreiben: „Demokratie und Sozialismus". Diese Arbeit zeigt zunächst, daß die politischen Vorstellungen der sozialistischen Bewegungen des 19. Jahrhunderts (Frühsozialisten, Chartisten, Babouvisten, soziale Demokraten, Anarchisten verschiedener Tendenz usw. usf.) keineswegs mit dem, was erst später als „Marxismus" bezeichnet wurde, identifiziert werden dürfen. Dennoch übte das Marxsche Werk – vor allem seit der Gründung der zweiten Internationale, der sozialistischen Arbeiterinternationale (Paris, 1889) und der führenden politischen und ideologischen Position der deutschen Sozialdemokratie in ihr – auf die sozialistischen Bewegungen, vor allem auf ihre politischen Theorien, einen maßgebenden Einfluß aus.

Daß die Marxsche Theorie – zumal auf dem Felde der politischen Theorie – erhebliche Defizite aufweist bzw. bewußt unvollendet geblieben ist, wurde vor allem in der Periode der Renaissance des marxistischen politischen Denkens nach 1968 in den westlichen Metropolen des Kapitals immer wieder betont und als Aufforderung zu einer produktiven Weiterentwicklung (nunmehr vor allem mit Hinweis auf die Bedeutung des Werkes des Italieners Antonio Gramsci) im Zusammenhang der von Louis Althusser um die Mitte der 70er Jahre konstatierten „Krise des Marxismus" thematisiert (vgl. u.a. Althusser 1978; zur Rekonstruktion und Aktualisierung der politischen Theorie von Marx in den 70er Jahren vgl. Miliband 1977; Poulantzas 1975; Cerroni 1973; Kostede 1980; Deppe 1983a; Deppe 1983b). Da die bislang behandelten Fragen der widersprüchlichen Konstitutionsbedingungen des Verhältnisses von Kapitalismus und Demokratie mit wesentlichen Ergebnissen der Marxschen Kritik der Politik übereinstimmen, verzichtet die folgende Darstellung auf eine systematische Rekonstruktion.

Erstens. Zu Lebzeiten von Marx bestand in den kapitalistischen Gesellschaften und Staaten die demokratische Regierungsform, wie sie eingangs definiert wurde, keineswegs flächendeckend. Sie war in den Staaten Europas eher die Ausnahme als die Regel. Es gehört gewiß zu den Paradoxien der nachfolgenden Geschichte, daß es gerade die am Marxismus orientierte Arbeiterbewegung war, die am Ende des Ersten

Weltkrieges das allgemeine und freie Wahlrecht (unter Einschluß des Frauenwahlrechtes) durchsetzte. Ansätze zur Demokratisierung und zur Realisierung der Volkssouveränität – vor allem in den europäischen Revolutionen des Jahres 1848 unternommen – wurden in der Regel gewaltsam niedergeschlagen. Marx hat diesen Prozeß in seinen Bonapartismus-Analysen untersucht (vgl. dazu auch Perez-Diaz 1978). Dabei begründet er die These, daß die politische Herrschaft des Bürgertums, sobald sie durch das „Gespenst" der proletarischen Revolution herausgefordert wird, dazu tendiert, zugunsten der bonapartistischen Diktatur auf wesentliche Bestandteile des repräsentativen Verfassungsstaates – vor allem auf den Parlamentarismus – zu verzichten (vgl. dazu auch Hobsbawm 1980: 125 ff.).

Zweitens. Die Marxsche Intention läßt sich wohl am prägnantesten mit der Formel von der „Vergesellschaftung der Politik" umschreiben. Indem der Staat (und seine Formen) als – wie es Hermann Heller (1931: 608) später einmal formuliert hat – „Wirkungsform der Gesellschaft" begriffen werden, rückt in der Tat die „Anatomie der bürgerlichen Gesellschaft", der Begriff ihrer sozialökonomischen Struktur sowie ihrer Bewegungsformen, ins Zentrum. Von hier aus läßt sich eine funktionale Äquivalenzbeziehung zwischen Privateigentum, Tausch und Konkurrenz, der „doppelt freien Lohnarbeit", der Freiheit von äußerer politischer Einmischung und dem System des Freihandels, des Liberalismus und des „zurückhaltenden Staates" ableiten. „Die Sphäre der Zirkulation oder des Warentausches, innerhalb deren Schranken Kauf und Verkauf der Arbeitskraft sich bewegt, war in der Tat ein wahres Eden der angeborenen Menschenrechte. Was hier allein herrscht, ist Freiheit, Gleichheit, Eigentum, und Bentham" (MEW 23: 189). Innerhalb dieses rechtlichen, institutionellen und ideologischen Rahmens funktioniert nicht allein der Akkumulationsprozeß, sondern realisiert sich auch die Einheit von gesellschaftlichen und politischen Herrschaftsverhältnissen; denn – so einer der Schlüsselsätze des „Kapital" –: das „Kapital ist nicht eine Sache, sondern ein durch Sachen vermitteltes gesellschaftliches Verhältnis zwischen Personen" (MEW 23: 793).

In seinen „Frühschriften" hatte Marx den Widerspruch zwischen dem universalistischen Anspruch der Erklärung der Menschenrechte und der Funktion der repräsentativen Demokratie für die Sicherung gesellschaftlicher Herrschaftverhältnisse hervorgehoben („Zur Judenfrage").

In der Auseinandersetzung mit Hegels Rechtsphilosophie wird nicht allein die Erhöhung des Staates über die Gesellschaft kritisiert, sondern – sehr grob zusammengefaßt – die Vermenschlichung der Politik (die Marx hier Demokratie nennt) als ein Problem bzw. als ein Resultat der Vermenschlichung der Gesellschaft bezeichnet (vgl. dazu auch Huar/ Fechner 1985). „Vergesellschaftung der Politik" bedeutet in diesem Sinne Aufhebung der Trennung von Staat und Gesellschaft (Aufhebung der „Verdoppelung" des Menschen in Bourgeois und Citoyen), Zurücknahme der Politik und des Staates (so hat es Engels einmal formuliert) in die Gesellschaft. Mit anderen Worten: eine demokratische Regelung der „öffentlichen Angelegenheiten" hat in letzter Instanz eine demokratische Gesellschaft zur Voraussetzung. In seiner späten Schrift „Zur Kritik des Gothaer Programms" hat Marx dieses Programm so zusammengefaßt und dabei die Formel von der „freiheitlichen Grundlage des Staates" kritisiert: „Die Freiheit besteht darin, den Staat aus einem der Gesellschaft übergeordneten in ein ihr durchaus untergeordnetes Organ zu verwandeln, und auch heute sind die Staatsformen freier und unfreier in dem Maß, worin sie die 'Freiheit des Staats' begrenzen" (MEW 19: 26).

Drittens. Die Unterscheidung zwischen der Staats*gewalt* (als dem „harten Kern" der institutionalisierten politischen Gewalt) und der Staats*form* (als dem institutionellen Rahmen der Partizipation der Citoyen und der Legitimation) markiert einen wesentlichen Aspekt der politischen Theorie von Marx. Dabei wird die Problematik der Beziehung zwischen Souveränität (in der Traditionslinie „Bodin/Hobbes" und der Konstruktion des absolutistischen States) und Freiheit (im Sinne der Grundrechte der Bürger gegen den Staat) thematisiert. *Demokratische Regierungsformen sind mithin stets in der Beziehung zur Staatsbürokratie (also: zur Exekutivgewalt) als dem zentralen System der politischen Macht- und Gewaltapparate zu bestimmen*[8]. Diese „zen-

8) In seinen Überlegungen zum „integralen Staat" hat Antonio Gramsci den Versuch unternommen, die vor allem bei Lenin und seinen Nachfolgern in der Kommunistischen Internationale kodifizierte Identifizierung von Staatsgewalt und Staatsform (im Sinne der Klassendiktatur der herrschenden Klasse) aufzulösen. Nur so kann a) der Charakter der bürgerlichen Hegemonie erfaßt, und b) der Stellenwert der Demokratie für den Klassenkampf richtig erkannt werden. Über die „Gleichsetzung von Staat und Regierung"

tralisierte Staatsmacht", so heißt es in der Schrift „Bürgerkrieg in Frankreich", „mit ihren allgegenwärtigen Organen – stehende Armee, Polizei, Bürokratie, Geistlichkeit, Richterstand, Organe, geschaffen nach dem Plan einer systematischen und hierarchischen Teilung der Arbeit – stammt her aus der Zeit der absoluten Monarchie, wo sie der entstehenden Bourgeoisgesellschaft als eine mächtige Waffe in ihren Kämpfen gegen den Feudalismus diente" (MEW 17: 336; zur Organisierung politischer Herrschaft vgl. Therborn 1978). Max Weber hat den Zusammenhang von Staatsbürokratie und modernem Kapitalismus sogar noch enger gesehen, als er in dem „Prozeß der Entwicklung des modernen Staates" eine „vollständige Parallele zu der Entwicklung des kapitalistischen Betriebes durch allmähliche Enteignung der selbständigen Produzenten" sehen wollte: „Am Ende sehen wir, daß in dem modernen Staat tatsächlich in einer einzigen Spitze die Verfügung über die gesamten politischen Betriebsmittel zusammenläuft..." (Weber 1964: 1046).

Viertens. War Marx ein Etatist und neigte deshalb zum totalitären Denken? Angesichts der Bedeutung der Staats- und Diktaturfrage in den sich auf den Marxismus-Leninismus berufenden Systemen wäre es natürlich mehr als naiv, diese Frage schlicht zu verneinen[9]. Es gibt den Widerspruch bei Marx und anderen sozialistischen Revolutionären des 19. und 20. Jahrhunderts: auf der einen Seite die Anerkennung

---

sagt Gramsci (1992: 783) kritisch: das heißt: „Verwechselung von Zivilgesellschaft und politischer Gesellschaft, denn es ist festzuhalten, daß in den allgemeinen Staatsbegriff Elemente eingehen, die dem Begriff der Zivilgesellschaft zuzuschreiben sind (in dem Sinne, könnte man sagen, daß Staat = politische + Zivilgesellschaft, das heißt, Hegemonie, gepanzert mit Zwang)".

9) Für die Historiker mag heute die Kontroverse Marx/Bakunin in einem neuen Lichte erscheinen: Marx hatte Recht gegen Bakunin, wenn er immer wieder darauf hinwies, daß eine 'radikale soziale Revolution ... an gewisse historische Bedingungen der ökonomischen Entwicklung' geknüpft sei; auf der anderen Seite sind die Warnungen Bakunins vor der 'Verstaatlichung' des Sozialismus, der Diktatur der Partei und der Unterdrückung der Freiheit ernst zu nehmen, als er schrieb: 'Ich verabscheue den Kommunismus, weil er die Negation der Freiheit ist und weil ich mir nichts Menschliches ohne Freiheit vorstellen kann. Ich bin kein Kommunist, weil der Kommunismus alle Kräfte der Gesellschaft auf den Staat lenkt und in diesem absorbiert; weil er notwendig zur Zentralisierung des Eigentums in den Händen des Staates führt, während ich die Abschaffung des Staates will' (vgl. Deppe 1992: 20).

der Gewalt und der Diktatur als Mittel der Umwälzung der bestehenden Herrschaftsverhältnisse; auf der anderen Seite das Ziel, gerade mit diesen Mitteln eine wirkliche Volksdemokratie (im Sinne der Aufhebung gesellschaftlicher und politischer Machtmonopole von Minderheiten) herzustellen[10].

Dennoch gibt es überzeugende Argumente (vgl. u.a. Heuer 1989; Behrens 1992; Schneider 1992; kritisch zum Zusammenhang von ökonomischem Determinismus und Leninscher Parteitheorie Castoriadis 1990), daß Marx und Engels keineswegs „Staatssozialisten" bzw. zentralistisch orientierte „Staatsfetischisten" gewesen sind. Gerade in diesem Punkte unterschieden sie sich deutlich von der babouvistischen Tradition, wie sie in Frankreich von Louis Auguste Blanqui wach gehalten wurde. In der „Kommunalverfassung" der Pariser Kommune sah Marx eine Art Keimform eines neuen Demokratietyps, zu dem auf jeden Fall auch das „allgemeine Stimmrecht" gehören sollte (MEW 17: 340). Die Debatten über die Rätedemokratie, die in Westeuropa, vor allem aber in Deutschland, am Ende des Ersten Weltkrieges eine wichtige Rolle spielten, haben diesen alten Gedanken der direkten Demokratie (der schon in der englischen Revolution nach 1640 aufkam) wieder aufgegriffen und weitergeführt (zur Kontunität des Rätegedankens vgl. auch Arendt 1963). Marx – es mag eine Überzeichnung der tatsächlichen Situation, vielleicht auch eine illusionäre Hoffnung gewesen sein – begriff die Kommune als eine Form der Republik, Selbstregierung des Volkes: „Es ist nicht die politische Selbstregierung des Landes durch einen oligarchischen Club ... Es ist das Volk, das selbst und für sich selbst handelt" (MEW 17: 520). Die Kommune, so sagt er an anderer Stelle war „eine Revolution gegen den Staat selbst, gegen diese übernatürliche Fehlgeburt der Gesellschaft; sie war eine Wiederbelebung durch das Volk und des eigenen gesellschaftlichen Lebens des Volkes" (ebd., 541).

10) In diesem Kontext der unmittelbaren Revolutionserfahrung steht auch W. I. Lenins Auseinandersetzung mit der Schrift von Karl Kautsky, Die Diktatur des Proletariats, Wien 1918: „Die proletarische Revolution und der Renegat Kautsky" (Lenin 1964/III: 69 ff.) Hier versucht Lenin nachzuweisen, daß die „proletarische Demokratie .... millionenfach demokratischer (sei) ... als jede bürgerliche Demokratie; die Sowjetmacht ist millionenfach demokratischer als die demokratischste bürgerliche Republik" (ebd. 91).

Die historische Wirkung dieser Demokratiekonzeption, ihre Einbettung in geschichtsphilosophische Ideen sowie ihre Verknüpfung mit der Vorstellung von einer politisch bewußter werdenen Arbeiterklasse als kollektivem Handlungssubjekt kritisch zu überprüfen, wäre Aufgabe eigenständiger Untersuchungen zum Thema „Sozialismus und Demokratie". Hier wird hingegen die Frage nach dem Verhältnis von Kapitalismus und Demokratie erörtert – ausgehend von der These von Göran Therborn, daß sich stabile demokratische Regierungsformen in den Metropolen des Kapitals erst nach dem zweiten Weltkrieg etablierten. Im folgenden soll daher der Versuch unternommen werden, die verschiedenen Wege, die das Denken über die demokratische und soziale Frage im 19. Jahrhundert eingeschlagen hat, zusammenzufügen. Die Perspektive richtet sich dabei zunächst auf die fundamentale Krise, in die namentlich die liberale Demokratie in Europa in der ersten Hälfte des 20. Jahrhunderts geraten ist.

Die Krise der bürgerlichen Gesellschaft und der Demokratie in der ersten Hälfte des 20. Jahrhunderts

Zunächst läßt sich mit Arthur Rosenberg (1962: 302) festhalten, daß die „Demokratie als politische Bewegung zerfällt in die sozialistische und in die bürgerliche Demokratie", wobei beide Strömungen sich in sich selbst noch weiter ausdifferenzieren. Darin kommt zum Ausdruck, daß die soziale Ungleichheit sowie die politischen Machtasymetrien, die dem Kapitalismus dieser Zeit eigentümlich sind, im politischen Raum den Antagonismus politischer und sozialer Kräfte hervorbringen. Es ist die Heterogenität einer sozial und politisch gespaltenen Gesellschaft, die die Voraussetzungen der Homogenität der politischen Willensbildung, Übereinstimmung von Regierenden und Regierten, unterminiert. Die Zerstörung der Zivilisation des 19. Jahrhunderts resultierte – so Karl Polanyi (1978: 329; vgl. dazu auch Esser 1985) – in letzter Instanz aus dem „Konflikt zwischen dem Markt und den elementaren Erfordernissen eines geordneten gesellschaftlichen Lebens". Dieser Konflikt „verlieh diesem Jahrhundert seine Dynamik und erzeugte die typischen Spannungen, die schließlich zur Zerstörung dieser Gesellschaft führten. Die Kriege beschleunigten bloß diesen Prozeß".

Welches sind die wichtigsten Entwicklungstendenzen des kapitalistischen Wirtschaftssystems, die ihrerseits die Krise der liberalen Demokratie (als Voraussetzung für die Etablierung autoritärer und terroristischer Herrschaftsformen) beeinflussen, auf der anderen Seite aber auch neue Vorstellungen über die Funktion des Staates sowie über die Veränderung der gesellschaftlichen Machtverhältnisse hervorbringen?

Erstens. Die kapitalistische Wirtschaft – je mehr sie dem Selbstlauf der Marktregulierung anheim gegeben ist – erzeugt soziale Ungleichheit und Wirtschaftskrisen, in denen – davon war zumindest *John Maynard Keynes* in den 20er und 30er Jahren überzeugt (nunmehr auch vor dem Hintergrund der Entwicklung in der Sowjetunion) – die Gefahr einer revolutionären Umwälzung der bestehenden Wirtschafts- und Geellschaftsordnung droht. „Der Übergang von wirtschaftlicher Gesetzlosigkeit zu einer Ordnung, die bewußt auf eine Überwachung und Lenkung der wirtschaftlichen Kräfte im Sinne gesellschaftlicher Gerechtigkeit und gesellschaftlichen Gleichgewichts abzielt, wird ungeheure Schwierigkeiten sowohl technischer wie politischer Natur darbieten. Trotzdem aber ist mein Vorschlag, daß es die wahre Bestimmung des Neuen Liberalismus ist, ihre Lösung zu suchen" (Keynes 1956: 253). In der „Allgemeinen Theorie" schrieb er: „Die herausragenden Defekte der ökonomischen Gesellschaft, in der wir leben, sind ihre Unfähigkeit, für Vollbeschäftigung zu sorgen, sowie ihre willkürliche und ungleiche Verteilung des Reichtums und der Einkommen" (Keynes 1964: 372).

Es bedarf daher einer politischen Regulation: sowohl einer sozialpolitischen Minderung sozialökonomischer Risiken, als auch einer antizyklischen staatlichen Wirtschafts- und Konjunkturpolitik. Solche Regulationsformen, die den Kapitalismus „retten" sollen (Hofmann 1962: 60), lassen sich entweder durch eine autoritäre Ausschaltung der Demokratie (faschistische Diktatur), oder durch eine Erweiterung demokratischer Partizipation (hier durch einen neuen Korporatismus zwischen Regierung, Kapital und reformistischer Arbeiterbewegung) realisieren.

Zweitens. Das kapitalistische Wirtschaftssystem tendiert zu einer inneren Vermachtung durch Kapitalkonzentration, Monopolisierung bzw. Kartellierung, die die Machtstruktur nicht allein zwischen den verschiedenen Kapitalfraktionen, sondern auch zwischen Ökonomie und Politik verschiebt. Damit geht eine Vergesellschaftung der Kapitalfunktion einher, die – so heißt es bei Schumpeter (1950: 228) – den institutionellen Rahmen der kapitalistischen Gesellschaft zerstört: „das eigentliche Fundament des Privateigentums und der freien Vertragsrechts zerbröckelt in einer Nation, deren lebenskräftigste, faßbarste, ausdrucksvollste Gestalten aus dem moralischen Gesichtskreis des Volkes verschwinden". Auf diese Weise bilden sich nicht allein wirtschaftliche, sondern auch neue politische Machtkomplexe heraus; denn der Zugriff der mächtigsten Wirtschaftsgruppen auf die Politik (und zwar nicht allein im Sektor der Rüstungs- und Kriegswirtschaft) vollzieht sich weitgehend außerhalb der klassischen Institutionen der repräsentativen Demokratie. Hier also entsteht die Frage nach einer Demokratisierung der Wirtschaftsverfassung, die vor allem in Deutschland nach der Novemberrevolution (Rätebewegung), in der Weimarer Reichsverfassung (Art. 151 – 165), im System des kollektiven Arbeitsrechtes und schließlich in den Debatten über die „Wirtschaftsdemokratie" im Zentrum stand „Das Ende der Weimarer Republik hat historisch bewiesen, daß auf lange Sicht in unserer Zeit Demokratie als bloß formale Demokratie nicht mehr möglich ist, und daß mit der formalen Demokratie auch die durch den Liberalismus entwickelten kulturellen Werte verschwinden müssen, wenn es nicht gelingt, durch Umwandlung der formalen Demokratie in die soziale der Gesellschaft einer positiven Lösung zuzusteuern". (Abendroth 1952: 642; vgl. dazu systematisch Blau 1980; Butterwege 1991).

Drittens. In dem Maße, wie sich die kapitalistische Wirtschaft internationalisiert (Erschließung von Rohstoffen, Eroberung ausländischer Märkte), erfährt der starke, nationale Machtstaat eine gewaltige Aufwertung. Die Machtkonflikte dieser Staaten im internationalen System – bis hin zum Krieg – dominieren auch die Innenpolitik und schwächen jene Kräfte (in verschiedenen Lagern), die sich für Demokratie, Sozialismus und internationale Friedensordnungen einsetzen. Arthur Rosenberg hat diesen Wandel vom liberalen Unternehmer zum modernen Großkapitalisten im Zeitalter des frühen Imperialismus so zusammengefaßt: „Der neuliberale Unternehmer wollte Frieden, Abbau des Staatsapparates, Sicherung der bürgerlichen Freiheit und das ungehinderte Spiel der freien Konkurrenz. Der moderne Monopolkapitalist will dagegen den starken Machtstaat, mit Autorität nach innen und außen" (Rosenberg 1962: 229).

Die Entwicklung des kapitalistischen Wirtschaftssystems zehrt also selbst noch die Legitimationsreserven der Demokratie gleichsam auf und arbeitet insofern, so haben es einige sehen wollen, antikapitalistischer Kritik zu. Diese Tendenz wird nunmehr noch verstärkt durch einen Typus politischen Denkens, der die Krisenerfahrungen der Zeit in das Paradigma einer allgemeinen Dekadenz übersetzt. Diese entäußert sich im unaufhaltsamen Trend zur Massendemokratie (auf der Grundlage des allgemeinen Wahlrechtes); in der zunehmenden Regulationsfunktion des Staates (fortschreitende Bürokratisierung) auch im wirtschaftlichen und sozialen Bereich, also in der „Entpolitisierung des Staates“ bzw. im Trend zur Vergesellschaftung der Politik. Der wagemutige Unternehmer verwandelt sich in den satten und feigen Rentier. Georges Sorel (1969: 80) schreibt in seinem „Mythos der Gewalt“ über den „Spekulanten-Kapitalismus“: „Auf die Entartung der kapitalistischen Wirtschaft propft sich die Ideologie einer eingeschüchterten und von Humanitätsidealen erfüllten Bürgerklasse, die sich vermißt, ihr Denken von den Bedingungen ihres Daseins zu befreien. Die Rasse der kühnen Führer, die die Größe der modernen Industrie begründet hatten, verschwindet, um einer im Übermaß gesättigten Aristokratie Platz zu machen, die wünscht, im Frieden zu leben“ (vgl. dazu auch Steil 1984: 27 ff.)

Friedrich Nietzsche raisonniert immer wieder über den Verfall der aristokratischen Vernunft (Descartes, 17. Jahrhundert) zum „Feminismus“ (Rousseau, 18. Jahrhundert: Aufklärung)[11], zur Tyrannei der Mittelmäßigkeit, die mit Demokratie, Parlamentarismus, Sozialismus und Soziologie assoziiert wird: „Unsere ganze Soziologie kennt gar keinen anderen Instinkt als den der Herde, d.h. der summierten Nullen, wo jede Null ‘gleiche Rechte’ hat, wo es tugendhaft ist, Null zu sein“ (Nietzsche 1980: 41.) „Ich bin abgeneigt ... dem Parlamentarismus und Zeitungswesen, weil dies die Mittel sind, wodurch das Herdentier sich zum

11) Friedrich Nietzsche (1980: 69): „Das 18. Jahrhundert ist vom Weibe beherrscht, schwärmerisch, geistreich, flach, aber mit einem Geiste im Dienst der Wünschbarkeit, des Herzens, libertin im Genusse des Geistigen, alle Autoritäten unterminierend; berauscht, heiter, klar, human, falsch vor sich, viel Canaille au fond, gesellschaftlich ...“ (ebd.; S. 70). Von diesem Kampf gegen den „Feminismus“ der modernen Dekadenz handelt die brilliante Untersuchung von Nikolaus Sombart, Die deutschen Männer und ihre Feinde (1991).

Herrn macht“ (ebd. 504). All das verbindet sich zu einer kulturpessimistischen Variante des politischen Denkens, die – unter dem Eindruck der Lektüre von Jacob Burckhardts „Kultur der Renaissance in Italien“ (1860) – den definitiven Verfall des Heldentums der Renaissance-Menschen beklagt: „Nun wird kein Philosoph darüber in Zweifel sein, was der Typus der Vollkommenheit in der Politik ist; nämlich der Machiavellismus. Aber der Machiavellismus, pur, sans mélange, cru, vert, dans toute sa force, dans toute son apreté ist übermenschlich, göttlich, transzendent, er wird vom Menschen nie erreicht, höchstens gestreift ...“(ebd. 213/4).

Letztlich folgt daraus die Option für die Liquidierung der liberalen wie der sozialistischen Demokratie zugunsten der autoritären Diktatur bzw. des faschistischen Führerstaates, dessen plebiszitäre Legitimation durch das Volk dann z.B. bei *Carl Schmitt* zu einer höheren Form der „völkischen“ Demokratie hypostasiert wird. Über den „Gegensatz von Parlamentarismus und Demokratie“ schrieb Schmitt (1985a: 22/23) schon 1926: „Der Wille des Volkes kann durch Zuruf, durch acclamatio, durch selbstverständliches, unwidersprochenes Dasein ebensogut und noch besser demokratisch geäußert werden als durch den statistischen Apparat, den man seit einem halben Jahrhundert mit einer so minutiösen Sorgfalt ausgebildet hat. Je stärker die Kraft des demokratischen Gefühls, um so sicherer die Erkenntnis, daß Demokratie etwas anderes ist als nur das Registriersystem geheimer Abstimmungen. Vor einer, nicht nur technischen, sondern auch im vitalen Sinne unmittelbaren Demokratie erscheint das aus liberalen Gedankengängen entstandene Parlament als eine künstliche Maschinerie, während diktatorische und zäsaristische Methoden nicht nur von der acclamatio des Volkes getragen, sondern auch unmittelbare Äußerungen demokratischer Substanz und Kraft sein können“.

Diese Linie eines „neomachiavellistischen Denkens“ im frühen 20. Jahrhundert (bei *Mosca, Pareto, Michels* und den Anleihen, die bei *Sorel* genommen werden) kann hier nicht ausführlicher behandelt werden (vgl. Deppe 1987: 392 ff.). Dennoch erinnert deren Renaissance in den heutigen politischen und politikwissenschaftlichen Debatten (freilich noch am rechten Rand) an ein Strukturproblem demokratischer Legitimation: daß nämlich die Erfahrung gesellschaftlicher Desintegration – gekoppelt mit der Krise politischer Steuerungsinstrumente sowie des Blocks der regierenden Eliten (politische Klasse) – bei konservativen Eliten stets noch der Option für die Verselbständigung der staatlichen Gewaltapparate zugearbeitet hat.

Und doch finden sich gerade bei Carl Schmitt dort, wo er die Krise des neuzeitlichen Staates konstatiert, auch immer wieder im Ansatz Erkenntnise, die – gleichsam in verkehrter Form – auf ein neues Entwicklungsmodell des Verhältnisses von Kapitalismus und Demokratie hinweisen. Sein Begriff des „totalen Staates" – vor 1933 – beinhaltet den Bruch mit der klassischen Trennung von Staat und Gesellschaft. So sagt er im „Hüter der Verfassung": „Die zum Staat gewordene Gesellschaft wird ein Wirtschaftsstaat, Kulturstaat, Fürsorgestaat, Wohlfahrtsstaat, Versorgungsstaat ... Die Parteien, in denen die verschiedenen gesellschaftlichen Interessen und Tendenzen sich organisieren, sind die zum Parteienstaat gewordene Gesellschaft selbst" (Schmitt 1985b: 79).

„Fordismus" – eine neue Kohärenz von Akkumulationsregime und politisch-institutioneller Regulation

Dieses neue Entwicklungsmodell, das den Konservativen als Verfallsform des Staates erscheinen mußte, organisiert sich – nach 1945 – in der Formation des „Fordismus". Erst jetzt – in der zweiten Hälfte des 20. Jahrhunderts und natürlich beeinflußt durch die Resultate des Zweiten Weltkrieges – stabilisiert sich das Verhältnis von Kapitalismus, Interventionsstaat und parlamentarischer Demokratie in den westlichen Metropolen des Kapitals. Dabei handelt es sich um die Ausbreitung des – wie schon der Bezug auf den Namensgeber Henry Ford erkennen läßt – amerikanischen Kapitalismusmodells, das sich seit den 20er Jahren herausbildete und nach 1945 als siegreich erwies[12].

Die tragenden Säulen der fordistischen Formation sind 1. die Durchrationalisierung des Arbeitsprozesses (Taylorisierung), 2. die Massen-

---

12) Zum Fordismus-Begriff und seiner Geschichte vgl. u.a. Hirsch/Roth 1986: 41 ff.; zum Fordismus-Begriff der „Regulationsschule" vgl.Mahnkopf 1988; Demirovic u.a. 1992; zur Fordismus-Analyse bei Antonio Gramsci vgl. u.a. Bischoff/Detje 1989: 38 ff.; Baratta 1989: 29 ff.

produktion dauerhafter Konsumgüter (im Mittelpunkt natürlich das Automobil), 3. die Sicherung von Nachfragesteigerungen durch effektive Lohnerhöhungen. Zur Funktionsfähigkeit dieses Modells gehört ein tiefgreifender Wandel im Verhältnis von Ökonomie und Politik – die Etablierung von wirtschaftlicher Globalsteuerung und staatlichen Interventionsinstrumenten (Keynesianismus) sowie die Institutionalisierung korporativer Beziehungen zwischen Kapital und Arbeit. Dies ist zugleich die Basis für eine Neuorganisation der Klassenbeziehungen und einen darauf gegründeten hegemonialen Politiktyp, der die Masse der Lohnarbeiter und ihre Gewerkschaften in den „fordistischen Block" integriert (vgl. u.a. Dörre 1989: 23 ff.; Bieling/Deppe 1996a).

Natürlich setzt sich dieses Modell nicht in allen Staaten gleichförmig durch[13]. Nach 1945 gibt es in Westeuropa immer wieder heftige soziale und politische Kämpfe um die Schlüsselfrage, wieweit die politische und gesellschaftliche Regulation der kapitalistischen Ökonomie und ihrer krisenhaften Entwicklungsdynamik vorangetrieben oder zurückgedrängt werden kann. Dennoch setzte sich dieses „fordistische Modell" – in seiner westeuropäischen Variante (d.h. vor allem mit einer starken Machtposition der politischen und gewerkschaftlichen Arbeiterbewegung) – weitgehend durch (vgl. Kaelble 1987). Die politische Linke wie die Rechte stritten in der Regel nur um verschiedene Varianten seiner Ausgestaltung. Die Linke setzte sich eher für Sozialstaatlichkeit, einen aktiven öffentlichen Sektor, für Kontrolle des Großkapitals und für starke Gewerkschaften ein. Die Rechte hingegen bevorzugte den Markt, die Modernisierung, einen öffentlichen Sektor, der der Privatwirtschaft dient; und sie hatte Angst vor starken Gewerkschaften.

Dieses „Modell" wird heute als der „rheinische Kapitalismus" – im Unterschied zum japanischen oder US-amerikanischen Kapitalismus (Albert 1992) – oder als „europäisches Gesellschaftsmodell" bezeich-

---

13) Erhebliche Unterschiede bestehen z.B. zwischen den skandinavischen Ländern mit einer seit den 20er Jahren stabilen sozialstaatlichen Tradition und den beiden Ländern der iberischen Halbinsel, in denen die faschistischen Diktaturen bis 1974 bzw. bis 1976 fortbestehen. Besonders interessant wäre – am Beispiel Spaniens – eine Untersuchung, inwieweit die Entwicklung des Kapitalismus, die Einbeziehung in den Weltmarkt (seit den 50er Jahren), dann aber auch die Welle der Klassenkämpfe seit den späten 60er Jahren dem Niedergang des „Franquismus", schließlich der „Transición" zur Demokratie zugearbeitet hat (vgl. dazu u.a. Etxezarreta 1991).

net. Dieses – so das Weißbuch der EU zur „Europäischen Sozialpolitik" (1994) – umfaßt „Demokratie und Persönlichkeitsrechte, Tariffreiheit, Marktwirtschaft, Chancengleichheit für alle sowie soziale Sicherheit und Solidarität". Dieses Modell ist nicht allein eine sozialpolitische und kulturelle „Errungenschaft" der westeuropäischen Nachkriegsgeschichte, sondern auch – wie der französische Staatspräsident Jacques Chirac in seinem „Memorandum für ein europäisches Sozialmodell" vom März 1996 hervorhebt – eine „Trumpfkarte angesichts der Herausforderungen der neuen Weltwirtschaft", genauer: in der sog. „Triadenkonkurrenz" zwischen Europa, Nordamerika und Ostasien. Schließlich werden Bewahrung und Ausbau des „europäischen Gesellschaftsmodells" angesichts des sozialen Drucks, der von der Massenarbeitslosigkeit und der Armut allenthalben ausgeht, als Bedingung für die Überwindung jener Legitimitätskrise des europäischen Projektes erkannt, die seit Maastricht die politische Klasse in Europa verunsichert (Chirac 1996).

Für unsere Betrachtung bleibt freilich die Frage entscheidend, wie der innere Zusammenhang zwischen der Stabilität dieser Formation und der Legitimation demokratischer Herrschaftsformen im politischen Raum angemessen begriffen werden kann. Diese Fragen sollten vor dem Hintergrund der zuvor thematisierten Strukturprobleme der ebenso homologen wie kontradiktorischen Beziehung von Kapitalismus und Demokratie beantwortet werden.

Erstens. Die Stabilität dieser Formation beruht in erster Linie auf der außergewöhnlich langen Periode des Wirtschaftswachstums, in der Profitentwicklung, Produktivitätssteigerung, Vollbeschäftigung und Reallohnsteigerungen der Lohnabhängigen in einer – zumindest oberflächlich betrachtet – proportionalen Entwicklung zueinander standen[14]. Dazu

14) Eine durch und durch „ökonomistische" Begründung des Zusammenhangs von Wachstum und politischer Stabilität findet sich im Abgesang des Mitarbeiters der FAZ auf die alte BRD: „Stabile Mehrheiten im Inneren und eine kalkulierbare Außenpolitik waren zunächst ja nur die *natürlichen* Folgen der überwältigenden deutschen Wirtschaftskraft". Später fügt er hinzu, um die gegenwärtige Krise der Politik zu charakterisieren: „Ein Staat, dem seine Bürger überwiegend deshalb die Treue halten, weil sie von ihm mehr Wohlstand und mehr Sicherheit erwarten, ist anfällig gegen den politischen Extremismus. Völlig zu Recht hat ein aufs Wirtschaftliche eingeschworener Fachmann wie Friedrich von Hayek eine Krise der modernen Demokratie für den Fall vorausgesagt, daß ihr ökonomischer Fortschritt zum Stillstand kommen sollte" (Adam 1993:.87 und 98).

kam die Etablierung von wohlfahrts- bzw. sozialstaatlichen Instrumenten, die soziale Risiken abfederten. Das „Golden Age of Capitalism" – wie es inzwischen genannt wird – modifizierte demzufolge (in den hochentwickelten Metropolen des Kapitals bzw. in den OECD-Staaten) zum ersten Mal in der Geschichte der bürgerlichen Gesellschaft – über einen Zeitraum von mehreren Jahrzehnten – jene der kapitalistischen Wirtschaft eigene Tendenz zur Ungleichheit sowie zur Instabilität, die dann ihrerseits ins Zentrum antagonistischer politischer Konflikte tritt. Der „Fordismus" ist deshalb zurecht als eine Formation des „Klassenkompromisses" bezeichnet worden. Die Reproduktion von Legitimation – im Sinne des Konsensus von Herrschenden und Beherrschten – setzt daher einen weiten „Handlungskorridor" des Staates voraus, der seinerseits auf hohen Wachstums- und Akkumulationsraten des Kapitals sowie auf einer steigenden „Staatsquote" beruht. In den sechs größten kapitalistischen Industriestaaten ist – im Durchschnitt – der Anteil der Staatsausgaben am Bruttosozialproprodukt von 11.7% (1913) über 26,7% (1950) auf 46% (1987) angestiegen (Maddison 1991: 77). Legitimationsprobleme spätkapitalistischer Systeme treten daher nicht in den Kernsektoren der Ökonomie, der Politik und der Gesellschaft, sondern eher in deren „Randbereichen" auf (vgl. z.B. Habermas 1973).

Zweitens. Fordismus bedeutet, wie gesagt, die Erschließung einer neuen Akkumulationsdynamik durch die Massenproduktion dauerhafter Konsumgüter (Automobile, Kühlschränke/Waschmaschinen, Radios/Fernseher) sowie die fortschreitende kapitalistische Transformation des Handels und des Dienstleistungssektors insgesamt (Lutz 1984). Damit freilich gehen soziale Veränderungen einher, die ihrerseits nicht allein die Polarisierung der Klassenlagen abschwächen (Erosion proletarischer Milieus), sondern auch die subjektiven Wertorientierungen der Menschen grundlegend im Sinne von Selbstverwirklichung durch Konsum verändern. Solange die Lebensweise bzw. der Alltag auch der Lohnabhängigen durch stabile Beschäftigungsverhältnisse, vielfältige Optionen im Bereich der Bildungswesens (Beck 1986: 205 ff.), durch das Angebot der Medien sowie durch die Erwartung kontinuierlicher Verbesserung der Lebensbedingungen charakterisiert werden, erzeugt diese selbst eine Legitimation für das politische System und die staatstragenden politischen Kräfte. Es ist diese Erschließung neuer Legitimationsressourcen, die in den frühen 60er Jahren von Herbert Marcuse im Begriff der „Eindimensionalität" reflektiert wurde. Seine Kritik faßte er so zusammen: „Eine komfortable, reibungslose, vernünftige, demokratische Unfreiheit herrscht in der fortgeschrittenen industriellen Zivilisation, ein Zeichen technischen Fortschritts" (Marcuse 1970: 21[15]).

Drittens. Der Wandel des politischen Systems – hin zu einer Institutionalisierung und Vermachtung sozialer Interessen (Verbände), aber auch zu einer Privilegierung der politischen Parteien und zu einer immer stärker werdenden Bedeutung der Medien – verändert zwar nicht grundlegend den Sachverhalt, daß der Interventionsstaat stets auch den Akkumulationsinteressen der Kapitals – vor allem der Großkonzerne in den sog. modernen Wachstumsbranchen – Rechnung zu tragen hat. Dennoch bildet sich neben den Sicherheitsapparaten der Exekutivgewalt ein System von privaten und staatlichen Institutionen heraus[16]. Ihr Erfolg wird daran gemessen, wieweit sie Legitimation erzeugen und reproduzieren. Auch die neuerliche Entdeckung der „Zivilgesellschaft" – ob sie nun mehr auf Antonio Gramsci (vgl. Kebir 1991) oder auf Hannah Ahrendt und die Tradition der US-amerikanischen „Verfassungsväter" (Rödel u.a. 1989) sich bezieht – konzentriert sich auf diesen politischen Zwischenraum zwischen der Ökonomie und den staatlichen Gewaltapparaten im engeren Sinn, indem sie die Gesellschaft insoweit als demokratisch bezeichnet, als sie von den Prinzipien freier Selbstorganisation und unabhängiger Öffentlichkeit, von Pluralismus, Kompromiß und Machtkontrolle bestimmt ist.

Viertens. Die je nationalen Formationen des Fordismus sind eingebettet in eine Struktur des internationalen Systems, die – gleichsam

---

15) Wenn Michael Walzer (1991: 232 ff.) daraus schließt, daß Marcuses Kritik dem Leitsatz „Je schlechter, desto besser" verpflichtet sei, so verkennt er die Intentionen dieser Kritik. Am Schluß des „Eindimensionalen Menschen" (S. 267) vertritt Marcuse dezidiert die Position, daß der Kampf um die Lösung der „totalen Verdinglichung" über „die traditionellen Formen hinausgewachsen" sei. „Die totalitären Tendenzen der eindimensionalen Gesellschaft machen die traditionellen Mittel und Wege des Protests unwirksam – vielleicht sogar gefährlich, weil sie an der Illusion der Volkssouveränität festhalten".

16) In der marxistischen Debatte der 70er Jahre hat besonders Louis Althusser (1977) diese ideologische Dimension der Reproduktion von Legitimation hervorgehoben. Die darin wirkende Tendenz zum „autoritären Etatismus" betonte vor allem sein Schüler Nicos Poulantzas (1978).

überdeterminierend – als eine starke Quelle der Legitimation demokratischer Regierungsform wirkt. Es handelt sich dabei zum einen um den globalen Gegensatz von Kapitalismus und Sozialismus, von Freiheit und Unfreiheit (so das im Westen vorherrschende Bewußtsein). Dieser fungiert gleichsam als letztinstanzlicher Bezugsrahmen externer Legitimation (wobei allerdings gerade hier, erinnert sei lediglich an die internationale Kritik an der Vietnam- und der Lateinamerika-Politik der USA, auch Widersprüche aufbrechen). Dazu kommt – innerhalb des westlichen Systems – eine klare Hegemonialstruktur. Diese beruht nicht allein auf der ökonomischen und militärischen Macht der USA, sondern auch darauf, daß die weltwirtschaftlichen Rahmenbedingungen – nach der Devise „Keynes at home, Adam Smith abroad" – für die Prosperitätskonstellation der Nachkriegeszeit für die Beteiligten von Vorteil waren und der US-Dollar als Weltgeld – bis zum Zusammenbruch des Bretton-Woods-Systems – eine wichtige Regulationsfunktion übernahm (vgl. dazu u.a. Altvater 1987; Deppe 1991; Hübner 1992).

Die „Erosionskrise" des Fordismus – Erschöpfung der Legitimationsressourcen moderner Demokratien

Es war also das Zusammenwirken dieser Legitimationsressourcen, das die Stabilität demokratischer Regierungsformen in der fordistischen Formation erklärt. Daraus leitet sich zugleich eine abschließende These ab: Der Legitimationsdruck, unter den die demokratischen Systeme im Westen geraten sind, resultiert vorab daraus, daß sich die zuvor genannten Legitimationsressourcen erschöpft haben bzw. erodieren. Wenn sich die Stabilität einer Formation durch ein kohärentes Verhältnis zwischen Akkumulationstyp und Regulationsweise auszeichnet, dann tritt eine Krise der Legitimation dann ein, wenn Akkumulation und Regulation auseinanderfallen.

Seit Ende der 80er Jahre ist der Systemgegensatz als Legitimationsressource entfallen[17]. „Nach dem Ende der Vergleiche werden die Maß-

17) „Der Kalte Krieg – nachträglich kann, darf, muß man es sagen – war ein Gottesgeschenk... Nach dem Zweiten Weltkrieg wurde der Osten zu einem einzigen Beweis dafür, daß der Kapitalismus notwendig ist" (Beck 1993a: 111/2).

stäbe der Beurteilung härter" (von Beyme). Die Frage nach der Legitimation der kapitalistischen Systeme *aus sich selbst* hat demzufolge eine neue Bedeutung gewonnen, obwohl die Konsequenzen dieses gewaltigen weltpolitischen Umbruchs – auch für das Verhältnis von Kapitalismus und Demokratie – derzeit kaum exakt zu ermessen sind. Die naive Erwartung, daß nach dem Zusammenbruch der staatssozialistischen Systeme auf einem schnellen Wege durch Marktwirtschaft Wohlstand sowie durch die Demokratie und den Schutz der Menschenrechte Freiheit erreicht würden, ist inzwischen reichlich desavouiert bzw. enttäuscht. Darin zeigen sich neben den internen Zerfallsprozessen der Ökonomie und der Gesellschaft vor allem die Wirkungen der Weltmarktkonkurrenz, die nationale Ökonomien und Unternehmen mit niedrigerer Produktivität unter einen letztlich zerstörerischen Modernisierungsdruck setzt, ohne Antworten auf die Bearbeitung der sozialen Probleme, aber auch der Tilgung der bereits vor 1990 akkumulierten Schulden zu geben. Eher scheint sich zu bestätigen, daß die Entwicklung abhängiger Peripherie-Ökonomien des Weltmarktes (in den ehemals sozialistischen Staaten) mit der Festigung autoritärer Herrschaftsformen in der Politik einhergeht (also in gewisser Weise die Bedeutung des absolutistischen Staates in Westeuropa für die Entwicklung des Kapitalismus nachgeholt werden muß). Michael Stürmer, Direktor des Forschungsinstituts für Internationale Politik und Sicherheit, Ebenhausen, sagte kürzlich in einem Vortrag: „Wirtschaftlich und sozial gesehen ist der Zustand der Weimarer Republik am Ende ihrer Epoche eine Picknickparty im Vergleich zu dem postsowjetischen Potential an Verzweiflung, Zerstörung und Bitternis. *Demokratie und Marktwirtschaft sind in diesem Zusammenhang nicht viel mehr als schöne Worte*" (Oberhessische Presse vom 23. Juni 1993). Die neuen Herausforderungen sind also wesentlich mit den Entwicklungstendenzen der transnationalen kapitalistischen Ökonomie verbunden. Josef Esser sieht das „Paradoxe der gegenwärtigen Situation gerade darin, daß in einer Zeit des notwendigen politischen Gestaltungsbedarfes für ein zu vereinigendes Deutschland, für ein neues Europa und für eine neue gerechtere Weltordnung, sich die Weltwirtschaft, oder zumindest ihr Kern, die Triade: USA, Japan/Pazifischer Raum, Westeuropa, immer mehr *ökonomisch integriert* und *politisch desintegriert*" (Esser 1993: 410/1).

Auf die Probleme der ökonomischen und ökologischen Desintegrationspotentiale jenseits dieses Kerns, also auf die gewaltigen Spaltungen in den Achsen Ost-West und Nord-Süd (zusammen mit der Bevölkerungsentwicklung und den ökologischen Problemen) kann hier nicht näher eingegangen werden – obwohl sie, wie Paul Kennedy in seinem neuen Buch zu zeigen versucht, für die entwickelten Staaten und die internationalen Organisationen die großen Herausforderungen beim Eintritt ins 21. Jahrhundert darstellen (Kennedy 1993). *Politische Desintegration* meint, daß einerseits die Regulationsfunktion der Nationalstaaten in dem Maße entwertet wurde, wie diese – im Zeichen der neokonservativen und neoliberalen Hegemonie der 80er Jahre – dem „Sachzwang Weltmarkt" nachgaben und dabei zugleich innenpolitisch den (oben erwähnten) Klassenkompromiß, der der fordistischen Formation Stabilität verliehen hatte, aufkündigten (gewiß in unterschiedlichem Ausmaße). Während sich so die Machtasymetrie zugunsten der transnationalen Konzerne verschiebt, haben sich andererseits in den modernen Gesellschaften ökologische Risiken und soziale Spaltungen verschärft, die die Steuerungs- und Handlungsfähigkeit der Staaten mehr und mehr überfordern.

Der Entwertung der nationalen, wirtschaftspolitischen Souveränität sowie der zunehmenden Abkoppelung der internationalen monetären und Finanzsphäre von der Realakkumulation sowie von der Steuerung durch die nationalstaatliche Haushalts-, Geld- und Finanzpolitik („Casino-Kapitalismus") entspricht die zunehmende Verschuldung der öffentlichen und privaten Haushalte (vgl. z.B. Zinn 1993). Der „Handlungskorridor" staatlich-politischer Steuerung verengt sich auf diese Weise beträchtlich, während gleichzeitig mit dem Wachstum der Armut („Zweidrittelgesellschaft"), dem (seit den 70er Jahren bestehenden) hohen „Sockel" und nunmehr dem schnellen Ansteigen der Arbeitslosigkeit, aber auch in der Bewältigung der Kosten und Risken der modernen Zivilisation (Verkehr, Gesundheitswesen, Zerstörung von Umwelt und Natur usw.) neue Anforderungen entstanden sind, die – so scheint es – die gesellschaftlichen und politischen Akteure (allen voran die zentralstaatlichen Institutionen) mehr und mehr „überanstrengen". Dieser Prozeß der gesellschaftlichen Desintegration vollzieht sich derzeit in den entwickelten kapitalistischen Industriestaaten unter je spezifischen historischen und nationalen Voraussetzungen (so ist z.B. in den USA die Rekonstruktion der verfallenen Infrastruktur sowie die

Bewältigung der Probleme der Massenarmut eine drängendere Aufgabe als in den „reicheren“ Mitgliedstaaten der EG; in Deutschland hingegen wirkt er im Zusammenhang mit den gewaltigen finanziellen Belastungen in der Folge der deutschen Einigung). Diese Problemlagen werden vor allem durch die transnationalen Migrations- und Fluchtbewegungen (die ja ihrerseits Ausdruck der Spaltungen der internationalen Gesellschaftsordnung sind) sowie durch die Wirkungen der Weltmarktrezession seit 1991/92 enorm verstärkt.

Der Legitimationsdruck auf die demokratischen Systeme entsteht also wesentlich daraus, daß die relative Homogenität der Gesellschaft in der fordistischen Formation (im Sinne der Modifikation sozialer Ungleichheit und der Neutralisierung von krisenhafter Instabilität) nicht mehr zu gewährleisten ist und daß die zentralen Akteure des politischen Systems deshalb immer weniger die Funktion der Mobilisierung bzw. der Reproduktion von Legitimitätsressourcen erfolgreich wahrzunehmen vermögen. Die Spezifik der gegenwärtigen Epoche besteht dabei insbesondere darin, daß sich sowohl die sozialen Spaltungen als auch die politischen Konfliktkonstellationen tendenziell jenseits der bis zum Fordismus bestimmenden Klassenkonstellationen und ihren politischen Organisationsformen bewegen. Die Erosion jenes „Klassenkompromisses“, der wesentliches Element der politischen Stabilität in der fordistischen Formation gewesen war, wird freilich nicht allein durch einen politischen Paradigmenwechsel (vom Staat zum Markt, vom Keynesianismus zum Neoliberalismus) vollzogen. Vielmehr hat die Krise der politischen Arbeiterbewegung und der Gewerkschaften in den Metropolen des Kapitals (die etwa Mitte der 70er Jahre einsetzt, vgl. Deppe/Weiner 1991) selbst noch zur Auszehrung von Legitimationsressourcen beigetragen: „Die politische Linke hat die Hegemonie verloren, weil sie auf die aufgebrochenen Widersprüche des Sozialstaates keine überzeugende Alternative wußte; die nachfolgende Überakkumulationskrise in den kapitalistischen Hauptländern hat die Schranken der sozialstaatlichen Systeme noch verstärkt, was – im Zusammenhang mit neokonservativer Demontagepolitik – den Sozialstaat herkömmlicher Prägung bei wachsenden Teilen der Bevölkerung in Mißkredit gebracht hat“ (Bischoff/Detje 1989: 118.). Die Krise der Politik scheint daher auch ein Resultat jener strukturellen – stets von neuem zu bearbeitenden – Widerspruchskonstellation, daß nämlich die

Entfesselung der Marktkräfte zugleich der Verwirklichung der allgemeinen Menschenrechte im Wege steht. Insofern reproduzieren sich hier Konturen eines Widerspruchs zwischen gesellschaftlicher und politischer Stabilität sowie der „Utopie der Menschenrechte", die – durchaus in der Tradition des Denkens von Carl Schmitt – Reinhard Koselleck schon 1959 als Geburtsfehler der bürgerlichen Welt, als deren „Pathogenese" bezeichnet hatte (Koselleck 1973).

Der Markt gegen die Demokratie

Unter diesen Bedingungen löst sich die „Eheschließung zwischen Liberalismus und Demokratie", die nur von kurzer Dauer war, auf (Therborn 1996). In dem Maße, wie die Prinzipien des Kapitalismus nicht nur in der Wirtschaft, sondern auch in der Politik und der Kultur vordringen, werden zugleich demokratische Prinzipien entwertet. Während die Demokratie vom Prinzip der staatsbürgerlichen Gleichheit (one man, one vote) ausgeht, folgt der kapitalistische Wettbewerb den sozialdarwinistischen Prinzipien des „survival of the fittest". Demokratische Regierungen waren stets auch Instrument der Schwachen gegen die Ungleichheit und gegen die sozialen Risiken, die mit der ungehinderten Wirksamkeit des kapitalistischen Profitprinzips verbunden sind (vgl. dazu das Kapitel: Democracy versus the Market, bei Thurow 1996: 242 ff.). Auch George Soros – ein international berühmt-berüchtigter Finanzspekulant, der sich selbst aber auch als „Philosoph und Philantrop" bezeichnet – kritisiert inzwischen scharf die Gefahren des Laissez-Faire-Kapitalismus: „Ich habe auf den Finanzmärkten ein Vermögen erworben, und dennoch fürchte ich inzwischen, daß (dessen) uneingeschränkte Intensivierung ... und die Verbreitung der Werte des Marktes über alle Bereiche des Lebens die Zukunft unserer offenen und demokratischen Gesellschaft gefährdet. Der wichtigste Feind der offenen Gesellschaft ist nicht länger die kommunistische, sondern die kapitalistische Bedrohung" (Soros 1997: 25).

Der Neoliberalismus als die Ideologie der „entfesselten Marktfreiheiten" bedeutet Vorherrschaft des Individuums gegenüber der Gesellschaft, des Privaten gegenüber dem Öffentlichen, des Marktes gegenüber dem Staat, des Geldes gegenüber der produktiven Arbeit. Damit werden jedoch zugleich die moralischen Ressourcen aufgezehrt, auf denen der demokratische Konsensus, der staatsbürgerliche Gemeinsinn, beruht hatte[18]. Der Appell an die konservativen Grundwerte Nation, Familie, Religion, der das Bündnis der Neoliberalen mit den autoritären Konservativen zusammenhält, bleibt freilich relativ wirkungslos; denn der entfesselte Kapitalismus, der sich mehr und mehr der Kultur und der Kommunikation bemächtigt (zum Beispiel durch die „Befreiung" = Privatisierung des Fernsehens), zerstört nicht nur jene Grundwerte, sondern unterminiert auch langfristig jene funktionale Rationalität, auf der die Effizienz der kapitalistischen Wirtschaftsführung letztlich beruht. Daniel Bell hat schon früh diesen Widerspruch zwischen der „protestantischen Ethik" (Max Weber) und dem „Hedonismus als einer vom System des Marketing seitens der Unternehmer geförderten Lebensweise" als das „Wesen der historisch bedeutsamen Kulturkrise aller westlichen bürgerlichen Gesellschaften" erkannt (Bell 1991: 103).

Diese Tendenz zur Entwertung der Demokratie wird noch durch die sog. „Sachzwänge der Globalisierung" verstärkt. Die Politik der nationalen Regierungen und Parlamente, der regionalen und lokalen Körperschaften wird auf das Ziel der Anpassung des jeweiligen „Standortes" (der Nation, der Region, der Kommune, des Betriebes usw.) an die durch den Weltmarkt vorgebenen Wettbewerbsbedingungen ausgerichtet. Das Prinzip demokratischer Politik, der öffentliche Streit um Alternativen, wird durch einen neuen Koporatismus ersetzt, „der staatliche

18) Alexis de Tocqueville (1969: 12/13) schrieb im Jahre 1856 über die „individualisierte Gesellschaft": „Die Menschen sind hier nicht mehr durch Kasten, Klassen, Korporationen und Geschlechter miteinander verbunden und sie sind daher nur zu sehr geneigt, sich bloß mit ihren besonderen Interessen zu beschäftigen, immer nur an sich selbst zu denken und sich in einen Individualismus zurückzuziehen, in dem jede öffentliche Tugend erstickt wird.... Da in einer derartigen Gesellschaft nichts feststeht, fühlt sich jeder, teils durch die Furcht herunterzukommen, teils durch den Drang, sich emporzubringen, in beständiger Aufregung; und weil das Geld, während es zugleich das Hauptmerkmal geworden ist, das die Menschen klassifiziert und ihren Rangunterschied bedingt, hier eine außerordentliche Beweglichkeit erlangt hat, indem es unaufhörlich von einer Hand in die andere geht, die Lage der Individuen verändert, die Familien erhebt oder erniedrigt, so gibt es hier fast niemand, der nicht genötigt wäre, verzweifelte und fortwährende Anstrengungen zu machen, um es sich zu sichern oder zu erwerben. Die Begierde, um jeden Preis reich zu werden, die Neigung, Geschäfte zu machen, die Gewinnsucht, das Streben nach Wohlleben und sinnlichen Genüssen sind daher hier die üblichsten Leidenschaften".

Bürokratien, Unternehmen, Teile der Belegschaften und fallweise auch die Gewerkschaften in neuer Weise zusammenbindet. Er bezieht sich nicht mehr auf eine umfassende und sozial abgefederte Regulierung von Wirtschaft und Gesellschaft, sondern zielt auf die Stärkung der Konkurrenzposition multinationaler Unternehmungen durch Schaffung sektoraler wie regionaler produktiver Komplexe" (Hirsch 1995: 146). Die Senkung der Lohn- und Sozialkosten, die „Deregulierung" der Sozialsysteme und der kollektiven Rechte, die „Verschlankung" der Belegschaften, die Festschreibung der Massenarbeitslosigkeit usw. werden dabei als unvermeidliche „Sachzwänge" akzeptiert, zu denen es – soll der „Standort" im internationalen Wettbewerb gehalten werden – keine Alternative gibt.

Elmar Altvater und Birgit Mahnkopf (1996: 546) haben auf den Zusammenhang zwischen der „Globalisierung" und der Ablösung autoritär-bürokratischer Regime – in den 80er Jahren in Lateinamerika, seit Ende der 80er Jahre in Osteuropa – aufmerksam gemacht: „An die Stelle der direkten politischen Repression autoritärer politischer Systeme ... ist der 'Sachzwang' des Weltmarktes getreten, nicht weniger hart und wirkungsvoll als das autoritäre politische Regime. Substanzielle politische Freiheiten und prozedurale Partizipationsmöglichkeiten von Staatsbürgern ändern am Funktionsmodus der Märkte nicht viel, wenn der Staat, auf dessen Lenkung sich die 'Regeln des demokratischen Spiels' beziehen, die souveräne Definitionsmacht von Politik verloren hat oder sich im politischen Handeln der ökonomischen Logik der Marktkonkurrenz bedient".

Der neue Totalitarismus der „Sachzwänge", die weder durch die nationale Souveränität noch durch demokratische Meinungs- und Willensbildungssprozesse außer Kraft gesetzt werden können, ist – so Pierre Bourdieu (1996a) – mit einer „Tyrannei der Experten" verbunden, die die Logik der internationalen Finanzmärkte exekutieren und dabei die absolute Unterordnung der nationalen Politik unter diese Logik einfordern. Benjamin Barber befürchtet daher, daß mit der Durchsetzung dieses „Internationalismus" (und dem damit verbundenen „Wettlauf der Besessenen", so hat es der Ökonom Paul Krugman formuliert) nicht nur der nationale Wohlfahrtsstaat eingerissen wird, sondern zugleich die Fundamente der Demokratie erschüttert werden: „Der moderne demokratische Staat wird vom Vorrang des Öffentlichen vor dem Privaten legitimiert... Doch unter Bedingung des Internationalismus – der

Welthandelspolitik und der weltweiten Märkte, die das ausmachen, was ich als McWorld bezeichne – gewinnen die alten Vorstellungen von Laissez-Faire wieder neue Durchschlagskraft. Denn es gibt keinen internationalen Staat und daher niemanden, der ein internationales Gemeinwohl formuliert und garantiert" (Barber 1996: 38).

Der tiefgreifende Umbruch, der mit der Erosion des Fordismus einhergeht, verändert auch die sozialstrukturellen Faktoren, die die Stabilität demokratischer Institutionen – als „Klassenkompromiß" – gewährleistet hatten. Der europäische Wohlfahrstsstaat war – trotz seiner unterschiedlichen Ausprägungsformen (Esping-Andersen 1990; Bieling/Deppe 1997) – eine Antwort auf den Einfluß der politischen und gewerkschaftlichen Arbeiterbewegung. Seit den 70er Jahren hat sich jedoch – u.a. als Folge der beschleunigten Auflösung der industriellen Arbeiterklasse und ihrer Lebenswelten – dieser Einfluß vermindert (Giddens 1994: 134 ff.). Eine weitere Stütze des Wohlfahrtsstaates und seiner Reformen waren Ende der 60er / Anfang der 70er Jahre – im politischen Bündnis mit der Arbeiterbewegung – jene progressiven Teile der lohnabhängigen Mittelschichten, die von der Ausweitung der Staatstätigkeit in den Bereichen Bildung und Wissenschaft, Gesundheitswesen, Sozialpolitik, Administration etc. unmittelbar profitiert hatten. Diese sozialen Gruppen haben jedoch – auch als Folge der neoliberalen Angriffe auf den Staat – erheblich an politischem und ideologischem Einfluß verloren und konservative Deutungsmuster akzeptiert (Deppe 1996a).

Die „neuen Eliten" dagegen sind dem Management der transnational operierenden Konerzenen und Finanzinstitutionen direkt zuzurechen bzw. ihnen aggregiert. Sie beherrschen die Finanzwelten des „Casino-Kapitalismus" ebenso wie die Medienwelten der „Informationsgesellschaft". Robert Reich hat sie – am Beispiel der USA – als „Symbolanalytiker" bezeichnet (Reich 1996: 189 ff.). Diese leben in einer Welt der abstrakten Begriffe und Symbole – von Börsennotierungen bis zu den visuellen Phantasien, die in Hollywood produziert werden. Diese Gruppen betreiben eine verdeckte „Sezessionspolitik". Sie kündigen die national-territoriale Loyalität ebenso auf wie den Konsens über den solidaritsabhängigen Wohlfahrtsstaat. „Sie kaufen sich ihre eigene, überlegene Infrastruktur in Form von Privatflugzeugen, privaten Sicherungsfirmen, privaten Versicherungen, privaten Kliniken, privaten Erholungszentren (Stil: 'country club'), privaten Kommunikationsmedien, und, vielleicht am folgenreichsten, privaten Erziehungseinrichtungen, vom Kindergarten bis zur Eliteuniversität" (Willke 1992: 365; vgl. auch Lasch 1995: 46 ff.).

Barbara Ehrenreich hat die Verschiebung des Klassenprofils der US-amerikanischen Gesellschaft in den 80er Jahren als ein „Erdbeben" bezeichnet: „Die Ränder – Armut und Reichtum – drifteten weiter auseinander und im Boden zwischen diesen Extremen taten sich Risse und Spalten auf, als wäre die Spannung zu groß geworden. Ganze Berufsgruppen und Subpopulationen – Farmer, Metallarbeiter, ledige Mütter – rutschen langsam in die Tiefe, während andere – kleine Angestellte und auch manche Akademiker samt Familie – sich abstrampeln, um nicht auch ins Rutschen zur geraten. Angesichts dieser unübersichtlichen Lage scheint, abgesehen von den wirklich Reichen, nur eine Gruppe eine klare Erfolgsstrategie zu haben; zu dieser Strategie gehört der Verrat an traditionellen Wertvorstellungen der Mittelklasse und eine bedingungslose Hingabe an Profitdenken und Konsumlust" (Ehrenreich 1992: 194/5).

Im Zusammenhang mit diesen sozialökonomischen und politischen Prozessen vollzieht sich ein „Strukturwandel der Öffentlichkeit", der das System der demokratischen Repräsentation selbst grundlegend transformiert. Die modernen Demokratien des 20. Jahrhunderts bezogen ihre Legitimation und Stabilität nicht allein aus Wahlen und öffentlichen Diskursen, sondern aus der Existenz großer politischer und sozialer Verbände (z.B. Parteien, Gewerkschaften), die in der „Zivilgesellschaft" bei der Artikulation politischer und sozialer Interessen und Konflikte eine wesentliche Rolle spielten. Es war diese Organisation und Mobilisierung kollektiver Interessen, über die sich der Zusammenhang zwischen den gesellschaftlichen Klassenverhältnissen und dem politischen System – oftmals in harten Auseinandersetzungen, aber doch stets mit Anpassungsdruck auf das politische System – reproduzierte. Antonio Gramsci hatte die neue Rolle der politischen (Massen-)Partei darin gesehen, daß sie in der Zivilgesellschaft an der Artikulation kollektiver sozialer Interessen „arbeitet" und daß gerade darin die Bedeutung der Auseinandersetzung um „Hegemonie" besteht (Gramsci 1996: 1505). Eben diese zivilgesellschaftliche Vermittlung bzw. Fundierung des demokratischen Prozesses löst sich auf – zum einen aufgrund des „Zerfalls der sozialen Subjekte der Repräsentanz" (Ingrao/Rossanda 1996: 41 ff.), zum anderen aufgrund der wachsenden Bedeutung des Fernsehens. Dieses hat nicht nur eine fast monopolartige Stellung für die selektive Präsentation der Politik – dessen, was politisch wichtig ist – errungen, sondern organisiert zugleich – über die Meinungsumfragen und die Einschaltquote – jenes tägliche Plebiszit, das über die Beliebtheit von Politikern bzw. von politischen Entscheidungen befindet und damit den zivilgesellschaftlich-öffentlichen politischen Diskurs und Meinungsstreit beträchtlich abgewertet hat. Während die Demokratie den aktiven Staatsbürger voraussetzt, verwandelt das Fernsehen diesen in den individualisierten, passiven Konsumenten, der sich allerdings einbilden darf, daß er – über die Einschaltquote – zugleich über die Macht verfügt, nicht nur das TV-Programm, sondern das Programm der „großen Politik" selbst mitzubestimmen. Auch das sog. „interaktive Fernsehen" der Zukunft wird diese Transformation der Staatsbürgers in den TV-Konsumenten nicht grundlegend verändern.

Das hat auch darin seinen Grund, daß der gesamte Kommunikationssektor nicht nur zum Schlüsselsektor für die „Informationsgesellschaft", sondern vor allem für die Investitions- und Expansionsstrategien der weltweit führenden Medien- und Kommunikationskonzerne geworden ist. Die technologischen Innovationen erfordern gewaltige Kapitalvorschüsse, die allerdings riesige Profite abwerfen – freilich nur dann, wenn sie global „verwertet" werden. Neben dem Finanz- und Bankkapital sind es vor allem die Konzerne des Medien- und Kommunikationssektors, die seit Jahren Druck auf die Regierungen machen, um die Liberalisierung, Deregulierung und Privatisierung nicht allein der Finanzmärkte, sondern auch des Zugangs zu den Daten- und Informationsnetzen durchzusetzen. Die Privatisierung von Post und Bahnen ist eine entscheidende politische Bedingung für die Zurichtung des Kommunikationssektors (allgemeiner: der Gesellschaft und der Kultur) auf die Verwertungsbedürfnisse, aber auch auf die Markt = Freiheits-Ideologien des Kapitals.

Die politischen Konsequenzen dieser „Revolutionierung des Überbaus" sind noch längst nicht genau abzusehen. Zunächst einmal verschieben sie die Machtbeziehungen zwischen den gesellschaftlichen Klassen. Demokratien des 20. Jahrhunderts waren sich in der Regel – aufgrund des starken Einflusses der sozialistischen Arbeiterbewegung – der gefährlichen Machtasymetrie zwischen der postulierten Volkssouveränität und Staatsbürgergleichheit und den faktischen Machtmonopolen der besitzenden Klassen nicht nur in der Ökonomie, sondern auch – über die Medien (Presse, Verlagswesen usw.) – in bezug auf die Beeinflussung der öffentlichen Meinung (und daher der politischen Willensbildung)[19] – bewußt (Miliband 1994: 31 ff.). Daher waren sie – im Ergebnis von Kämpfen und von periodischen Verschiebungen der Kräfteverhältnisse zugunsten der politischen Linken – offen für Demokratisierungsprozesse, die über die formale Gleichheit der Staatsbürger hinausgingen und deren Partizipationsrechte in der Wirtschaft und der Gesellschaft erweiterten. Je mehr allerdings die Massenmedien (Rundfunk, Fernsehen) „entstaatlicht", also der Kontrolle der privaten Medienkonzerne unterworfen sind, um so geringer wird die Möglichkeit, organisierte soziale Interessen subalterner Klassen – über diese Medien – in öffentlichen, politischen Diskussionen zur Geltung zu bringen. Die unternehmerischen „Lichtgestalten", die die neuen gigantischen Medienkonzerne leiten (von Murdoch, über Kirch bis zu Berlusconi) sind in der Regel politisch extrem konservativ, der „neuen Rechten" zugewandt, dabei extreme Feinde der politischen und gewerkschaftlichen Linken sowie aller Varianten des Sozialismus. Die privatisierten Medien propagieren nicht allein den Konservatismus und Liberalismus ihrer Eigner (vor allem dann, wenn diese – wie Berlusconi – als „Retter der Nation" selbst nach der politischen Macht greifen). Sie verbreiten auch Programme, in denen die totale Kommerzialisierung des Alltagslebens, die Kultur des Konsums und seiner Erfolgs- und Glücksnormen, kurzum: das Ideal des in Hollywood fabrizierten, virtuellen „American Dream" die ganze Welt überstrahlt. Der amerikanische Kapitalismus – so Michel Albert (1992: 189) – ist ein „Medienstar; er ist *der* Kapitalismus". Da das amerikanische Kapital und die Produkte der US-Kultur die globale Medienlandschaft weitgehend beherrschen, wird – so die eher pessimistische Prognose des Franzossen Albert – dieser Kapitalismustyp Sieger in der Auseinandersetzung mit dem – ökono-

19) „Die Gedanken der herrschenden Klassen sind in jeder Epoche die herrschenden Gedanken, d.h. die Klasse, welche die herrschende *materielle* Macht der Gesellschaft ist, ist zugleich ihre herrschende *geistige* Macht. Die Klasse, die die Mittel zur materiellen Produktion zu ihrer Verfügung hat, disponiert damit zugleich über die Mittel zur geistigen Produktion, sodaß ihr damit zugleich im Durchschnitt die Gedanken derer, denen die Mittel zur geistigen Produktion abgehen, unterworfen sind" (MEW 3: 46; Deutsche Ideologie).

misch effektiveren und sozial gerechteren – „rheinischen" bzw. westeuropäischen Kapitalismustyp bleiben.

Nirgendwo läßt sich die Dominanz des Privaten gegenüber dem Öffentlichen („the private is squeezing out the public", Thurow 1996: 264) deutlicher registrieren als im politischen Raum, der gleichzeitig zum Tummelplatz von Milliardären (wie Ross Perot und Silvio Berlusconi, die freilich nicht immer erfolgreich agieren) wird. Diese repräsentieren ihrerseits einen neuen Typus des politischen Führers (bzw. eines modernen Bonpartismus). „Heute ruft das Verlangen nach einem 'Leader' nicht nach dem Krieger, sondern nach einem Manager, der die Gesellschaft wie ein Unternehmen führen soll, ohne Einmischung von kollektiven Gesprächspartnern und auf der ideologischen Linie des 'schlanken Staates' ... Der neue Autoritarismus von heute ist objektiviert wie die 'Effizienz' eines Unternehmens: Der Führer als leitender Manager wird alle vier oder fünf Jahre bestätigt in einer Art Aktionärsversammlung der Wähler" (Ingrao/Rossanda 1986: 44). Der Verfall der demokratischen Legitimation, der schon immer auf der prekären Hypothese beruhte, daß die in Wahlen oder Abstimmungen ermittelte Mehrheit legitimer (maß- und gesetzgebender) Wille *des* Volkes sei, ist eine besonders auffällige Konsequenz dieser „Transformation der Demokratie", die sich in sinkender Wahlbeteiligung, im Schwund der – vor allem aktiven und jungen – Mitglieder von Parteien und Verbänden sowie in der Staats- und Politikverdrossenheit eines wachsenden Teils der Bevölkerung manifestiert.

Diese Krise der Repräsentation ist in den USA – verbunden mit einem inneren, politischen Rechtsruck im Zeichen einer erfolgreichen „konservativen Revolution" – am weistesten vorangeschritten. An den Wahlen vom November 1994, bei denen die Republikaner von Newt Gingrich mit ihrem „Vertrag mit Amerika" (vgl. das folgende Kapitel) einen historischen Erdrutschsieg gegen die Demokraten des regierenden Präsidenten Bill Clinton feierten, beteiligten sich gerade einmal 38,7 Prozent der Wahlberechtigten (Leggewie 1997: 93)[20]. Gleichzei-

---

20) 1996 wurde Bill Clinton als Präsident wiedergewählt (allerdings konnten auch die Republikaner ihre Mehrheit in Senat und Abgeordnetenhaus verteidigen). Die Wahlbeteiligung lag bei 49 Prozent – ebenfalls ein Minusrekord!

tig – und gerade darin spiegelt sich die „Austrocknung des öffentlichen Raumes“ ebenso wie die Durchkapitalisierung der politischen Kultur – wurden Millionen von Dollars in Fernsehwerbung, Sponsering, TV-Shows usw. investiert. Die zunehmende soziale Ungleichheit in den von der neoliberalen „Revolution“ umgestalteten Gesellschaften macht sich auch im Wählerverhalten geltend: „Die nicht nur für die amerikanische Demokratie beunruhigende Tendenz besteht darin, daß bei Präsidentschafts- und noch mehr bei Kongreßwahlen Personen mit hohem Einkommen erheblich aktivere Wahlbürger sind als Schlechterverdienende. 1992 zum Beispiel ging 80% der Personen mit 50 000 $ und mehr Jahreseinkommen zur Wahl, aber nur 32 % der Personen mit weniger als 5 000 $. Diese Diskrepanz hat sich seit den 70er Jahren ständig ausgeweitet. Besserverdienende sind aktiver, die unteren Einkommensbezieher immer passiver geworden“ (Leggewie 1997:136).

Die Kultur der Besserverdienenden und Zufriedenen, die die Wahlen unter sich ausmachen[21], ist eine Kultur der Exklusion eines immer größer werden Teils der Bevölkerung aus den Prozessen der demokratischen Meinungs- und Willensbildung – ein Prozeß der politischen Exklusion, der natürlich in den Prozessen der sozialökonomischen Exklusion seine materielle Fundierung hat und der selbst schon ein Resultat der Verselbständigung ökonomischer und politischer Machteliten ist. „Niemand weiß genau, was in unserer Gesellschaft passieren wird, falls die Ungleichheit noch weiter zunimmt und die große Mehrheit unserer Familien Reallohnsenkungen hinnehmen muß. Es kann jedoch vermutet werden, daß – falls der Kapitalismus in einer Periode, in der der gesamte ökonomische ‘Kuchen’ sogar noch wächst, für die Mehrheit seiner Bürger keine steigenden Reallöhne bereit hält – er sich nicht lange auf die politische Unterstützung der Mehrheit der Bevölkerung wird stützen können. Genauso wird schließlich die Demokratie

21) „Früher stellten die wirtschaftlich und sozial Privilegierten nur eine kleine Minderheit – eine dominierende Handvoll Menschen an den Schalthebeln der Macht. Heute bilden sie die politisch relevante Mehrheit, wenn auch nicht auf die Gesamtzahl der Bevölkerung bezogen, aber eben auf die Gesamtzahl jener, die überhaupt noch zur Wahl gehen und damit Einfluß auf das politische Geschehen nehmen. Es ist daher nötig, sich mit dieser Gruppe, die an der Wahlurne ihre Saturiertheit verteidigt, näher zu beschäftigen. Wir werden sie die zufriedene Mehrheit, die zufriedene Wählermehrheit nennen und ihr Selbstverständnis die Kultur der Zufriedenheit“ (Galbraith 1992: 26).

diskreditiert werden, wenn der demokratische politische Prozeß nicht in der Lage ist, die Ursachen dieser Realität zu beseitigen" (Thurow 1996: 268). Schärfer und knapper formuliert Ulrich Beck (1996a): „Der angeblich so moderne Markt-Fundamentalismus ist eine Form demokratischen Analphabetismus".

Ein „neuer Gesellschaftsvertrag"?

An die Marxsche Kritik der Politik sollte hier nicht im emphatischen Sinne der 11. Feuerbachthese, also eines „Projektes der Welterneuerung", erinnert werden. Ein entmystifizierter Marxismus könnte zunächst einmal das Bewußtsein für die Bedeutung ökonomischer Prozesse für die Entwicklung von Gesellschaft und Politik – d.h. auch für die strukturelle Widerspruchskonstellation, die der Beziehung von Kapitalismus und Demokratie innewohnt – schärfen. Es geht dabei nicht um eine schlichte Re-Affirmation des Basis-Überbau-Theorems, sondern um ein Projekt der konkreten Untersuchung der heutigen kapitalistischen Weltökonomie. Genauer, es ist der Nachweis des inneren Zusammenhanges von gesellschaftlichen und politischen Herrschaftsverhältnissen, der bis in die Gegenwart das Terrain markiert, auf dem die Kämpfe um die Demokratie bisher ausgetragen wurden. Dieses Terrain verändert sich historisch; aber es ist – angesichts des Scheiterns verschiedener Wege, die dabei beschritten wurden – doch keineswegs verschüttet. Im Gegenteil, in der Gegenwart, mehr noch in der Zukunft werden die sozialen und politischen Akteuren mit der Frage konfrontiert sein, ob und wie der traditionelle Anspruch der Rechtstaatlichkeit und der parlamentarischen Demokratie – deutlicher: der Anspruch der „Volkssouveränität" – mit den Rationalitäts- und Effizienznormen des transnationalen Kapitalismus auf der einen und den „globalen Herausforderungen" der Sicherung menschlichen Überlebens auf der anderen Seite kompatibel ist. Daher ist weder die Marxsche Kritik der politischen Ökonomie noch das Programm der Vergesellschaftung der Politik überholt.

Vielleicht weist die Debatte über die *Notwendigkeit eines neuen Gesellschaftsvertrages* in die richtige Richtung. Burkart Lutz hatte schon 1984 auf die Gefahr hingewiesen, daß sich die „zunehmend explosiven

Konfliktherde", Gleichgewichtsstörungen, Risikopotentiale etc. – verstärkt durch einen ganz normalen Konjunkturabschwung – zu einer „kumulativen Depression" verdichten könnten, die letztlich den Charakter einer systemischen Destabilisierung annehmen könnte. „Solche Bedrohungen zu verhindern ..., ist eine Aufgabe, die nur von der Politik geleistet werden kann". Die „eigentliche Aufgabe von Politik" wäre es angesichts dessen, „dafür Sorge zu tragen, daß die rationale und erfolgreiche Wahrnehmung von solchen Interessen, die nur durch politisches Handeln (oder zumindest nur unter seiner aktiven Beteiligung) entstehen bzw. ihre jetzige Form annehmen konnten, Wirkungen hat, die mit den auf gesellschaftlichen Konsens gegründeten Zielen und Werten übereinstimmen und Kohärenz wie Effizienz des Gesamtsystems erhöhen; und zu verhindern, daß die Durchsetzung von partikularen Interessen im Rahmen von Verhältnissen, die oft von Politik überhaupt erst geschaffen wurden, in einem unausweichlichen Konflikt mit dem Gemeininteresse besteht, dem zu dienen Politik verpflichtet ist". Der neue Gesellschaftsvertrag müßte – ohne daß schon im einzelnen seine Inhalte und Ziele auszumachen sind – „die Grundzüge eines neuen politisch-institutionellen Arrangements" fixieren (Lutz 1984: 254 ff.).

3. Ein neuer Gesellschaftsvertrag – Anmerkungen zu einem transnationalen Krisendiskurs[1]

> „Finde eine Form des Zusammenschlusses, die mit ihrer ganzen gemeinsamen Kraft die Person und das Vermögen jedes einzelnen Mitglieds verteidigt und schützt und durch die doch jeder, indem er sich mit allen vereinigt, nur sich selbst gehorcht und genau so frei bleibt wie zuvor. Das ist das grundlegende Problem, dessen Lösung der Gesellschaftsvertrag darstellt".
> Jean Jacques Rousseau: Vom Gesellschaftsvertrag (1762).

Renaissance eines klassischen Begriffs

In den gesellschaftspolitischen Debatten der frühen 90er Jahre mehren sich die Hinweise auf die Notwendigkeit eines *„neuen* Gesellschaftsvertrages". Die Sprecher, die solches vortragen (und oftmals auf Konkretisierungen verzichten), plädieren dabei in der Regel für die Eröffnung eines Diskurses, der die zukünftige gesellschaftliche und politische Entwicklung in den entwickelten kapitalistischen Industriegesellschaften des Westens zum Gegenstand hat. Der Appell besagt zunächst einmal, daß es – in der langen Periode der Stabilität dieser Gesellschaftssysteme vom Ende des Zweiten Weltkrieges bis (hier setzen bereits unterschiedliche Deutungen an) in die Mitte der 70er Jahre bzw. bis zum Jahr der welthistorischen Wende 1989 – einen *„alten* Gesellschaftsvertrag" gab, der nicht allein eine Kohärenz zwischen ökonomischer Prosperität (Wachstum) und sozial- bzw. wohlfahrtsstaatlicher Steuerung, sondern zugleich einen (relativen) Konsensus der großen gesellschaftlichen Interessengruppen („Klassenkompromiß") geregelt hat. Dieser Vertrag mußte aufgrund der unterschiedlichen bzw. gegensätzlichen Interessen der beteiligten Akteure sowohl in der Wirtschaft (Kapital/Arbeit) als auch in Politik, Gesetzgebung und Öffentlichkeit stets erneuert werden. Er bildete so den Rahmen für den Austrag von Kon-

1) Dieser Text beruht auf einem Vortrag, den ich im Januar 1994 beim „Verein Gesellschaftsanalyse und politische Bildung" in Berlin gehalten habe.

flikten und für Verhandlungen, die – soweit sie zu zeitweiligen Kompromissen führten – zugleich eine wesentliche Bedingung für die Stabilität und Akzeptanz – allgemeiner: für die Legitimitätsreproduktion – der demokratischen Systeme bildeten.

Der Hinweis auf die Notwendigkeit eines neuen Gesellschaftsvertrages schließt demzufolge die These ein, daß die Legitimationsressourcen moderner demokratischer Systeme zu erodieren drohen. Die Normen und Institutionen, die die Effizienz des alten Gesellschaftsvertrages bestimmt hatten, scheinen nicht länger in der Lage, eine Kohärenz von ökonomischem Wachstum und Produktivitätssteigerung auf der einen sowie von sozialer und politischer Integration (als Basis von Konsensus) auf der anderern Seite herzustellen. Ökonomische Globalisierung und Produktivitätssteigerungen (die mit der Anwendung modernster Technologien verbunden sind) gehen mit Prozessen sozialer Desintegration einher (in Gestalt chronischer Massenarbeitslosigkeit und Armut), die ihrerseits – im institutionellen Bereich – eine Krise der sozialpolitischen Apparate begleitet. Der Nationalstaat (als Zentrum der „Gegensteuerung" gegen soziale Ungleichheit und die destruktiven – ökologischen und sozialen – Risiken der Kapitalakkumulation) büßt Souveränität nach innen und außen ein (vgl. von unterschiedlichen Positionen aus Scharpf 1991 und Hirsch 1993). Diese Entwicklung charakterisierte die 80er Jahre und spitzte sich in der Weltwirtschaftskrise zu Beginn der 90er Jahre noch einmal zu. Sie wäre demzufolge als jene Herausforderung anzusehen, in der sich sowohl das Ende des alten als auch die Notwendigkeit eines neuen Gesellschaftsvertrages kristallisiert.

Die Dialektik von Vereinheitlichung und Fraktionierung strukturiert die gesellschaftlichen Strukturen in den Metropolen des Kapitals und das Verhältnis von Zentrum und Peripherie in der „Weltgesellschaft" neu. „Die Krise des Fordismus der 70er Jahre und der Übergang zur post-fordistischen Epoche der 80er Jahre hat keine Herausbildung neuer kohärenter Regulationsweisen im globalen Maßstab bewirkt, sondern muß als Terrain eines gesellschaftlichen Konflikts begriffen werden, auf dem die Akteure um eine neue hegemoniale Regulation kämpfen ...Der globale Kapitalismus strukturiert nach dem Ende der Ost-West-Konfronation nun alle Weltregionen, aber vermag es nicht, sie funktional in seine Regulationsweise und die ihm immanente 'systematische Kohärenz' einzubinden. Konsequenterweise entstehen neue Problemkonstellationen, auf die die Protagonisten des kapitalistischen Weltsystems keine Antworten parat haben, weil deren Regulationserfordernisse außerhalb ihrer Regulationsweise liegen. So entstehen Regionen der Regression, die aus der weltgesellschaftlichen Dynamik sich verdichtender Austausch- und Kommunikationsbeziehungen ausgeschlossen sind und außerhalb globalisierter Regulationsweisen des kapitalistischen Weltsystems stehen" (Röttger 1993: 16/17).

In seinem Buch „Die Erfindung des Politischen" hat Ulrich Beck die These formuliert, daß in der gegenwärtigen Epoche die „Ziele der gesellschaftlichen Entwicklung (und damit auch die der Politik) neu ausbuchstabiert werden" müssen. „Genau das meint die Erfindung des Politischen: Das Modell der westlichen Moderne – jene 'okzidentale' Mischung aus Kapitalismus, Demokratie, Rechtsstaatlichkeit und nationaler, was auch immer heißt: militärischer Souveränität – ist antiquiert, muß neu *verhandelt* werden. Das ist der Kern der vieldiskutierten Krise der westlichen Parteiendemokratie" (Beck 1993b: 17). In den Arenen solcher Verhandlungen versammeln sich nun Akteure mit disparaten Interessen und Optionen: neoliberale Wirtschaftspolitiker und Unternehmervertreter, die im Vorantreiben der Deregulierung im Bereich des kollektiven Arbeitsrechtes und der Sozialpolitik das alte System der „Sozialkontrakte" aufbrechen wollen und den wohlfahrtsstaatlichen „Klassenkompromiß" (hierzulande das „Modell Deutschland") aufgekündigt haben; Gewerkschafter, die die Krise des alten Vertrages konzedieren, aber einen neuen Konsensus in bezug auf Arbeitszeitverkürzung (z.B. Gorz 1991, 152 ff.), Mitbestimmung/Partizipation und Beschäftigungspolitik einfordern; Sprecher ökologischer Politik, die zur Überwindung der Krise einen New Deal, ein ökologisches Umverteilungsprojekt, vorschlagen (Vollmer 1994; Bömer 1996).

In einem – von Professor Hengsbach (SJ) inspirierten – Manifest zur „*Solidarität am Standort Deutschland*", das der Verteidigung und Reform des Sozialstaates in Deutschland gewidmet ist, heißt es zum Schluß: „Um den bundesdeutschen Sozialstaat als unerläßlichen Bestandteil einer 'sozialen Demokratie' zu festigen, braucht es einen neuen Gesellschaftsvertrag zwischen allen Bundesbürgern und -bürgerinnen. Dieser Vertrag umfaßt die wechselseitige Verpflichtung, die gesellschaftliche Spaltung gemeinsam und nach persönlichem Leistungsvermögen anzugehen und zu überwinden. Dies liegt im gemeinsamen Interesse aller und bestätigt den zivilen Charakter der Bundesrepublik. Ein solcher Gesellschaftsvertrag läßt sich staatlich nicht erzwingen, sondern kann nur aus öffentlichen Meinungs- und Willensbildungsprozessen als freiwillge Übereinkunft aller entstehen“ (Frankfurter Rundschau vom 20. Mai 1994).

Das zentrale Problem – das freilich höchst unterschiedliche Lösungen zuläßt – hat Ralf Dahrendorf (1993) so formuliert: „Die Zukunft der Arbeit ist die größte Frage, die sich innerhalb der Gesellschaften der freien Welt stellt. Und eine Antwort darauf haben wir noch nicht“[2]. In der Regel stimmen die Teilnehmer der Debatte darin überein, daß das Verhältnis von Ökonomie und Politik, von Markt und Staat, von Akkumulation und Regulation neu bestimmt und neu vermessen werden muß – freilich scheiden sich auch hier die Geister zwischen den Verfechtern der „Heilungskräfte des freien Marktes“ und den Anhängern der These, daß die Freiheit der Marktkräfte – zumal in der Gegenwart – dazu tendiert, soziale, ökologische und politische Katastrophen herbeizuführen und deshalb einer politischen Kontrolle und Regulation unterworfen werden muß (vgl. z. B. Barrat Brown 1993).

In der US-amerikanischen Zeitschrift „Foreign Affairs“ wurde Anfang 1994 ein „globaler New Deal“ angemahnt. Angesichts zunehmender Arbeitslosigkeit und angesichts der zunehmenden sozialen Polarisierung – in globalen Dimensionen ebenso wie in den, relativ reichen, Kapitalmetropolen selbst – wird eine Politik eingefordert, die mit den Prämissen der herrschenden „Freihandelsphilosophie“ bricht. Die Politik muß intervenieren, um die globale kapitalistische Konkurrenz und ihre Wirkungen zu „zügeln“. Sie muß für mehr Nachfrage sorgen, um

---

2) Der Soziologe Wolf Lepenies (Weniger kann mehr wert sein, in: Die Zeit, 5. November 1993, S. 19/20) fordert eine grundlegende Neubestimmung der Bedeutung von Arbeit: „Wenn sich abzeichnet, daß in der Industriegesellschaft der Zukunft nicht genügend Arbeit für alle vorhanden ist, dann ist es notwendig, darüber nachzudenken, ob die für die Zukunft zu erwartenden heftigen Verteilungskämpfe tatsächlich noch durch Sozialkontrakte zwischen Arbeithabenden und Arbeitslosen allein zu lösen sind ... Es gilt, diese Ungerechtigkeit zu beseitigen, durch Sozialkontrakte zwischen Privilegierten und Nichtprivilegierten, die Arbeit schaffen; durch die Reduzierung und Flexibilisierung der Arbeitszeit; vielleicht auch durch eine Umwertung der Arbeit, die letztlich auch zu einer Entdramatisierung der Arbeitslosigkeit führt“.

die globale Wachstumsschwäche zu überwinden – und sie muß zugleich für soziale Minimumstandards sorgen, um die weitere Absenkung der Löhne sowie der Sozialstandards zu vermeiden. So wie in den 30er Jahren mit dem New Deal in den USA politisch auf die Folgen der nationalen Wirtschaftskrise reagiert wurde, so wäre am Ende des Jahrhunderts durch internationale Vereinbarungen (z.B. im Rahmen des GATT, nunmehr WTO oder des Internationalen Arbeitsamtes in Genf) ein neuer gesellschafts- und wirtschaftspolitischer Konsens zu schaffen. Die Charta eines neuen, globalen New Deal hätte die folgenden Punkte zu enthalten: „Alle Länder müssen die Koalitionsfreiheit und das Recht auf kollektive Vereinbarungen respektieren. Dies sind die beiden wichtigsten Arbeiterrechte, die die Bildung unabhängiger Gewerkschaften erlauben, um über den Anteil der Arbeiter am ökonomischen Kuchen zu verhandeln. Außerdem dürfen die Länder keine Zwangs- und Kinderarbeit zulassen; sie müssen anständige Bedingungen für die Gesundheit und die Sicherheit der Arbeiter schaffen. Eine letzte Forderung lautet: es muß einen nationalen Mechanismus für ein allgemein anwendbares Gesetz über Mindestlöhne geben, das natürlich den ökonomischen Entwicklungsstand des jeweiligen Landes zu berücksichtigen hat“ (Collingsworth u.a. 1994: 12/13).

Der Diskurs über den neuen Gesellschaftsvertrag steht also in einem Spannungsverhältnis von historischem Formationswechsel, von Krisenwahrnehmung und Erneuerungsbewußtsein. Es geht um eine tiefgreifende Restrukturierung der institutionellen, und damit auch der politisch-moralischen Organisation von Gesellschaft – und zwar insbesondere des Verhältnisses von Ökonomie und Gesellschaft – durch eine Neubestimmung nicht allein der Verteilungsproportionen zwischen den gesellschaftlichen Gruppen, sondern auch um eine institutionelle (d.h. politische) Reorganisation der Verteilungsmechanismen selbst. „In der Rede vom ‘Gesellschaftsvertrag’ kommt“, wie E. Altvater und B. Mahnkopf (1996: 59) betonen, „Doppeltes zum Ausdruck: *Erstens* indiziert sie gewissermaßen die durch die ökonomische Globalisierung ausgelösten Auflösungstendenzen von tradierten Gesellschaften ‘am Standort’, die sich dagegen zur Wehr zu setzen versuchen, indem sie sich als Gesellschaft mittels eines ‘Gesellschaftsvertrages’ neu zu begründen versuchen und sich dabei gegen andere, scheinbar oder tatsächlich konkurrierende ‘Standorte’ abschotten. Zweitens zeigt die

Diskussion, daß es tatsächlich verfrüht ist, von einer 'Weltgesellschaft' zu sprechen, denn ein 'globaler Gesellschaftsvertrag' wird gerade durch die Heftigkeit der Konkurrenz von 'Standorten' verhindert, obwohl er im Horizont des Denkens ... aufscheint". Einige gehen freilich weit über diese Problemdefinition hinaus, indem sie die Frage aufwerfen, ob solch' ein neues Modell nur unter der Voraussetzung der Reorganisation der stofflichen Bedingungen von Produktion und Reproduktion, d.h. insbesondere der energetischen Basis heutiger kapitalistischer Produktionsverhältnisse, gedacht und praktisch angegangen werden kann.

„Neuer Gesellschaftsvertrag" in dieser Perspektive wirft also – historisch betrachtet – eine Paradoxie auf: das Problem einer „Revolution ohne Revolution". Antonio Gramsci hätte vielleicht von einer „passiven Revolution" gesprochen. Diese wird nicht von der gesellschaftlich führenden Klasse im Resultat zugespitzer Klassenauseinandersetzungen, sondern in einer geschichtlichen Periode der Erschöpfung der Klassenkräfte vom Staat, von der „politischen Klasse", ins Werk gesetzt. Bei Ulrich Beck lautet dieses Programm: Bewahrung der „Errungenschaften der europäischen Moderne – parlamentarische Demokratie, Rechtstaatlichkeit, die Menschenrechte, die Freiheit der Individuen". Zur Disposition allerdings steht „die Art ihrer Umsetzung in den Gußformen der Industriegesellschaft"[3].

3) Beck 1993: 17; daß er nicht ausdrücklich den modernen Wohlfahrtsstaat als Errungenschaft der europäischen Moderne anerkennt, läßt die Vermutung zu, daß dieser bei der Neuverhandlung eines Gesellschaftsvertrages a priori zur Disposition gestellt werden könnte. Solche (radikal neoliberalen) Vorstellungen eines „minimalen Staates", wie sie u.a. von Robert Nozick (1974) theoretisch begründet wurden, werden in der Regel von Beck nicht vertreten. Die Gründung des Projektes der Politik „auf das alleinige Standbein individueller Rechte, wie dies Nozick tut", ist von Helmut Willke (1993: 71) mit dem Hinweis auf die „Brisanz kollektiver Güter und kollektiver Risiken" kritisiert worden: „Über die von Nozick gesehenen und akzeptierten kollektiven Güter des Friedens und der inneren Sicherheit hinaus sind dies vor allem die Gesundheit, soziale Sicherheit und Schutz vor struktureller Gewalt; und die kollektiven Risiken, wie etwa diejenigen atomarer, chemischer und biologischer Technologien, sind inzwischen tagtäglich mit Händen zu greifen. Eine Theorie der Politik, die davor paßt, kann sich nicht einmal rühmen, den Schutz individueller Rechte und Güter gebührend ernst zu nehmen".

Von der Krise zum „großen Kompromiß"?

Der Münchener Soziologe *Burkart Lutz* hat schon zu Beginn der 80er Jahre in seiner „Neuinterpretation der industriell-kapitalistischen Entwicklung im Europa des 20. Jahrhunderts" die These vertreten, daß eine neue – selbsttragende und lang anhaltende – Prosperitätskonstellation nur dann zu realisieren ist, wenn ein 'expliziter 'Gesellschaftsvertrag' zustandekommt ..., der *die Grundzüge eines neuen politisch-institutionellen Arrangments* fixiert". Das Ende der Prosperität der Nachkriegszeit, das sich mit den Wirtschaftskrisen und der kontinuierlich ansteigenden Arbeitslosigkeit seit Anfang bzw. Mitte der 70er Jahre ankündigte, wird von Lutz als eine säkulare Erschöpfung der Akkumulationsreserven des Kapitals gedeutet – nach der äußeren „Landnahme" war es nach 1945 vor allem die „innere Landnahme", d.h. nicht allein die Erschließung neuer Binnenmärkte, sondern die „weitgehende Absorbtion des bis dahin immer noch starken traditionellen Sektors durch den industriell-marktwirtschaftlichen". Insofern bestand nach dem Zweiten Weltkrieg ein direkter Zusammenhang zwischen der wohlfahrtsstaatlichen Politik (politisch-institutionelles Arrangement) und dem raschen Wirtschaftswachstum.

In der Zukunft – so Lutz – ist allerdings Prosperität nach diesem Muster nicht zu erwarten. „Was sich innerhalb der Industrienationen derzeit an Landnahme vollzieht, stößt vielerorts bereits sichtbar an Grenzen, die z.B. von der Knappheit natürlicher Ressourcen oder von der beschränkten Möglichkeit gezogen werden, immaterielle Bedürfnisse mit Hilfe industrialisierter, kommerzieller Dienstleistungen zu befriedigen". Systemische Gleichgewichtsstörungen werden daher die entwickelten Industriegesellschaften in Europa bedrohen – sei es als Folge der zunehmenden Prozesse sozialer Desintegration, sei es als Folge der Risiken, die die energetische und biologische Existenzgrundlage der Gesellschaften in Frage stellen. „Solche Bedrohungen zu verhindern, die in ihnen kumulierenden Abläufe schon im Keim zu erstikken oder wenigstens abzufangen, bevor sie ganz außer Kontrolle geraten, ist eine Aufgabe, die nur von Politik geleistet werden kann. Nun scheint allerdings das politisch-administrative System der europäischen ... Industrienationen – trotz der enormen Zunahme seiner Ressourcen und seines sozioökonomischen Gewichts, die als Voraussetzung und

Begleiterscheinung der europäischen Nachkriegsperiode zu verzeichnen war – für die Lösung dieser Aufgabe kaum gerüstet zu sein".

Lutz hält sich bei der genaueren Bestimmung der Strukturen und Ziele des „neuen Gesellschaftsvertrages" deutlich zurück; es gibt zu viele Fragen, auf die es gegenwärtig noch keine Antwort gibt. Allerdings ist er davon überzeugt, daß die Inhalte eines solchen Vertrages eine „tiefgreifende Umstrukturierung des politisch-administrativen Systems" voraussetzen und durch eine stärkere wechselseitige Durchdringung dessen geprägt sein werden, „was sich gegenwärtig noch als jeweils getrennte 'Sphären' von Politik und Ökonomie darstellt". Lutz warnte also (schon Anfang der 80er Jahre) implizit vor den Wirkungen jener neoliberalen Illusionen, die eine Revitalisierung der kapitalistischen Ökonomien des Westens durch einen „Rückzug des Staates" aus der Wirtschaft und aus der Gestaltung der sozialen Dimensionen der Gesellschaft propagieren. „Die eigentliche Aufgabe von Politik wäre es ..., dafür Sorge zu tragen, daß die rationale und erfolgreiche Wahrnehmung von solchen Interessen, die nur durch politisches Handeln (oder zumindest unter seiner aktiven Beteiligung) entstehen bzw. ihre jetzige Form annehmen konnten, Wirkungen hat, die mit den auf gesellschaftlichen Konsens gegründeten Zielen und Werten übereinstimmen und Kohärenz wie Effizienz des Gesamtsystems erhöhen; und zu verhindern, daß die Durchsetzung von partikularen Interessen im Rahmen von Verhältnissen, die oft von Politik überhaupt erst geschaffen werden, in einen unausweichlichen Konflikt mit dem Gemeininteresse gerät, dem zu dienen Politik verpflichtet ist" (Lutz 1984: 257 ff.).

Ralf Dahrendorf hat den letzten Abschnitt seines Buches „Der moderne soziale Konflikt" (1992) mit der Überschrift „Ein neuer Gesellschaftsvertrag" versehen. Er wiederholt seine These vom „Ende des sozialdemokratischen Jahrhunderts", d.h. einer Epoche, in der – im Rahmen der politischen Demokratie – eine Kohärenz von Wirtschaftswachstum, individueller Wohlstandsmehrung und sozialstaatlichen Sicherungen, knapper: von Wirtschaftswachstum und politischen wie sozialen Bürgerrechten, anerkannt war.

Seit den 70er Jahren in den westlichen Gesellschaften und seit 1989 in den Gesellschaften Osteuropas steht eine Neubestimmung des Verhältnisses von Angeboten (die von der Ökonomie und vom Markt zu Verfügung gestellt werden) und von Anrechten der Bürger (die über die Gesellschaft und das politische System definiert werden) auf der Tagesordnung der Politik. In den 80er Jahren hatte sich – im Windschatten des Thatcherismus und der Reagonomics – aber vor allem vor dem Hintergrund der Krise des „keynesianischen Wohlfahrtsstaates“ – die Politik zugunsten der Angebotsseite (System der Marktfreiheiten) gewendet. „Am Beginn der 90er Jahre stehen jedoch Anrechte im Vordergrund“. Die Gründe dafür liegen u.a. in der Vernachlässigung von Anrechten infolge des Vorranges der Angebotspolitik, in den Problemen der Transformationskrisen in Osteuropa, in der Not der Dritten Welt sowie in der wachsenden Arbeitslosigkeit und Armut in den Zentren der OECD-Staaten selbst. Die „neuen Anrechtsfragen“ zu Beginn der 90er Jahre sind „in erster Linie sozial“. Es geht darum, „allen jenen Chancen der Teilnahme an der politischen Gemeinschaft, am (Arbeits)Markt und am Leben der Bürgergesellschaft zu sichern, die gleichsam den gemeinsamen Fußboden bilden, auf dem alle stehen, so weit auch manche sich über ihn hinaus erheben mögen dank ihres Erfolges oder Glücks im sozialen Konkurrenzkampf“.

Der Gesellschaftsvertrag, der das Verhältnis von Angeboten und Anrechten regelt, beruht – so Dahrendorf – auf einem Konsens über die „Minimalbedingungen einer Ordnung der Freiheit“. Heute brauchen wir – ähnlich wie nach den Erfahrungen der Weltwirtschaftskrise und der Bedrohungen der Demokratie in der Zwischenkriegsperiode – „nicht weniger als eine neue Stufe des Gesellschaftsvertrages“. Dabei stellen sich Fragen der politischen Ordnung, (soziale und sozialpolitische) Anrechtsfragen, Fragen des Institutionen-Bauens und Fragen der Weltordnung. Sein liberales Programm bringt Dahrendorf zunächst einmal auf die einprägsame Formel: „eine reiche und vielfältige Bürgergesellschaft in einer schlanken und wirksamen Staatsverfassung“. Und doch beschränkt er sich keineswegs darauf, die propagandistischen Leit- und Glaubenssätze des Neoliberalismus – als die Agenda liberaler Politik in den 90er Jahren – zu wiederholen.

Immerhin geht Dahrendorf von der Einsicht aus, daß die Vorherrschaft der (neoliberalen) Angebotspolitik in den 80er Jahren überhaupt erst die Frage nach einer Neuformulierung sozialer Bürgerrechte und Anrechte auf die Tagesordnung der Politik gesetzt hat. Indem er mehrfach auf John Maynard Keynes, auf dessen Begriff von Liberalismus, vor allem aber auf dessen Vorschläge für eine grundlegende Neuorientierung der Wirtschafts- und Sozialpolitik rekurriert, plädiert er schließlich für „strategische Reformen ... Es handelt sich um Maßnahmen der Veränderung, die an einem spezifischen Punkt ansetzen, diesen jedoch so wählen, daß von ihm aus weitreichende, gar nicht voll absehbare Wirkungen ausgehen. Dabei handelt es sich typischerweise um *Punkte auf der Grenzlinie von Politik und Ökonomie*, von Anrechten und Angeboten. Jedenfalls gilt das für strategische Veränderungen zugunsten größerer Lebenschancen für mehr Menschen. Hier lag die Kraft des Keynesschen Begriffs der effektiven Nachfrage; hier könnte die Kraft von garantiertem Grundeinkommen liegen" (Dahrendorf 1992: 245 ff.).

Der – der sog. „Regulationsschule" zuzurechende – französische Ökonom *Alain Lipietz* analysiert den ökonomischen und gesellschaftspolitischen Umbruch seit den 70er Jahren als einen krisenhaften Formationswandel. Das fordistische Entwicklungsmodell des Kapitalismus, das sich – ausgehend von den USA – nach der Weltwirtschaftskrise, vor allem aber nach dem Zweiten Weltkrieg in den Zentren des Kapitalismus durchsetzte, ist in eine Erosionskrise geraten. Wir befinden uns heute (zu Beginn der 90er Jahre), seit fast 20 Jahren in einer offenen historischen Periode, in der die „Definition eines neuen Entwicklungsmodells, eines neuen großen Kompromisses" umstritten ist. „Wir befinden uns nicht allein in einer Wirtschaftskrise, sondern in einer Krise des Kompromisses, auf dem unsere Gesellschaft beruht, in einer Krise des 'Projektes'". Das fordistische Paradigma, das einen dreifachen Fortschritt versprach – technischen Fortschritt, sozialen Fortschritt und Fortschritte der staatlichen Regulierung –, ist gebrochen.

Antifordistische Bewegungen seit den 60er Jahren gab es zunächst von links (die 68er Bewegung, die feministische und die Ökologiebewegungen). Am Ende des „Goldenen Zeitalters des Kapitalismus" (vgl. Marglin/Schor 1991 und den Beitrag von Liepietz in diesem Buch) – nach den ersten Weltwirtschaftkrisen seit 1974 – setzt sich freilich der Neoliberalismus, der „liberale Produktivismus", durch, der auf der einen Seite die (Welt-)Marktkräfte freisetzen und auf der anderen Seite die Interventionen des Staates auf die Inflationskontrolle beschränken (Monetarismus) und – durch Deregulierung und Privatisierung vor allem im sozialpolitischen Bereich – zurücknehmen will. Dessen politische und ideologische Überlegenheit resultiert zunächst aus der Verhaftung der politischen und gewerkschaftlichen Linken an das fordistische Paradigma sowie aus der chronisch steigenden Massenarbeitslosigkeit, die die Durchsetzungsmacht – vor allem der Gewerkschaften – substantiell geschwächt hat[4].

Zu Beginn der 90er Jahre – so Liepitz – ist der liberale Produktivismus – bezogen auf den propagandistischen Gehalt der liberalen „Utopien“ (Revitalisierung des Kapitalismus, mehr individuellen Wohlstand und Freiheit) – gescheitert: Wachstum und Produktivität blieben zurück; die Arbeitslosigkeit hat sich kontinuierlich erhöht; die öffentliche und private Verschuldung ist explodiert; die ökologische Krise weitet sich aus; die Spaltung zwischen den Zentren und der Peripherie hat sich verstärkt usw. usf. „Die Frage nach den Lösungen der Krise ist wesentlich eine politische Frage, wie schon in den 30er Jahren. Dennoch, es kann nicht mehr darum gehen, die richtige Wirtschaftspolitik in Übereinstimmung mit den bestehenden Grundregeln auszuwählen; es geht vielmehr darum, neue Regeln zu etablieren – neue Prinzipien für die Organisation des Arbeitsprozesses, neue Normen über die Leitung und die gesellschaftliche Verwendung der Produktion, neue Gewohnheiten und neue Regulationsweisen. Wir müssen eine Übereinkunft über neue Kompromisse und neue Projekte herstellen; wir müssen einen neuen ‘großen Kompromiß’ erfinden“ (Lipietz 1992: 24). Der Kompromiß könnte auch als der Gesellschaftsvertrag bezeichnet werden, der – für eine neue historische Formation der kapitalistischen Entwicklung – die Kohärenz zwischen der Organisation des Arbeitsprozesses, dem Akkumulationsregime und der Regulationsweise herstellt und reproduziert.

---

4) In neueren Beiträgen macht Lipietz auf die verschiedenen Wege aus der Krise des Fordismus aufmerksam. Er unterschiedet dabei, innerhalb der „Triade“, den Weg der extremen Flexibilisierung der Arbeit, verbunden mit einer enormen Kostensenkung des Faktors Lohnarbeit (d.h. auch einer konfrontativen Strategie gegenüber den Gewerkschaften, z.B. in den USA und Großbritannien), und der „ausgehandelten Einbindung“ zwischen den organisierten Interessenverbänden von Kapital und Arbeit und dem Staat (also einer eher korporatistischen Variante in bezug auf den Verhandlungsstil), die gleichzeitig auf Prouktivitätsgewinne durch die Anerkennung des „Humankapitals“ (im Sinne post-tayloristischer Strategien der Arbeitsorganisation) setzt. Liepietz erwähnt hier die (inzwischen freilich gescheiterte) „Kalmar“-Strategie gesamtgesellschaftlicher Verhandlungen (Schweden), das Modell Deutschland (Branchenverhandlungen) und Japan (Verhandlungen auf der Unternehmensebene) (vgl. Leborgne/Lipietz 1996).

Konkurrierende Politikbegriffe

In den ersten Abschnitten wurden die Fragestellung sowie das Feld charakterisiert, auf dem die Debatte über den „neuen Gesellschaftsvertrag“ stattfindet. Nunmehr sollen einige Aspekte der politischen Theorie im Zusammenhang mit dem Begriff des „Gesellschaftsvertrages“ behandelt werden. Soviel ist bis bislang deutlich geworden: Die Debatte über den Gesellschaftsvertrag betrifft das Verhältnis von Ökonomie und Politik. Sie betrifft die institutionelle Ausgestaltung der Beziehungen zwischen dem marktgesteuerten ökonomischen System, der Verteilung der Arbeitsmarktchancen und der Einkommen sowie der Steuerungs- bzw. Regulationsfunktion des politischen Systems. Die im vorangehenden Abschnitt vorgestellten Positionen unterscheiden sich vor allem bei der Analyse der ökonomischen Voraussetzungen der gegenwärtigen Krise. Sie stimmen freilich darin überein, daß der „neue Gesellschaftsvertrag“ im wesentlichen eine *politische* Gestaltungsaufgabe sei.

In der Debatte kommen *zwei unterschiedliche Begriffe bzw. Modelle von Politik* zur Sprache:

1) „Politik“ wird heute von der „herrschenden Meinung“ innerhalb der Politikwissenschaft als ein System von Normen, Regeln und Institutionen verstanden, dessen Funktionsbedingungen durch den Staat, als eine Art „Moderator“, im Sinne bindender Entscheidungen gesichert werden. In ihm treten politische Akteure mit unterschiedlichen, aber rational begründbaren Interessen in Tausch- und Verhandlungsbeziehungen miteinander. Die Spielregeln und die normativ-institutionellen Arrangements, die sie dabei akzeptieren und auch stets neu verhandeln, könnten als ein „Gesellschaftsvertrag“ bezeichnet werden (denn es handelt sich dabei sowohl um *formelle* Regeln wie die Verfassung und das Rechtssystem selbst, als auch um vielfältige *informelle* Regeln, die sich z.T. noch auf der Ebene der Alltagskulturen und der alltäglichen Moralvorstellungen wiederfinden).

Diese Regeln sind selbstverständlich umkämpft und unterliegen einem historischen Wandel. Es ist jedoch letztlich Aufgabe der demokratischen Systeme und ihrer Öffentlichkeit, den Rahmen sowohl für den Konflikt als auch für den Wandel bereitzustellen. Der Gesellschaftsvertrag zeichnet sich daher vor allem dadurch aus, daß er einerseits von einem Basiskonsens zwischen den beteiligten politischen Akteuren getragen wird (Erhaltung der Spielregeln als Bedingung für die Existenz und Anerkennung der Akteure) *und* daß in demokratischen Systemen – über „bargaining" (also über Verhandlungslösungen) und Kompromißbereitschaft – der Gesellschaftsvertrag verändert und erneuert werden kann[5].

Dieser system- und handlungstheoretisch abgeleitete Politikbegriff versteht sich insofern als modern bzw. „postmodern", als er sich nicht allein von dem Normativismus der klassischen Politikwissenschaft sowie des Marxismus emanzipiert glaubt, sondern auch darin, daß er sich – in Übereinstimmung mit der systemtheoretischen Basisprämisse von der zunehmenden Differenzierung der Gesellschaft in Teilsysteme als Kern des Modernisierungsprozesses – als Beitrag zur „Entzauberung des Staates" (Willke) sowie zur „Entsubstantialisierung" des Machtbegriffes versteht (vgl. exemplarisch von Beyme 1991). Soweit dabei die Problematik des Gesellschaftsvertrages reflektiert wird, geht es vornehmlich (so der politikwissenschaftlich vorherrschende Trend zum sog. „policy-Ansatz" und zum Institutionalismus) um die Verfahren und Normen, aber auch um die Gegenstände (issues) der Verhandlungssysteme, die Interessen und Strategien der beteiligten Akteure sowie vor allem die Kristallisationen solcher Prozesse und ihrer Resultate in den politischen Institutionen. Die Interessen selbst werden formal als gleichberechtigte anerkannt, ohne sie noch auf eine kritische Evaluierung der gesellschaftlichen Macht- und Herrschaftsverhältnisse zu beziehen. Damit wird aber die Frage nach den Vermittlungen zwischen den ökonomischen, gesellschaftlichen und politischen Entwicklungsprozessen, wie sie sich im krisenhaften Formationswandel bzw. -umbruch vom Fordismus zum Postfordismus konkretisieren, nicht mehr

5) In einem Beitrag zur Debatte um das DGB-Grundsatzprogramm haben T. Blanke u.a. (1996: 660) diese Position wie folgt variiert. Sie wollen nicht so sehr über „Systemalternativen" räsonieren, sondern auf die „Dringlichkeit der Verständigung über eine freie und menschenwürdige Gesellschaft" hinweisen: „Und wenn vom Erhalt des demokratischen Konsenses die Rede ist, dann von nichts anderem, als daß wir für Gestaltungen in Betrieb, Gesellschaft, Markt und Politik dringend diesen Konsens über normative Grundlagen einer freien und menschenwürdigen Gesellschaft benötigen".

gestellt bzw. schon a priori als außerwissenschaftlich (metaphysisch, holistisch oder gar als totalitär) disqualifiziert[6].

2) Das zweite Modell von Politik begreift diese als eine Form, in der unterschiedliche, gegensätzliche Interessen gesellschaftlicher Gruppen (Klassen) ausgetragen werden und letztlich auf eine Veränderung der um den Staat zentrierten politischen Machtverhältnisse zielen, um diese Interessen durchzusetzen. Politik wird hier zunächst einmal als Gewaltverhältnis in der Tradition des politischen Realismus von Machiavelli bis Max Weber bestimmt, der das „Politische – die Innen- wie die Außenpolitik – stets als einen unerbittlichen Machtkampf betrachtet hatte, der in einem unauflösbaren Spannungsverhältnis zur Moral, zur „Gesinnungsethik", stehen muß (vgl. u.a. Kaesler 1987). Hieran schließt auch die amerikanische Schule des „Neorealismus" auf dem Gebiet der internationalen Politik an, die diese als das Feld eines anarchischen Gegeneinanders souverän entscheidender, auf Machtgewinn abzielender Staaten auffaßt. Ökonomische, technologische und vor allem militärische Macht werden hier als die – über den Nationalstaat vermittelten – wesentlichen Determinanten des internationalen Machtsystems begriffen (vgl. als Beispiel Kennedy 1989).

Der materialistische Begriff von Politik reflektiert – in diesem Punkte einig mit dem Realismus – den Kampf gegensätzlicher Interessenblöcke, dessen Basis in letzter Instanz die gesellschaftliche Klassenspaltung ausmacht. Wolfgang Abendroth hat in diesem Sinne als „politisch ... jede gesellschaftliche Aktivität" bezeichnet, „die die Struktur der Gesellschaft (und also die Machtverteilung der sozialen Gruppen

---

6) Das gegenwärtige „Elend der Sozialwissenschaften" (vor allem der einst am Marxismus bzw. der „kritischen Theorie" orientierten Soziologie und Politikwissenschaft) wird nach „herrschender Meinung" als Durchbruch zur Verwissenschaftlichung (etwa nach dem Vorbild der Ökonometrie) gefeiert. Das Modelldenken verschiedener „Rational-Choice"-Ansätze orientiert sich an Prämissen, die auch der liberalen bzw. neoliberalen Wirtschaftsauffassung zugrundeliegen. Der Verlust (bzw. die Verdrängung) ihrer zentralen Gegenstände Macht, Herrschaft und Staat (wie sie z.B. noch Max Weber definiert hatte), gekoppelt mit einer – den Machtcodes der Institutionen des Wissenschaftssystems gemäßen – Anpassungshaltung (die selbst noch durch das schlechte biographische Gewissen der Studentenrevolte von 1968ff. und der kurzzeitigen „Renaissance des Marxismus" in den 70er Jahren forciert wird) verhindert in weiten Bereichen der Sozialwissenschaften (die dem Methodenfetischismus huldigen) den Blick auf die gesellschaftliche und politische Realität.

in der Gesellschaft) sei es verändern, sei es durch Machtgebrauch stabilisieren will. Staat und öffentliche Gewalt sind Institutionen der Gesellschaft; politisches Verhalten ist eine spezifische Form sozialen Verhaltens" (Abendroth 1967: 9/10).

Die Regeln und institutionellen Normen, nach und in denen sich die politischen und sozialen Kämpfe vollziehen, sind selbst noch Produkte dieser Auseinandersetzungen und insofern nicht statisch fixiert, sondern historisch wandelbar und flexibel. Mit der Herausbildung von Massenorganisationen der Arbeiterbewegung (vor allem der Gewerkschaften und – als ein Ergebnis ihres Wirkens – des kollektiven Arbeitsrechtes) haben die Ergebnisse solcher Kämpfe auf der Ebene der Verfassungen, des Systems der staatlichen Institutionen (Sozialstaat) wie des Rechtssystems, aber auch auf der Ebene der „politischen Kultur" einen jeweils formationsspezifischen Ausdruck gefunden, der als ein Kompromiß bzw. als ein „Klassenkompromiß" bezeichnet werden kann. Es handelt sich – kurz gesagt – um zeitweilige Festschreibungen von Klassenbeziehungen und um Formen der Institutionalisierung von solchen Kompromissen, Beschreibungen von Kräftekonstellationen von Klassen, die ihrerseits den Charakter verschiedener kapitalistischer „Formationen" bzw. verschiedener Epochen kapitalistischer Entwicklung auszeichnen[7].

Entgegen der reichlich bornierten und primitiven Auffassung, daß in der marxistischen Tradition eine prinzipielle „antirechtstaatliche Grundhaltung" vorherrsche (Tönnies 1994), hätte eine systematische Rekonstruktion dieser Problematik seit Marx zumindest die folgenden „Stränge" zu berücksichtigen:

---

7) Am Beispiel der Renaissance des Diskurses über die „Zivilgesellschaft" ließe sich zeigen, wie die beiden hier unterschiedenen Politikbegriffe völlig verschiedene Bedeutungen zulassen bzw. vorgeben. Der Bezug auf Gramscis „società civile" thematisiert die Problematik der Kämpfe (gesellschaftlicher Gruppen und politischer Organisationen) um Hegemonie (und deren Abstützung) in den nicht-staatlichen Institutionen der Kultur und der Lebenswelten (vgl. Kebir 1991); der Bezug zu Hannah Arendt hingegen (oder gar zum Selbstverständinis der Gründervater der US-amerikanischen Verfassung) begreift diese als das „Netz selbstorganisierter Aktivitäten und Assoziationen (der „Untertanen") gegenüber dem Staat als Ort der Macht", als eine „Sphäre autonomen Handelns", als den „Bereich des zivilisierten gewaltlosen Umgangs der Menschen miteinander" (Rödel u.a. 1989: 56).

– *Erstens.* Marx' Analyse des Kampfes um die gesetzliche Beschränkung des Arbeitstages im Ersten Band des „Kapital", wo er die Fabrikgesetzgebung als „erste bewußte und planmäßige Rückwirkung der Gesellschaft auf die naturwüchsige Gestalt ihres Produktionsprozesses" bezeichnete (MEW 23: 504). Später spricht er vom „Sieg der politischen Ökonomie der Arbeit über die politische Ökonomie des Kapitals" (MEW 16: 11).

– *Zweitens.* Die politische Theorie von Gramsci, die mit dem Begriff des „historischen Blocks" – methodisch – zu einem neuen Verständnis der Beziehungen zwischen Basis und Überbau auf der politischen Ebene führt. Dazu muß Gramscis Zivilgesellschaftskonzeption im Hinblick auf die Klassenauseinandersetzungen um die Hegemonie – die ihrerseits rechtlich und institutionell ausgestaltet wird – berücksichtigt werden[8]. Das Studium der sich stets wandelnden Kräfteverhältnisse (Gramsci 1996: 1560 ff.) wird so zum Bestandteil nicht nur der strategischen Reflexion, sondern der Politik als einer „autonomen Wissenschaft".

– *Drittens.* Die staats- und rechtstheoretischen Debatten in der Zwischenkriegsperiode (Otto Kirchheimer, Franz Neumann, Hermann Heller). Diese knüpfen einseits an Otto Bauers Konzeption des „Gleichgewichtes der Klassenkräfte" an („Austromarxismus"). Auf der anderen Seite begreifen sie das Recht als zentrales Steuerungsmedium der bürgerlich-kapitalistischen Gesellschaft. In rechtsstaatlichen Regelungen (in Gesetzen, in der Rechtsprechung, aber auch – auf der allgemeinsten Ebene – in den Verfassungen, die sich die neuen Republiken nach dem Ende des Ersten Weltkrieges, im politischen Klima der revolutionären Nachkriegsbewegungen, gegeben haben) werden die sozial verallgemeinerten Inhalte eines politischen Kompromisses anerkannt, auf den

8) Gramsci (1996: 1502) schreibt z.B. über die Funktion der Intellektuellen: Sie „sind die 'Gehilfen' der herrschenden Gruppe bei der Ausübung der subalternen Funktionen der gesellschaftlichen Hegemonie und der politischen Regierung, nämlich: 1. des 'spontanen' Konsenses, den die großen Massen der Bevölkerung der von der herrschenden grundlegenden Gruppe geprägten Ausrichtung des gesellschaftlichen Lebens geben ...; 2. des staatlichen Zwangsapparats, der 'legal' die Disziplin derjenigen Gruppen gewährleistet, die weder aktiv noch passiv 'zustimmen', der aber für die gesamte Gesellschaft in der Voraussicht von Krisenmomenten im Kommando und in der Führung, in denen der spontane Konsens schwindet, eingerichtet ist".

sich unter privatkapitalistischen Bedingungen die mit unterschiedlicher Macht ausgestatteten Klassen jeweils geeinigt haben. In der Grundgesetzinterpretation von Wolfgang Abendroth (Kampf um progressive – rechtstaatliche wie sozialstaatliche – Verfassungspositionen als entscheidende Phase für die Konstitution eines hegemoniefähigen „historischen Blocks", der sich auf die Arbeiterbewegung stützt) wird diese Linie nach dem Zweiten Weltkrieg fortgeführt (Deppe 1993a).

In diesem Sinne z.B. verwendet der – am Marxismus, vor allem an der politischen Hegemonietheorie von Antonio Gramsci orientierte (Bieling/Deppe 1996b) – kanadische Theoretiker der internationalen Beziehungen *Robert W. Cox* den Begriff des Gesellschaftsvertrages. Die Desintegration des für die Nachkriegsgeschichte der westlichen Metropolen bestimmenden „neoliberalen historischen Blocks" beschreibt er folgendermaßen: „Der *Gesellschaftsvertrag*, der die *ungeschriebene Verfassung des historischen Blockes* des neoliberalen[9] Staates gebildet hatte, wurde in allen entwickelten kapitalistischen Ländern in den Jahren nach 1974/75 gebrochen. Diese Jahre waren zugleich eine Schwelle in der Entwicklung der Klassenkämpfe. Regierungen verbündeten sich mit dem Kapital, um Bedingungen herzustellen, die von den Geschäftsleuten als günstig für eine Wiederbelebung der Investitionen angesehen wurden, und sie drückten die Gewerkschaften in eine defensive Position. Von da an hörte der Tripatismus (i.e., das Kooperationsmodell des Korporatismus: Staat – Unternehmerverbände und Gewerkschaften handeln die „Sozialkontrakte" aus, F.D.) auf, die bestimmende Methode für die Regulierung der gesellschaftlichen Beziehungen der Produktion zu sein. Es bildete sich eine neue Struktur der Produktionsbeziehungen heraus, die dazu tendierte, die Arbeiterklasse in eine relativ gesicherte und geschützte Minderheit (einbezogen in

9) Von den angelsächsischen Politikwissenschaftlern wird der Begriff des „Neoliberalismus" in einer anderen Bedeutung als in Europa verwendet (in den USA ist der Begriff des „Liberals" zum Synonym für Linksdemokraten – oder gar für Marxisten – geworden). „Neoliberal" meint hier das fordistisch-keynesianische Regulationsmodell der Golden-Age-Periode. Keynes – mit seiner 1925 gegebenen Antwort auf die Frage „Bin ich ein Liberaler" (Keynes 1956: 246 ff.) – hat diesen „Neoliberalismus" begründet, im Gegensatz zum streng-orthodoxen Liberalismus, der seit den frühen 30er Jahren von Friedrich von Hayek u.a. gegen den Keynesianismus – als einer Form des „bürgerlichen Sozialismus" – vertreten wurde (vgl. Cockett 1995).

korporatistische Regelungen auf der Unternehmensebene) und in eine fragmentierte und relativ ungeschützte Mehrheit von ArbeiterInnen in prekären Beschäftigungsverhältnissen (nonestablished workers) zu polarisieren" (Cox 1987: 281).

Beachten wir hier zunächst einmal die Formulierung vom *Gesellschaftsvertrag* als der *„ungeschriebenen Verfassung des historischen Blocks* des neoliberalen Staates". Der historische Block meint die Herrschaftskoalition von weltmarktorientiertem Kapital, Staat und sozialdemokratischer Arbeiterbewegung nach 1947/48, also mit dem Beginn des „Golden Age" und des Kalten Krieges. Die staatliche Wirtschafts- und Haushaltspolitik ist den wirtschafts- und konjunkturpolitischen Lehren des Keynesianismus verpflichtet. Sie sichert den Auf- und Ausbau des modernen Sozial- bzw. Wohlfahrtsstaates. Der Hinweis auf die „ungeschriebene Verfassung" bezeichnet den Konsens zwischen gesellschaftlichen Gruppen und Organisationen mit wesentlich gegensätzlichen Interessen als Ergebnis von Kämpfen und von internationalen Kräftekonstellationen (d.h. die Wirkungen des Kalten Krieges). Konsens wird darüber erzielt, daß Wirtschaftswachstum, Modernisierung, Hebung des Wohlstandes durch Löhne und staatliche Sozialleistungen, Transnationalisierung der Wirtschaft und nationale Sozialpolitik miteinander zu vereinbaren sind. Die Ziele dieser Politik – auch wenn sie nicht in der Verfassung oder in besonderen Gesetzen gefaßt sind (deshalb der Hinweis auf die „ungeschriebene Verfassung") – sind u.a. Vollbeschäftigung, Abbau sozialer Ungleichheit, allgemeine Sicherungen über die großen Sozialsysteme, Ausbau der gesellschaftlichen Infrastruktur (Bildung, Verkehr, Kommunikation), Anerkennung starker Gewerkschaften (diese letzten Politikfelder beziehen sich vor allem auf die westeuropäischen Verhältnisse).

Vertragsidee und Gerechtigkeit

Die Renaissance des Vertragsdiskurses wirft zugleich die Frage auf, ob es sich dabei um eine Wiederbelebung des klassischen naturrechtlichen Denkens handelt, das seit Thomas Hobbes die Konstitution des starken Staates, der Kunstmaschine des „Leviathan", auf einen fiktiven Akt in der Form eines Staatsgründungsvertrages begründet hatte:

Der Staat ist „eine Person, bei der sich jeder einzelne einer großen Menge durch gegenseitigen Vertrag eines jeden zum Autor ihrer Handlungen gemacht hat, zu dem Zweck, daß sie die Stärke und Hilfsmittel aller, wie sie es für zweckmäßig hält, für den Frieden und die gemeinsame Verteidigung einsetzt“ (Hobbes 1976: 134/5). Die Individuen (als Privateigentümer) schließen frei und rational (aus Eigennutz) einen Staatsvertrag, mit dem sie dem „Leviathan“ Souveränität, d.h. das – wie Max Weber später formulierte – „Monopol der legitimen physischen Gewaltsamkeit“ übertragen. Auf diese Weise treten sie aus dem „Naturzustand“ des „Krieges Aller gegen Alle“ in den politisch-staatlichen Zustand der „Civil Society“ über. Es ist diese strukturelle Spannung zwischen individueller Freiheit und Gesetz (das die individuelle Freiheit begrenzt und damit überhaupt erst als bürgerliches Freiheitsrecht konstituiert), die das Verhältnis von politischer Gewalt und Freiheits- bzw. Menschenrechten in der Geschichte der kapitalistischen Ordnung ausmacht (so Neumann 1980).

Die begriffliche Konstruktion des Gesellschaftsvertrages zielt nicht allein auf eine rationale Begründung politischer Herrschaft, sondern auch auf eine Tauschbeziehung, wie sie von allen Vertragsformen geregelt wird. Die Individuen tauschen die Anerkennung der Souveränität gegen Sicherheit ein. Dieser Tausch muß – als Äquivalententausch – beständig erneuert werden. Darin wurzelt in letzter Instanz die Legitimität des bürgerlichen Staates. Jürgen Habermas hat kürzlich auf diese Wendung zur Legitimationsproblematik – in der Entwicklung der klassisch-naturrechtlichen Staatsphilosophie (bis zum 18. Jahrhundert) – aufmerksam gemacht: „Zunächst hatte man 'Volkssouveränität' als eine Eingrenzung oder Umkehrung der Fürstensouveränität verstanden, die auf einem Vertrag zwischen Volk und Regierung beruht (hier wäre an die sog. „Monarchomachen“ zu denken und an die heftige Polemik von Jean Bodin gegen diesen Angriff auf die Souveränität, F.D.). Demgegenüber haben Rousseau und Kant Volkssouveränität nicht als einen Transfer von Herrschaftsgewalt von oben nach unten oder als Teilung der Herrschaft zwischen zwei Parteien begriffen. Für sie bedeutet Volkssouveränität vielmehr die Transformation der Herrschaft in Selbstgesetzgebung. An die Stelle eines historischen Paktes, des Herrschaftsvertrages, tritt hier der *Gesellschaftsvertrag als ein abstraktes Modell für die Art und Weise der Konstituierung und Legitimation von Herrschaft*. Dadurch verliert politische Gewalt den Charakter naturwüchsiger Gewalt: aus der 'auctoritas' der Staatsgewalt sollten die Reste der 'violentia' getilgt werden. Nach dieser Vorstellung 'kann nur der übereinstimmende und vereinigte Wille aller, sofern ein jeder über alle und alle über einen eben dasselbe beschließen ..., gesetzgebend sein' (Kant)“ (Habermas 1994: 14).

Seit dem 19. Jahrhundert „galt die Vertragsidee als ausrangiert, dem Denkstil vergangener Zeiten verhaftet und in ihrem normativen Anspruch durch den geschichtlichen Ausbau des demokratischen Verfassungsstaates längst überholt“ (Kersting 1990: 944). Schon bis zum frühen 19. Jahrhundert waren zwei Einwände formuliert, die den fiktiven – und darin aber auch ideologischen – Charakter der Konstruktion des Gesellschaftsvertrages aufdeckten:

1. Der Gesellschaftsvertrag, der das privatrechtliche Tauschverhältnis zwischen formal gleichen Individuen auf die Sphäre der Öffentlichkeit ausdehnt, gründet gerade nicht auf gesellschaftlicher Gleichheit. Im Gegenteil, er ist ein Herrschaftsvertrag, der die Ungleichheit und Unfreiheit zugunsten der „Reichen“ festschreibt – so z.B. die Kritik in der „Utopia“ des Thomas Morus[10], später die des jungen Rousseau in seinem „Diskurs über den Ursprung und die Grundlagen der Ungleichheit unter den Menschen“ aus dem Jahre 1755 (vgl. dazu u.a. Kersting 1993: 69/70). Er mag sich dabei auch auf John Lockes Konstruktion des Gesellschaftsvertrages bezogen haben, die „dem Klassenstaat eine sittliche Grundlage gab, und zwar mit Hilfe von Postulaten über gleiche natürliche Rechte der Individuen. Im Rahmen der individualisierten Naturrechtsannahmen des 17. Jahrhunderts konnte ein Klassenstaat nur durch eine Lehre der allgemeinen Zustimmung legitimiert werden, die eine Klasse dem Staat eingliederte, ohne ihr die volle Mitgliedschaft in diesem zuzugestehen. Und gerade das leistete Lokkes Theorie“ (Macpherson 1973: 281/2). Die Marxsche Kritik an dem

10) „Wenn ich daher alle unsere STaaten, die heute irgendwo in Blüte stehen, im Geiste betrachte ..., so stoße ich auf nichts anderes als eine Art Verschwörung der Reichen, die den Namen und Rechtstitel des Staates mißbrauchen, um für ihren eigenen Vorteil zu sorgen ... Haben die Reichen erst einmal im Namen des Staates, d.h. also auch der Armen, den Beschluß gefaßt, ihre Machenschaften durchzuführen, so erhalten diese sogleich Gesetzeskraft“ (Morus 1964: 151).

universalistischen Anspruch der Menschenrechtserklärungen (als der Geburtsstunde der bürgerlichen Verfassungen) sowie an dem „wahren Eden der angeborenen Menschenrechte ... Freiheit, Gleichheit, Eigentum und Bentham" (MEW, 23, S. 189) führt diese Kritik nur fort. Es ist daher die Auffassung vertreten worden, „daß, soweit es die 'politische' Theorie im engen Sinne betrifft, Marx und Lenin Rousseau nichts hinzugefügt haben, außer der Analyse (die gewiß recht wichtig ist) der 'ökonomischen Grundlagen' für das Absterben des Staates" (Colletti 1977: 130).

2. Der zweite Einwand hat sich bald gegen die – vom Privatrecht abgeleitete – Begründung des Gesellschaftsvertrages aus der individuellen Interessenlage der Vertragssubjekte gerichtet. Vor allem Hegel hat die Auffassung vertreten, daß der Staat nicht als Individuenaggregat zu begreifen und nicht in ein Geflecht von Privatbeziehungen zu zerlegen sei (Hegel 1955: 208).

Diese Kritik begründete zunächst die konservative Staatsauffassung seit dem frühen 19. Jahrhundert in Deutschland: „Das rationalistische Staatsmodell als einer Maschine, worin die vom Konservatismus verworfene Vorstellung der individualistischen Vertragslehren beschlossen liegt, will diesen erst aus den Willensakten der Einzelnen herleiten. Demgegenüber behauptet die Politische Romantik, daß Staat und Gesellschaft von Anbeginn schon dagewesen seien, da beide aus der Natur stammen. Der Staat ist somit dem Einzelnen je schon vorgegebene Seinsweise des Menschen, woraus folgt, daß nur durch die Rückbesinnung auf die Natur und das Wesen des Staates eine Regeneration der öffentlichen Angelegenheiten erhofft werden kann" (Lenk 1989: 84/85).

Daß in der politischen Theorie des 20. Jahrhunderts – auch in der neueren Demokratietheorie – auf die ursprüngliche naturrechtliche Begründung des Gesellschaftsvertrages verzichtet wird, hängt nicht allein mit der politisch wirksamen (und das staatliche Handeln bindenden) Organisierung kollektiver Interessen zusammen (vgl. Kapitel 1). Vielmehr wird die Beziehung von Gesellschaft und politischem System durch die institutionelle Vermittlungsarbeit des modernen Wohlfahrtsstaates charakterisiert. Claus Koch hat die Differenz zwischen dem „klassischen" (naturrechtlich begründeten) und dem modernen, wohlfahrtsstaatlichen Gesellschaftsvertrag folgendermaßen bestimmt:

„Der klassische Gesellschaftsvertrag zur Begründung des bürgerlichen Staates hatte die ökonomischen Beziehungen und die in ihnen enthaltene Ungleichheit unbeachtet gelassen. Das gilt auch für die Erklärung der 'droits de l'homme et du citoyen'. Der Wohlfahrtsstaat nimmt die ökonomischen Beziehungen gewissermaßen in den Vertrag auf, indem er die ökonomische Ungleichheit positiv zu instrumentalisieren sucht, wobei er auf das Versprechen eines prinzipiell unendlichen Wachstums bauen muß – und damit nur den kapitalistischen Geist, der das Versprechen ursprünglich abgegeben hatte, beim Wort nimmt" (Koch 1993b: 19).

Die gegenwärtige Renaissance der Vertragsdiskurse ist freilich nicht ganz voraussetzungslos. Sie steht – mehr oder weniger bewußt – im Zusammenhang mit einer Wiederentdeckung und Reformulierung von Moralphilosophie und normativer politischer Philosophie, die unter dem Einfluß des Positivismus sowie des logischen Empirismus tot gesagt war, aber im Anschluß an John Rawls „Theorie der sozialen Gerechtigkeit" (1971) – als sog. „Neokontraktualismus" – beständig an Einfluß gewonnen hat (vgl. dazu auch Mierbach 1990). Dabei ging es Rawls nicht um eine Fortführung der klassischen Theorien vom Gesellschaftsvertrag als dem Gründungs- und Legitimationsakt des „Leviathan". Vielmehr setzt die neue Vertragstheorie, die sich des methodischen Instrumentariums der Entscheidungs- und Sozialwahltheorie bedient, bei dem Gedankenexperiment an, welchen Zustand die Indviduen vorziehen, wenn sie eine politische und soziale Gemeinschaft bilden. Deren Übereinkunft, der Vertrag, legt die Prinzipien fest, die für die Gemeinschaft gelten sollen. „Rawls hat vor allem auch – und das in der Geschichte der neuzeitlichen politischen Philosophie zum ersten Mal – das Rechtfertigungsmodell der allgemeinen Zustimmungsfähigkeit zur Entwicklung eines Grundsatzes der gerechten Verteilung kooperativ erarbeiteter, materieller Güter herangezogen und damit ein Prinzip der sozialen Gerechtigkeit aus dem Prinzip der individuellen rechtlichen Freiheit abgeleitet sowie den sozialstaatlichen Grundsatz als notwendige normative Erweiterung des Rechtsstaatsprinzips kenntlich gemacht" (Kersting 1993: 20/21).

Die Gerechtigkeitskonzeption von Rawls hat auf der einen Seite den neoliberalen Angriff auf den modernen Wohlfahrtsstaat beeinflußt, der diesen – soweit er über den „*Minimalstaat*" (Nozick), der seine Aufgaben über die Rechts- und Friedensleistungen hinaus ausdehnt – als Verletzung der natürlichen Rechte der Individuen attackiert. Soziale Gerechtigkeit kann nur distributive, nicht aber durch sozialstaatliche Interventionen vermittelte Gerechtigkeit sein. Auf der anderen Seite hat der sog. „*Kommunitarismus*" in dieser Debatte, die durch Rawls angestoßen wurde, die liberale Prämisse von der Rationalitätserwägung der freien Individuen in Frage gestellt. Das Individuum – so argumentieren die Kommunitaristen gegen Rawls, schärfer aber noch gegen die Neoliberalen – ist sozial eingebettet und gesellschaftlich konstituiert, vor allem durch tradierte Wertesysteme und Kulturformen. Zwischen der Norm der sozialen Gerechtigkeit und der moralischen Subjektivität der Individuen besteht daher ein unmittelbarer Zusammenhang. Die Hoffnungen und Ideale der Gesellschaftskritik – so Michael Walzer (1991: 316 u. 313) – haben „einen wirklichen Ort – in unserer 'Seele', in unserem alltäglichen Bewußtsein von der moralischen Welt ... moralische Empfindsamkeit ist das Rüstzeug für das Überleben der Kritik".

Die Kommunitaristen formulieren inzwischen eine scharfe Kritik sowohl an den herrschenden kapitalistischen Wirtschaftsverhältnissen als auch an der von ihnen dominierten politischen Kultur. „Ein Verlangen nach unmittelbarer Befriedigung durchdringt die amerikanische Gesellschaft von der Spitze bis zur Basis. Es herrscht ein universelles Interesse am 'Selbst', an 'Selbstverwirklichung' und, in jüngster Zeit, an 'Selbstachtung', Slogans einer Gesellschaft, die unfähig ist, Sinn für staatsbürgerliche Verpflichtungen zu entwickeln" (Lasch 1995: 235). Auch die äußerst scharfe Kapitalismuskritik von Benjamin Barber geht von einer Zerstörung des „Bürgersinns" aus und zielt auf Anstrengungen zu seiner Rekonstruktion. Der Freiheitsbegriff der neoliberalen Antietatisten ist weitgehend unpolitisch geworden: „Markenwahl und innerhalb der Marke Produktwahl gelten in Marktgesellschaften inzwischen weitgehend als das Wesen der Freiheit und werden 'neuen Demokratien' auch als dieses verkauft" (Barber 1996: 81). „Auf dem globalen Markt von Mc World beschränkt sich die aktive Volkssouveränität auf die freie Auswahl der Lieblingssoße zur Folienkartoffel. Der Rest ist passiver Konsum" (ebd. 108). Barber fordert eine Rückeroberung und Revitalisierung der Demokratie: „Wenn wir unsere staatlichen Institutionen nicht wiederbeleben und sie nicht wieder mit realer Macht ausstatten, können der Staat und seine Kommunikationstechniken nicht Werkzeuge sein, mit denen wir gegen eine entfremdete Welt vorgehen, sondern werden zu deren Bestandteil. Wir müssen uns den Staat wieder zu eigen machen und unsere demokratischen Einstellungen neu beleben, und das geht nur in einer lebendigen, demokratischen Gesellschaft, in der Rechte und Pflichten in gemeinsamer Selbstbestimmung miteinander verwoben sind" (ebd. 285).

Die zunehmende Aufmerksamkeit, die diesen Gerechtigkeits- und Demokratiediskursen sowie der Entdeckung des „moralischen Bewußtseins" in der sozial- und politikwissenschaftlichen Diskussion unserer Tage zuteil wird, kann hier nicht abschließend bewertet werden. Die Rehabilitierung normativer Reflexion verweist allerdings auf einen doppelten Beziehungskontext, der auch für die eher gesellschafts*politisch* orientierte Debatte über den neuen Gesellschaftsvertrag konstitutiv scheint. Auf der einen Seite deutet sich darin das Bestreben an, daß kritische Gesellschaftstheorie, die Fortführung der Kritik der „instrumentellen Vernunft", die „intersubjektiven Voraussetzungen der menschlichen Identitätsentwicklung" mit heranziehen und daher auch „Anerkennungspathologien" in das Zentrum der Zeitdiagnose rücken muß (Honneth 1994: 89). Dazu gehört auch die Forderung nach einer „fundamentalen Revision" des scheinbar übermächtigen Einflusses der Luhmannschen Systemtheorie in den Sozialwissenschaften. Der notwendige Ausbruch aus dem „eisernen Käfig" der Systemtheorie wird von Richard Münch – der selbst der sogenannten „Parsons-Orthodoxie" zugerechnet wird – folgendermaßen beschworen: „Wir dürfen nicht länger die Probleme, Risiken, Schäden, die extremen Gefahren und die Katastrophen, die von der modernen Gesellschaft erzeugt werden, lediglich dem selbstreferentiellen Funktionieren autopoietischer Systeme – vor allem dem selbsreferentiellen Funktieren der Ökonomie – zuschreiben. Tatsächlich ist es genau umgekehrt. Es ist die Kooperation der Ökonomie mit der kulturellen Reflektion, der Solidaritätserweiterung und den politischen Entscheidungsprozessen, die im Zentrum der modernen Erzeugung von Gefahren und Katastrophen steht" (Münch 1993: 58). Hier klingt schon das zweite Motiv an, das die sozialwissenschaftliche und politische Theorie herausfordert. Es ist der Druck, der von den realen sozialen und ökologischen Bestands- und Entwicklungsproblemen entwickelter kapitalistischer Gesellschaften der Gegenwart ausgeht und die Sozialwissenschaften – sollen sie nicht noch schneller in die politische Bedeutungslosigkeit absinken – sowie die „moralische Empfindsamkeit" der Gesellschaftskritik herausfordert[11].

Das gesellschaftliche und politische Terrain

Fassen wir zunächst einmal die bisherigen Überlegungen zum Stellenwert der Debatte über den „neuen Gesellschaftsvertrag" zusammen. Diese ist *erstens* eine Form der gesellschaftstheoretischen und politischen Reflexion der gegenwärtigen Krisenerfahrungen – und zwar im doppelten Zusammenhang: erstens der gegenwärtigen Weltwirtschaftskrise und der „postkommunistischen" Transformationskrise; zweitens im Erfahrungszusammenhang einer strukturellen Krise des industriekapitalistischen Zivilisationstyps (in seinen nationalen wie globalen Dimensionen). Insofern gründen sich alle Beiträge zum „neuen Gesellschaftsvertrag" auf die Basisprämisse, daß der Formationswechsel in der kapitalistischen Entwicklung unserer Zeit von einer Erosion bzw. Erschöpfung des alten Regulationsmodus ausgeht: „Die industrielle Produktionsweise, der Konsumismus und die bisherige Gestalt des Sozialstaates sind auch in Deutschland am Ende. Die heutigen Entwicklungsformen sind ausgereizt" (Gysi 1994).

Zweitens bewegt sich diese Debatte in einer Spannweite von weit auseinanderliegenden gesellschaftspolitischen Interessen und Grundsatzpositionen. Auf der einen Seite verstehen die Neoliberalen und Neokonservativen unter einem „neuen Gesellschaftsvertrag" politische

---

11) Warnfried Dettling (der CDU-Reformer) hat – unter Bezug auf den amerikanischen Sozialforscher Daniel Yankelovich – diesen Zusammenhang so angesprochen: Heute „spitzt sich die soziale Frage zu. Die Gesellschaft wird, auch in sozialer Hinsicht, zu einem Nullsummenspiel, bei dem den einen nur gegeben werden kann, was den anderen genommen wird. Bei sinkenden Arbeitseinkommen werden sich viele fragen, warum sie eigentlich für die anderen sorgen sollen, wo sie doch mit sich selbst und ihren eigenen Problemen genug zu tun haben. In Zeiten wie diesen werden auch Solidarität und gesellschaftliche Moral zum knappen Gut. Das muß nicht bedeuten, daß sich die Gesellschaft hin zum Sozialdarwinismus entwickelt, aber sie stellt in jedem Falle die Solidarität der Mehrheit auf eine harte Probe. *Die moralischen Grundlagen für eine solidarische Gesellschaft müssen neu ausgehandelt werden...* Eine Standortdebatte, die den menschlichen und 'moralischen' Faktor, die Dynamik zwischen Wirtschaft und Werten links oder rechts liegenläßt und nur über Ökonomie redet, wird am Ende auch in wirtschaftlicher Hinsicht wenig erfolgreich sein" (Die Zeit, 3. Juni 1994, S. 23).

Mehrheiten für den endgültigen Abschied von dem alten rechts- und sozialstaatlichen Modell der Nachkriegszeit; das heißt: Abschied von einem Politikkonzept, das – in letzter Instanz – darauf gerichtet war, gesellschaftliche Probleme (wie sie die destruktive Dynamik eines dem Selbstlauf überlassenen Kapitalismus in der Form nationaler und globaler sozialer Spaltungen und ökologischer Risiken notwendig hervorbringt) so zu entschärfen, daß sie nicht mehr die Gefahr einer inneren sozialen und politischen Destabilisierung erzeugen. Daß der Konsens über dieses Politikkonzept auch der Systemkonkurrenz und der Logik des Kalten Krieges geschuldet war, tritt erst nach deren Ende allmählich ins Bewußtsein: der „Paradiesgegner" des Kapitalismus, der Kommunismus, hat sich „verkrümelt" und der „sozialstaatlich und demokratisch gebändigte Kapitalismus gerät aus den Fugen" (Beck 1993b: 57/58).

Die radikalste Variante dieser Forderung nach einem neuen Gesellschaftsvertrag, der mit dem Sozialstaats-Kompromiß der Nachkriegsperiode (genauer: der Periode nach der Großen Krise von 1929) bricht, wurde 1994 von der US-amerikanischen Partei der Republikaner in ihrem Wahlprogramm „Contract with America" vertreten. Die „republikanische Revolution" von rechts, die hier verkündet wurde, ging weit über jene Ziele hinaus, die Anfang der 80er Jahre noch von Margaret Thatcher in Großbritannien und Ronald Reagan in den USA verkündet worden waren. Radikale Entstaatlichung und Dezentralisierung sowie eine drastische Beschneidung des Wohlfahrtsstaates waren die Eckpunkte des Programms. Die Regierung – so das ideologische Credo seit Reagan – sollte den amerikanischen Wählern zurückgegeben werden. Die Beziehung zwischen Bürgern und Staat sollte neu vermessen und definiert werden. Die wichtigsten Programmpunkte des Vertrages waren: Begrenzung der Mandatszeit der Abgeordneten auf insgesamt sechs bzw. zwölf Jahre; ausgeglichene Bundeshaushalte per Verfassungszusatz; entschiedenere Verbrechensbekämfung; Beschneidung des Wohlfahrtsstaates; Steuererleichterungen für Familien mit Kindern; militärische Aufrüstung; steuerfreie Zusatzverdienste für Rentner; Deregulierung; Rechtsreformen. Mit diesem Programm, das alte sozialdarwinistische Positionen zur Armenfrage („underclass") wiederaufleben läßt, zugleich für die entschiedene Förderung von Religion, Patriotismus sowie der Dominanz der „weißen Kultur" plädiert, konnte die Republikanische Partei bei den Kongreßwahlen vom November

1994 einen Erdrutschsieg über die Demokratische Partei erringen (allerdings bei einer Wahlbeteilung von 38,7 Prozent der Wahlberechtigten). Newt Gingrich, der Sprecher des rechten Flügels, wurde zum Sprecher des Repräsentantenhauses gewählt und versuchte, als eine Art Gegenpräsident gegen den Demokraten Clinton zu agieren. Mit der Wiederwahl von Clinton Ende 1996 scheint der Stern der „konservativen Revolution“ (und ihres Sprechers) schon wieder zu verblassen. Allerdings hat sie deutliche Spuren hinterlassen; denn die Wiederwahl von Clinton wurde dadurch möglich, daß dieser zentrale Positionen des „Contract with America“ in seine Regierungspolitik übernahm und zudem das Glück hatte, daß ihm ein (zu alter und) schwacher republikanischer Kandidat (Bob Dole) entgegentrat (vgl. dazu insgesamt Leggewie 1997: 90 ff.).

Der Grundgedanke des „neuen Gesellschaftsvertrages“ von rechts lautet Entstaatlichung und „Deregulierung“, Individualismus statt Kollektivismus, Selbstverantwortung statt staatlicher Vor- und Fürsorge – kurzum: Marktfreiheit statt „Merkantilismus“. Gerade darin trifft sich diese Programmatik der neoliberalen „Revolution von rechts“ mit den Vorschlägen für eine marktgesteuerte Weltordnung, wie sie von namhaften Repräsentanten internationaler Konzerne (bzw. von deren „Beratern“ Kenichi Ohmae, Herbert Henzler, Fred Gluck) in einer „Unabhängigkeitserklärung für die Welt von 2005“ zusammengefaßt wurden. Darin werden die Regierungen aufgefordert, „sich dahingehend zu wandeln, daß sie allen Menschen Zugang zu den besten und billigsten Waren und Dienstleistungen überall auf der Welt gewähren, Firmen bei der Schaffung stabiler und anspruchsvoller Arbeitsplätze überall auf der Welt ohne Rücksicht auf Nationalität unterstützen und Aktivitäten mit anderen Regierungen koordinieren, um Konflikte aus Partikularinteressen zu minimieren und abrupten Kurswechseln in ökonomischen und sozialen Grundfragen vorzubeugen“. Diese Erklärung – so kommentiert Benjamin Barber – „fordert den Nationalstaat auf, seine eigene Abschaffung zu betreiben“ (Barber 1996: 161).

Auf der anderen Seite steht die Forderung nach einer „intelligenteren Regulierung“ bzw. nach einem neuen „industriepolitischen Dialog“. Diese – sozialdemokratisch zu nennende – Forderung nach einer Revitalisierung korporatistischer Verhandlungsmuster zwischen Unternehmern, Gewerkschaften und Staat konzentriert sich auf die Fragen der Wettbewerbsfähigkeit der deutschen Wirtschaft auf dem Weltmarkt (sie akzeptiert mithin die Prämissen der sog. „Standortdebatte") sowie auf die Probleme der industriellen Standort- und Arbeitsplatzsicherung im Osten Deutschlands. Das „alte Konzept" des deutschen Produktionsmodells „greift nicht mehr, seitdem in den Schwerpunktmärkten der deutschen Wirtschaft Mitbewerber auftreten, die dieselben Qualitäten kostengünstiger als sie selbst anbieten und die wettbewerbsbestimmenden Innovationen schneller als sie präsentieren können". Einerseits wird eine Modernisierung – vor allem aber eine damit verbundene Politik zur Sicherung und Schaffung von Arbeitsplätzen – blokkiert, wenn die Unternehmer darauf mit einer Strategie der Kostenreduzierung (Abbau von „Spitzenlöhnen" und „exorbitanten Sozialleistungen") reagieren. Damit zwingen sie die Gewerkschaften in eine radikalisierte Defensivposition, die ihren eigenen Niedergang und Machtverlust forciert. Andererseits wird der Dialog über die „Reform des schwach gewordenen Produktionsmodells" verhindert. Gegen die „strukturkonservativen Kräfte" in beiden „Lagern" müssen sich Modernisierer zusammenfinden. Diese akzeptieren die „Forderung nach einer umfassenden Restrukturierung der Wirtschaft in Deutschland, ... die keine Tabus kennt – unternehmensseitige so wenig wie gewerkschaftliche – und die Bereitschaft aller Akteure, sich die praktische Umsetzung dieser Einsicht im Interesse robuster wirtschaftlicher Verhältnisse und guter Arbeitsplätze zu eigen zu machen" (Kern 1994: 34/5).

Im Oktober 1995 hatte der Vorsitzende der IG Metall, Klaus Zwikkel, mit seinem Vorschlag für ein „Bündnis für Arbeit" (zumindest publizistisch) einen Überraschungscoup gelandet. Er sagte vor den Delegierten des Gewerkschaftstages der IG Metall: „Wenn die Unternehmer der Metallverarbeitung garantieren, in den nächsten drei Jahren auf betriebsbedingte Kündigungen zu verzichten, 300 000 Arbeitsplätze zu schaffen, außerdem 30 000 Langzeitarbeitslose einzustellen sowie die Zahl der Ausbildungsplätze jährlich um 5 Prozent zu steigern, und wenn die Bundesregierung erklärt, bei der Novellierung des Arbeitsförderungsgesetzes darauf zu verzichten, Arbeitslosengeld und Arbeitslosenhilfe zu kürzen, und die Sozialhilfekriterien nicht zu verschlechtern und eine Regelung zu treffen, um ein Ausbildungsplatzangebot entsprechend der Nachfrage zu gewährleisten und Betriebe, die nicht oder zuwenig ausbilden, zum Lastenausgleich heranzuziehen, dann werde ich mich dafür einsetzen, 1997 Einkommenssteigerungen zu vereinbaren, die sich am Ausgleich der Preissteigerung orientieren, und befristete Einarbeitungszuschläge für Langzeitarbeitslose zu ermöglichen“ (zit. n. Bierbaum 1995: 35).

Bis zum Beginn des Jahres 1996 konnten sich die Initiatoren dieses Vorschlages als Gewinner fühlen. Sie waren in den öffentlichen Debatten über die Wege zur Verminderung der Arbeitslosigkeit gegenüber den Arbeitgebern und der Regierung in die Offensive gelangt. In anderen europäischen Ländern wurde das „Bündnisprojekt“ schon als Modell für einen (neokorporatistischen) wirtschafts- und sozialpolitischen Dialog und Kompromiß gefeiert. Die Bundesregierung reagierte positiv auf die Initiative und lud Spitzenvertreter von Gewerkschaften und Arbeitgeberverbänden zu „Kanzlerrunden“ ein. Hier zeigte sich schnell, daß die führenden Gewerkschafter bereit waren, weit über die ersten Zugeständnisse des IG-Metall-Vorsitzenden auf dem Gebiet der Lohnpolitik hinauszugehen. Sie akzeptierten nicht nur, wenn auch widerwillig, die Grundlinie der von der Bundesregierung vertreteten Strategie zur „Standortsicherung“ durch Kostensenkung bei den Löhnen und Sozialleistungen sowie durch Steuererleichterung für die Unternehmen und die Aushöhlung von Schutzrechten der Arbeitnehmer (z.B. beim Kündigunggsschutz). Sie signalisierten auch die Bereitschaft, einen Prozeß des – freilich sozial abgestimmten und zwischen den „Sozialpartnern“ vereinbarten – Abbaus des Sozialstaates mitzutragen. Noch Anfang 1996 interpretierten sie das Kommuniqué der Bundesregierung „Bündnis für Arbeit und Standortsicherung“ (das in ein Aktionsprogramm von sozialpolitischen „Grausamkeiten“ einfloß) im wesentlichen positiv, weil sie dessen beschäftigungspolitische Aussagen im Zusammenhang mit den Branchendialogen, mit dem Technologie-Innovationsdialog und mit der Erschließung neuer Beschäftigungsfelder als Erfolg der gewerkschaftlichen Bündnisinitiative werteten[12].

12) Dabei handelte es sich nicht allein um taktische Varianten der Gewerkschaftspolitik im Hinblick auf einen Erfolg bei den „Kanzlerrunden“, sondern um eine strategische Neuorientierung in Richtung auf ein Politikmodell der „sozialpartnerschaftlichen Kooperation“ und auf den Verzicht auf grundlegende gesellschafts- und wirtschaftspolitische Alternativen (auch bei der IG Metall, in der noch Franz Steinkühler einen solchen Prozeß der „Modernisierung von oben“ eingeleitet hatte). Diese These läßt sich verifizieren, wenn der parallele Prozeß der Debatte über ein neues Grundsatzprogramm des

Die Träume vom „Konsensmodell des rheinischen Kapitalismus" waren allerdings schnell verflogen. Bis zum Frühjahr des Jahres 1996 war klar geworden, daß a) die Bundesregierung die Gewerkschaften geschickt ausmanövriert hatte und b) die Verhandlungen zwischen Gewerkschaften und Arbeitgebern über „Bündnisse für Arbeit" (vor allem im Bereich der Metallindustrie) weitgehend gescheitert waren. Die Bundesregierung setzte ihr Aktionsprogramm um, ohne gewerkschaftliche Forderungen zu berücksichtigen. Zusammen mit den Arbeitgebern, die nicht allein den „Sozialstaatskompromiß", sondern auch das Regelungsinstrument des Flächentarifvertrages in Frage stellen, verfolgte sie nunmehr eine Politik der offenen Provokation und Konfrontation gegenüber den Gewerkschaften. Die daraus resultierenden Auseinandersetzungen erreichten mit der Großdemonstdation des DGB in Bonn am 15. Juni 1996 einen ersten Höhepunkt und gipfelten in der zweiten Hälfte des Jahres 1996 in den massiven, spontanen Streikaktionen, mit denen zahlreiche Belegschaften gegen die gesetzliche Neuregelung (und das heißt Verschlechterung) der Lohnfortzahlung im Krankheitsfall protestierten. Der schließliche tarifpolitische „Sieg der Gewerkschaften" über das konservativ-neoliberale „Lager" wurde freilich teuer erkauft (vgl. Riexinger u.a. 1997).

Die Lehren dieser Auseinandersetzung um das „Bündnis für Arbeit" im Jahre 1996 lassen sich so zusammenfassen: Als illusionär hat sich die Hoffnung erwiesen, daß vernünftige „Modernisierer" aus Gewerkschaften, Unternehmen und Kapitalverbänden sowie aus den Regierungen eine gemeinsame Strategie zur „Rettung des Standortes Deutschland" aushandeln – eine Strategie bzw. ein Kompromiß, bei dem der Verzicht der Gewerkschaften auf klassische Forderungen und Ziele mit beschäftigungspolitisch wirksamen Maßnahmen sowie mit einer deutlichen Anerkennung des „Humanfaktors Arbeit" belohnt werden soll. Die Bereitschaft, sich auf eine solche Politik einzulassen, hat die Legitimationskrise der Gewerkschaften (die auch eine Krise der Glaubwürdigkeit ihrer Spitzenfunktionäre ist) eher noch verstärkt. Gleichzeitig ist über die Mobilisierung der Lohnabhängigen bei Großdemonstratio-

DGB und die entsprechenden Dokumente (vor allem die „Thesen der Programmarbeitsgruppe" vom Juni 1995 und die ersten Entwürfe zum Grundsatzprogramm vom Herbst 1995) zur Kenntnis genommen werden (vgl. Forum Gewerkschaften 1996).

nen, bei Streiks gegen das Lohnfortzahlungsgesetz sowie bei laufenden Tarifverhandlungen deutlich geworden, daß die Verhandlungs- und Kompromißbereitschaft des Kapitals und seiner Funktionäre nur durch Kampf und den Druck sozialer und politischer Auseinandersetzungen hergestellt werden kann.

Solche – dialogorientierte – Pakte werden auch im Bereich der Sozialpolitik gefordert. Die Brüsseler EG-Kommission hat in ihrem „Weißbuch" für Wachstum, Wettbewerbsfähigkeit und Beschäftigung Ende 1993 von der Notwendigkeit der Erneuerung des europäischen Gesellschaftsmodells gesprochen: „Wir sind an einem Punkt angelangt, an dem in vielen Mitgliedstaaten das Funktionieren der sozialen Sicherung überprüft wird; Ziel ist es dabei, sie effizienter zu gestalten, eine Senkung der Kosten durch mehr Mitverantwortung und stärkere Selektivität herbeizuführen. Die Erneuerung des europäischen Gesellschaftsmodells erfordert eine weniger passive und stärker aktive Solidarität: zunächst einmal Solidarität derer, die Arbeit haben, mit denen, die keine haben. Dieser Kerngedanke wurde in den vergangenen zehn Jahren in Tarifgesprächen und -verhandlungen völlig außer acht gelassen. Wir schlagen nun eine Art europäischen Sozialpakt vor, der auf einem einfachen Grundsatz beruht, in seinen Modalitäten aber jeweils den Besonderheiten der einzelnen Staaten und der einzelnen Unternehmen anzupassen sein wird. Gemäß den Grundsätzen einer dezentralen und auf der Subsidiarität fußenden Wirtschaft werden die Gewinne aus dem Produktivitätszuwachs weitgehend Investitionen mit Zukunft und der Schaffung neuer Arbeitsplätze zugeführt" (EG-Kommission 1993: 16/17).

Allerdings vermag die EG-Kommision nicht zu sagen, wie denn eine solche „Investitionslenkung" – auf der Ebene der Europäischen Union ihrer Mitgliedstaaten – politisch und institutionell durchgeführt werden soll (Zinn 1994). Das Schicksal des „Weißbuchs", das von Jacques Delors, dem scheidenden Präsidenten der EU-Kommission angeregt worden war, verdeutlicht einmal mehr, wie schwach die Hoffnung auf einen „neuen Gesellschaftsvertrag" – als Ergebnis eines neuen „Klassenkompromisses" bzw. der „kommunikativen Vernunft" zwischen den „Sozialpartnern" – in der Praxis begründet ist. Die Umsetzung des „Weißbuches" scheiterte nicht allein am Widerstand der europäischen Arbeitgeberorganisationen, sondern vor allem auch am Widerstand der deutschen Regierung, die sich hier an die Seite der konservativen britischen Regierung stellte, die jedweden sozialen Fortschritt auf der europäischen Ebene zu blockieren sucht. Dabei ging es nicht allein darum, den Ausbau der Sozial- und Beschäftigungspolitik als ein eigenständiges Politikfeld der EU, sondern auch die Erweiterung der finanziellen Handlungsspielräume der EU-Kommission zu verhindern.

Schließlich versteht eine dritte Position den neuen Gesellschaftsvertrag als ein Konzept strategischer Reformen, das zugleich mit der „Vision einer lebenswerten Welt“ (Gysi) verbunden wird. Damit wird über den Bereich der Industrie- und der Sozialpolitik weit hinausgegangen zu einer Programmatik der „Gesellschaftsreform“ in der Perspektive einer „globalen ökologischen und sozialen Revolution“. Diese kann freilich nur gelingen, wenn verschiedene gesellschaftliche Gruppen den Dialog eröffnen und über „runde Tische“ miteinander kommunizieren[13]. Auch bei dieser weiterreichenden Perspektive klingt noch das Motiv mit, daß sich der historische Block für einen neuen Gesellschaftsvertrag letztlich dem Wirken einer – die Partikularinteressen der beteiligten Gruppen, Klassen, gesellschaftlichen und politischen Kräfte übergreifenden – universellen Vernunft verdanken werde, die angesichts der globalen Krisenprozesse eine neue „Verantwortungsethik“ auch für die politischen Akteure erzwinge.

---

13) In dem von Gregor Gysi (PDS) vorgestellten „Manifest“ wird dabei an die historischen Erfahrungen beim Zustandekommen des ersten „New Deal“ erinnert (allerdings enthalten diese Bezüge eine idealistische Übertreibung, nicht allein in bezug auf die USA der 30er Jahre, sondern auch auf die Bedeutung und Wirkung des sozialdemokratischen Reformismus in der Zwischenkriegsperiode): „Wo geschichtlich Gewerkschaften, aufgeklärte Unternehmer, Wissenschaftlerinnen und Wissenschaftler mit realisierbaren Projekten und Politikerinnen und Politiker mit humanen Visionen und einem pragmatischen Blick für neue Chancen antraten, konnte in Krisen der Weg in die Armut, die Reaktion und den Krieg versperrt werden. Sozialstaat, soziale Einhegung des kapitalistischen Marktes, New Deal waren einmal erfolgreich gegen den sozial verantwortungslosen Staat, gegen die absolute Macht des Kapitals auf dem Arbeitsmarkt und gegen die Ideologie der Ungestaltbarkeit der Marktwirtschaft angetreten. Sie haben den Pessimismus eines alternativlosen Weiter-So Lügen gestraft. Heutige Veränderungen müssen viel weitreichender sein, und sie können viel erfolgreicher werden“. (vgl. dazu auch Werner 1994).

Der Vertrag als zeitweiliger „Waffenstillstand“

Der Vertragsdiskurs scheint deshalb unübersichtlich, weil sich in ihm nicht allein unterschiedliche Interessen artikulieren, sondern weil er verschiedene Dimensionen von Politik berührt. Auf der einen Seite handelt es sich dabei um den *Prozeß*, d.h. auch um den politischen und sozialen Konflikt, der über die Auflösung des alten zur Durchsetzung eines neuen Gesellschaftsvertrages führt. Zum anderen müssen die *Gegenstände* dieses Konfliktes und dann auch von Verhandlungen unterschieden werden, die die Handlungsfelder des Vertragsdiskurses bilden. Und schließlich geht es dabei um die *Formen der Verhandlungen sowie der politisch-institutionellen Arrangements*, in denen die „ungeschriebene Verfassung des historischen Blocks“ (Cox) eine vorläufige Gestalt gewinnt.

Die Anerkennung des Vertragsdiskurses als eines Referenzrahmens für die Debatte über „strategische Reformen“ (Dahrendorf) impliziert allerdings zugleich die Anerkennung bestimmter Regeln und Normen, die jedem Vertrag – als der Regelungsform der privatrechtlichen wie der öffentlich-rechtlichen Beziehungen in der „civil society“ – eingeschrieben sind. Die Subjekte von Verträgen haben unterschiedliche, gegensätzliche Interessen. Bei spontaner Übereinstimmung von Interessen bedarf es keines Vertrages. Über die Rechtsform des Vertrages erkennen sich die Subjekte wechselseitig als Repräsentanten unterschiedlicher Interessen an, sofern mit dem Vertrag ein Tauschverhältnis begründet wird, das von beiden Seiten als „gerecht“ – also als ein Verhältnis der Äquivalenz – anerkannt wird. Selbstverständlich handelt es sich dabei um einen „Idealtypus“ vertraglich geregelter Tauschbeziehungen, der seinerseits die ideologische Funktion hat, die materiale Substanz ungleicher Tauschverhältnisse zu verschleiern. Die Vertragsform ist daher genauer als Ausdruck eines Kompromisses zwischen (individuellen bzw. kollektiven) Subjekten zu betrachten. „Die institutionellen Gebilde einer Gesellschaft sind gar nicht anders denn als momentane Fixierungen der sozialen Vereinbarungen zu verstehen, auf die sich die verschiedenen Interessengruppen entsprechend ihrem jeweiligen Machtpotential einlassen“ (Honneth 1987: 608).

Für die Politik bedeutet eine vertragliche Regelung die Herstellung eines zeitweiligen Friedens bzw. eines Waffenstillstandes, denn die

Kontrahenten verpflichten sich mit der Unterschrift unter den Vertrag, auf Gewalt zu verzichten bzw. für die Dauer des Vertrages keine über diesen hinausgehende Forderungen durchsetzen zu wollen. Das schließt nicht aus, daß während der Geltungsdauer des alten Vertrages neue und weiterreichende Forderungen für neue vertragliche Regelungen erhoben werden. Dies ergibt sich schon aus der unterschiedlichen Interessenlage der beteiligten Subjekte sowie aus dem *zeitweiligen* Charakter vertraglicher Vereinbarungen (sowie aus fortbestehenden gesellschaftlichen Machtasymetrien zwischen den Vertragskontrahenten). Insofern besteht zwischen der historischen Dynamik der sozialen und politischen Konflikte und Kämpfe und den Funktionsbedingungen von Verträgen kein Widerspruch; die Inkompatibilität – damit der dynamische und veränderbare Charakter von Vertragsbeziehungen als Gegenstand des politischen und sozialen Konflikts – gehört vielmehr zu einer realistischen Bewertung der Funktion und Reichweite von Verträgen in bürgerlich-kapitalistischen Gesellschaften. Daher erscheint es auch als fragwürdig, den Vertrag – ergänzt um die Voraussetzung der öffentlichen Kommunikation, die die Debatte um die Inhalte solcher Verträge garantiert – gleichsam zur Idealfigur einer zivilgesellschaftlichen Politik zu hypostasieren.

Inhalte der Auseinandersetzung um den neuen Gesellschaftsvertrag

Für die gegenwärtige Debatte um den neuen Gesellschaftsvertrag stehen die ihn festschreibenden politisch-institutionellen Arrangements noch nicht im Vordergrund. Vielmehr bezieht sie sich in erster Linie auf einen Prozeß, in dem „das Alte stirbt, aber das Neue (noch) nicht entsteht“ (Altvater 1987: 23 – in Anlehnung an Gramsci). Dabei handelt es sich um einen doppelten Prozeß, der die ökonomische und politische Entwicklung in den westlichen Metropolen seit den 70er Jahren auszeichnet: auf der einen Seite die Krise des fordistischen Entwicklungsmodells – und darin eingeschlossen: die Krise des „sozialdemokratischen Staates“ (Buci-Gluksmann/Therborn 1982; Jessop 1992), die sich in „systemischen Ungleichgewichten“, in Massenarbeitslosigkeit und Armut, in der Krise der Institutionen des Wohlfahrtsstaates, aber auch in der politischen Krise der klassischen Arbeiterbewegung (sozialistische bzw. sozialdemokratische und kommunistische Parteien und Gewerkschaften) äußert; auf der anderen Seite die seit den späten 70er Jahren bestehende „neokonservative Hegemonie", die auf die Steuerungsfunktionen des Marktes sowie auf Deregulierung und Privatisierung vertraut, die allerdings angesichts zunehmender ökonomischer Defizite (Abschwächung von Wachstum und Produktivität), sozialer Spaltungen (national und global) sowie verfallender Legitimationsreserven Anfang der 90er Jahre in die Defensive geraten ist. Die Debatte über die Notwendigkeit eines neuen Gesellschaftsvertrages reflektiert ja gerade die Grenzen, an die die wirtschafts- und gesellschaftspolitischen Gestaltungskonzepte geraten sind, die sich mehr oder weniger auf die klassischen Prämissen der bürgerlichen Nationalökonomie (und auf die jeweiligen Akzentverschiebungen im Hinblick auf die Beziehung zwischen Markt und Staat) berufen.

Die Handlungs- und Verhandlungsfelder, die bei der Debatte über den „neuen Gesellschaftsvertrag" (bzw. über einen „New Deal", einen „industriepolitischen Dialog", einen Sozial- und Beschäftigungspakt usw. usf.) thematisiert werden, lassen sich in drei Fragenkomplexe aufgliedern:

1. Die allgemeinste Frage betrifft den Typ der ökonomischen und gesellschaftlichen Entwicklungslogik insgesamt. Der kapitalistische Wachstumstyp fordert – aufgrund der geradezu schrankenlosen Vernutzung nicht erneuerbarer Ressourcen und der Zerstörung der Natur durch ökonomisches Handeln, durch Produktion und Konsum – die Notwendigkeit eines globalen Umdenkens und einer Reorganisation der Akkumulation heraus. „Das System der marktwirtschaftlich orientierten Länder beruht auf dem Prinzip des Wettbewerbs und fördert den Eigennutz und letztlich die Habgier. Gäbe es keinerlei Beschränkungen, würde das brutale Wirken der Marktkräfte zu Ausbeutung, Vernachlässigung sozialer Aufgaben, Zerstörung der Umwelt und Verschwendung von Ressourcen führen, die lebenswichtig für die Zukunft sind" (King/Schneider 1991: 110).

Die systemischen Störungen der Proportionalität von Wachstum, Produktivitätsentwicklung (Modernisierung) und Verteilung des gesellschaftlichen Reichtums lassen erkennen, daß sich die relative Kohärenz der Tauschbeziehungen, die den fordistischen Gesellschaftsvertrag auszeichnete, transnational und national aufgelöst hat. Die Globalisierung der Märkte, der mit den „neuen Technologien“ verbundene (einzelwirtschaftliche) Produktivitätsschub sowie die zunehmende Bedeutung des internationalen Finanzkapitals („Casino-Kapitalismus“) haben die Voraussetzungen für Vollbeschäftigung, für die Parallelität von Wirtschaftswachstum und Reallohnsteigerungen sowie für die materielle Absicherung der wohlfahrtsstaatlichen Apparate untergraben. „Wenn Arbeit ... nicht mehr für alle da ist, und wenn die Beschäftigungspolitik des Nationalstaates angesichts des ‘Sachzwangs Weltmarkt’ scheitert, werden mit der Krise der Erwerbsarbeit auch die Grundfesten des Sozialstaates erschüttert: die Finanzierung der Kosten wird schwieriger, zumal diese gleichzeitig steigen ...Arbeit kann nicht mehr als formelle Erwerbsarbeit definiert werden, die das Zentrum des sozialstaatlichen Regelwerks bildet, um die sich die Leistungen ebenso wie der Finanzierungsmodus drehen“ (Altvater 1994). Damit sind auch die Instrumente stumpf geworden, die – im Rahmen des fordistischen „großen Kompromisses“ – diese Kohärenz zu reproduzieren hatten. Der neue Gesellschaftsvertrag – als politische Gestaltungsaufgabe – hätte eine Antwort zu geben, wie die marktgesteuerte, destruktive Dynamik dieser strukturellen Disproportionalität überwunden werden kann.

Ulrich Jürgens und Frieder Naschold haben mit Blick auf die ökonomische Entwicklung der Bundesrepublik Deutschland auf den „Leidensdruck“ und das weitreichende Krisenbewußtsein hingewiesen, die sich in den 80er Jahren im Modernisierungsdiskurs artikuliert haben. „Mit der nachlassenden Produktivitäts- und Innovationsdynamik der deutschen Industrie in den 80er Jahren ergeben sich enorme Spannungen in der Trias der drei makroökonomischen und wohlfahrtsökonomischen Größen von Erwerbstätigenvolumen, Produktivitätsentwicklung und Wohlfahrtsniveau und deren zugrundeliegenden institutionellen Strukturen“. Da die Fortschreibung einer Politik des Status quo eher kontraproduktiv wirken muß, schlagen sie „ein Zusammenwirken von Staat, Wirtschaft und Verbänden“ als „neue produktive Gesamtlösung“ vor: „gleichsam ein neuer Produktivitäts- und Sozialpakt an den kritischen Stellen von industrieller Arbeit und sozialer Wohlfahrt“ (Jürgens/Naschold 1994: 17).

2. Daraus ergibt sich schon die weitere Frage nach der Funktion und Reichweite nationalstaatlicher Politik. Die These vom Verfall des Na-

tionalstaates – seiner Steuerungskompetenz und Souveränität – unter dem Druck des „Sachzwanges Weltmarkt“ greift zu kurz; denn die „Ohnmacht“ des Nationalstaates ist eben auch eine Konsequenz jener neoliberalen Deregulierungspolitik, die den Casino-Kapitalismus fördert und sich auf die Verbesserung der Angebotsbedingungen, d.h. der Wettbewerbsfähigkeit der transnationalen Konzerne auf den Märkten der „Triade“ (Nordamerika, Ostasien, Westeuropa), konzentriert. Das Konzept eines neuen Gesellschaftsvertrages zielt gerade auf eine qualitative Veränderung dieser Orientierung – auf der globalen Ebene geht es um Vereinbarungen, die die Ursachen der monetären und finanziellen Spekulationsgeschäfte beseitigen und neue Regime für die internationalen Wirtschaftsbeziehungen etablieren; auf der europäischen Ebene geht es um die Ausgestaltung der sozialpolitischen und demokratischen Strukturen der Europäischen Union, um auf diese Weise die Handlungskorridore nationaler und transnationaler Regulierung neu zu vermessen.

3. Wie lassen sich die „Freisetzungeffekte“ der „neuen Betriebsweise“ (Deppe 1993b) mit einer politischen Gestaltung der gesellschaftlichen Umfeldbedingungen der materiellen Produktion verbinden? Die Arbeitszeitverkürzung wird u.a. von André Gorz als Kernelement eines neuen Gesellschaftsvertrages bezeichnet. Sie muß aber mit der Schaffung neuer qualifizierter Arbeitsplätze verbunden werden, die eben nicht durch die Selbststeuerung der Marktkräfte erreicht werden kann. Es kann vielmehr nur um die – politisch vermittelte – Schaffung qualifizierter und auch gut bezahlter Arbeitsplätze im Bereich der Dienstleistungen (ökologischer Umbau, Gesundheitswesen, soziale Dienste, Bildung, Wissenschaft) gehen. „Produktionsmodernisierung in Verbindung mit integriert-produktiven Beschäftigungsstrategien erfordert eine neue Akzeptanz des Zusammenhanges von Produktion und Verteilung, und dies gelingt nicht – wie die internationalen Erfahrungen zeigen – ohne eine stärkere Egalisierung der Organisationsstrukturen der Firmen bei der betrieblichen Leistungsmobilisierung und von Arbeitszeit und Arbeitseinkommen bei der gesamtwirtschaftlichen Beschäftigungspolitik“ (Jürgens/Naschold 1994: 17).

In einem Berliner Memorandum (1995) zur Arbeitszeitpolitik wurde ein „New Deal“ in Wirtschaft und Gesellschaft zur Bekämpfung der Massenarbeitslosigkeit vorgeschlagen: Modernisierung durch Arbeitszeitverkürzung und -flexibilisierung. „Kernstück dieses 'New Deal' ist: Jeder Schritt der Arbeitszeitflexibilisierung muß mit einem Schritt der Arbeitszeitverkürzung auf tariflicher und betrieblicher Ebene gekoppelt sein. Dieses Flexi-plus-Konzept (Flexibilisierung plus Verkürzung der Arbeitszeit) schafft einen Ausgleich der Interessen zwischen Beschäftigten, Arbeitlosen und Unternehmen ... Die Suche nach einem (solchen) 'New Deal' betrieblicher Arbeitszeitflexibilisierung liegt im Interesse beider Seiten: Weder kann den Unternehmen an 'zeit-frustrierten' Beschäftigten mit reduzierter Motivation gelegen sein, noch den Arbeitnehmer/innen an einem nicht konkurrenzfähigen Unternehmen, das im Wettbewerb wegen mangelnder Flexibilität abgehängt wird".

Ein solcher „Produktivitätspakt" könnte aber nur erfolgreich sein, wenn gleichzeitig auf der Ebene der staatlichen Politik 1. soziale Sicherungen ausgebaut werden; 2. eine entschiedene Modernisierungspolitik[14] betrieben wird und 3. die staatliche Politik – vor allem im Bildungs- und Wissenschaftsbereich – Umschulung und Requalifizierung ermöglicht. Das würde bedeuten, daß der Staatsanteil am privat produzierten Reichtum erhöht würde (durch gezielte Steuererhöhungen für die Vermögenden sowie vor allem durch Umverteilungen innerhalb der staatlichen Budgets), um überhaupt einen solchen Pakt – und seine Tauschprinzipien – zu ermöglichen. Hier also liegen die Konfliktfelder für soziale und politische Auseinandersetzungen (vom Betrieb und der Ebene der Tarifpolitik bis hin zur Frage der gesellschaftspolitischen Neuorientierung): z.B. die Frage der Entschuldung der öffentlichen Haushalte durch Beseitigung von Massenarbeitslosigkeit und Armut oder die Frage nach der politischen Kontrolle des „Casino-Kapitalismus" als Voraussetzung für den Kampf um eine – die Produktivitätspakte – ergänzende Qualifizierungs- und Beschäftigungsoffensive.

Die Qualität einer solchen Politik kann nicht allein daran gemessen

14) „Modernisierung" kann hier nicht allein als durch den Weltmarkt vermittelte Anpassung an das fortgeschrittenste Niveau verstanden werden. Vielmehr geht es dabei auch und vor allem um Modernisierungsprozesse, die z.B. mit der Implementierung neuer energiesparender Technologien (Beispiel: Solartechnologie) oder mit einer grundlegenden Veränderung der Verkehrssysteme (Abschied vom „Autowahn") verbunden sind; vgl. die Unterscheidung zwischen „regressiver" und „progressiver" Modernisierung (Deppe 1996b: 16 ff.).

werden, welche Steuerungs- und Regulationsfunktionen *der Staat* übernimmt bzw. neu definiert, sondern daß (und ob) durch sie zugleich ein breiter Korridor und damit Freiräume für gesellschaftliche Gestaltungsmöglichkeiten geschaffen werden. Das ist der Kern der demokratischen Frage heute. Das neue Projekt kann nur „gelingen, wenn neben einer anderen Verteilung der gesellschaftlichen Arbeit Lebensbereiche wie Wohnen, Gesundheit, Kultur und Wissenschaft aus der Marktkoordination herausgenommen und doch zugleich auf unbürokratische Weise mit den notwendigen gesellschaftlichen Mitteln ausgestattet werden ... Wirtschaftliche und industrielle Demokratie läßt großen Spielraum für eine Vielfalt von Eigentums-, Unternehmens- und Direktionsformen" (Bischoff/Menard 1992: 177).

Der französische Ökonom Alain Liepitz hat die Elemente eines neuen „großen Kompromisses", eines alternativen Entwicklungsmodells für die Zukunft, folgendermaßen zusammengefaßt:

„ – Ein neuer Lohnpakt, der das Engagement der Arbeiter für die Produktion im Tausch gegen ihre Kontrolle über die Einführung neuer Technologien, eine dynamische Garantie der Beschäftigung und eine Vermehrung der Freizeit vertraglich aushandelt.

– Die Entwicklung des Wohlfahrtsstaates zu einer Wohlfahrtsgemeinschaft, mit der Errichtung eines dritten Sektors für gemeinschaftlich nützliche Arbeiten, die selbstverwaltet, vertraglich mit den Endverbrauchern geregelt und Teil einer Logik sind, die die lokale Entwicklung auf Partnerschaft begründet.

– Eine neue Weltordnung, die auf dem Multilateralismus begründet ist – mit internationalem Kreditgeld, Entschuldung und Sozialklauseln für den Freihandel.

– Entwicklungsoptionen auf der lokalen Ebene, die dem ökologischen Optimum eine größere Bedeutung geben, und eine internationale Agentur für den Schutz des gemeinsamen Besitzes der Menschheit" (Lipietz 1992: 144/5).

Erinnern wir zum Schluß daran, daß angesichts der herrschenden Logik in Gesellschaft und Politik ein neuer Gesellschaftsvertrag – ob in den bescheidenden Dimensionen eines Produktivitäts- und Beschäftigungspaktes oder in den weitreichenden Dimensionen eines „neuen großen Kompromisses" – nicht aus der individuellen und kollektiven Vernunft, aus Verhandlungen an „runden Tischen" hervorgehen wird.

Ein „neuer Gesellschaftsvertrag“ (damit auch letztlich die „runden Tische“, an denen er zu verhandeln ist) wird und muß das Ergebnis von sozialen und politischen Kämpfen sein. Diese Kämpfe wiederum folgen in der Regel nicht den Theoriedebatten und auch nicht dem Appell von Programmen. Ihre Voraussetzungen liegen in den deformierten Alltagserfahrungen der Menschen selbst. Hier läge dann die Vermittlungsfunktion politischer, aber auch gewerkschaftlicher Organisationen: die soziale, auch kulturelle Selbstverteidigung „von unten“ zu verbinden mit der Perspektive eines „neuen Gesellschaftsvertrages“.

4. Politik am Übergang zum 21. Jahrhundert – Bilanzen und Perspektiven[1]

Der große britische Sozialhistoriker *Eric Hobsbawm* hat sich in seinem wissenschaftlichen Lebenswerk überwiegend mit dem *langen* 19. Jahrhundert – mit dem Zeitalter der Revolutionen, des Kapitals und dem imperialen Zeitalter, befaßt. Dieses begann mit der industriellen Revolution in England im letzten Drittel des 18. Jahrhunderts und endete im August 1914. Seit dem Beginn des ersten Weltkrieges gab es „kein Zurück zur Welt der bürgerlich-liberalen Gesellschaft ... Was immer auch kommen mag, seit 1914 gehört das Jahrhundert des Bürgertums der Geschichte an“ (Hobsbawm 1989: 23). Hannah Arendt hat eindringlich auf den tiefen Bruch, den Umschlag von der relativen Ruhe einer langen Periode europäischer Stabilität zur extremen Gewalt des Krieges, der das gesamte Jahrhundert überschattet, hingewiesen. „Was am 1. August 1914 in Europa geschah, kann keine Geschichte der Ursachen und Veranlassungen, die zum Ersten Weltkrieg führten, und keine Analyse der Motive und Hintergedanken, die hinter den offiziellen Kriegserklärugnen lagen, erhellen. Das Schlaglicht der Katastrophe mag uns heute noch so blenden, daß wir die Konturen der Ereignisse nur mit Mühe sehen und nachziehen können; es ist jedenfalls das einzige Licht, das wir haben, und es beleuchtet, wie alle Ereignisse, die ihr Licht in den Geschehniszusammenhang der Geschichte werfen, nicht nur sich selbst, sondern seine eigene Vergangenheit und seine unmittelbare Zukunft. Wir können aus der Geschichte des neunzehnten Jahrhunderts den Ersten Weltkrieg nicht ‘erklären’; aber wir können gar nicht anders, als im Lichte dieser Katastrophe das Jahrhundert verstehen, das in ihr sein Ende fand“ (Arendt 1986: 422)[2].

---

1) Dieses Kapitel beruht auf dem stark erweiterten und überarbeiteten Manuskript eines Vortrages zum gleichen Thema, den ich im Februar 1995 bei der Stiftung „Gesellschaftsanalyse und Politische Bildung“ (Berlin) gehalten habe.

2) Diejenigen Intellektuellen, die in der Blüte der Belle Epoque aufgewachsen waren und danach die Katastrophen des Jahrhunderts erlebten – bis zum Faschismus und zum Zweiten Weltkrieg (oftmals in die Emigration getrieben) – haben später die Wurzeln der

Als das 20. Jahrhundert begann, war Europa der Mittelpunkt der Welt und befand sich auf dem Höhepunkt seiner Macht. Wer eine Landkarte vor sich ausbereitete, sah auf allen Erdteilen die Flächenfarben der entstehenden europäischen Kolonialreiche. Das Tempo des wissenschaftlich-technischen Fortschritts schien atemberaubend. Und doch sollte sich dieser Kontinent schließlich „innerhalb dreier Jahrzehnte – einer wahrlich sehr kurzen Zeitspanne in den Begriffen des Großmachtsystems – ... selbst zerstören ... Noch drei Jahrzehnte später sollte das vollständige Ende eintreten: ein Großteil des Kontinents wirtschaftlich ruiniert, weite Regionen in Schutt und Asche – und seine Zukunft in den Händen von Entscheidungsträgern in Washington und Moskau" (Kennedy 1989: 302, der nicht vom Datum 1900, sondern von 1884/85, der Berliner Kongokonferenz, ausgeht).

Die bürgerlichen Intellektuellen verfielen noch vor der Katastrophe von 1914 einer tiefen und verzweifelten Krisenstimmung. Unter dem Einfluß von Friedrich Nietzsches Anklagen gegen Kulturverfall und Dekadenz sowie der Lebensphilosophie von Henri Bergson hatte sich jedoch zugleich das Bedürfnis nach befreiender „Aktion", nach einem neuen Aufbruch (bis hin zum Krieg) entwickelt (vgl. Hughes 1961; Lichtheim 1973; Stromberg 1990). Davon profitierte noch die kommunistische Bewegung am Ende des Krieges, nach der Oktoberrevolution, als die überragende Figur Lenins auch auf die intellektuelle Welt des Westens ausstrahlte. Viele der Kulturpessimisten vor 1914, dann der Kriegsbegeisterten und schließlich der – durch den Schock der Kriegserfahrung – zutiefst enttäuschten und entsetzten Intellektuellen liefen dann auf die „andere Seite der Barrikade" über.

Die „geistige Situation der Zeit", so Karl Jaspers im Jahr 1932, war

Krisen nach 1914 in der bürgerlich-kapitalistischen Gesellschaft und Kultur des ausgehenden 19. Jahrhunderts selbst gesehen. So hat der aus Wien stammende Schriftsteller Hermann Broch im US-amerikansichen Exil 1948 in einem Manuskript über „Hofmannsthal und seine Zeit" mit dieser Epoche abgerechnet: „Die Periode, in die Hofmannthals Geburt fällt, (war) wohl eine der erbärmlichsten der Weltgeschichte; es war die Periode des Eklektizismus, die des falschen Barocks, der falschen Renaissance, der falschen Gotik. Wo immer damals der abendländische Mensch den Lebensstil bestimmte, da wurde dieser zu bürgerlicher Einengung und zugleich zum bürgerlichen Pomp, zu einer Solidität, die ebenso Stickigkeit wie Sicherheit bedeutete. Wenn je Armut durch Reichtum überdeckt wurde, hier geschah es" (Lützeler 1986: 336).

durch Pessimismus und Nihilismus bestimmt: „Alles versagt; es gibt nichts, das nicht fragwürdig wäre; nichts Eigentliches bewährt sich; es ist ein endloser Wirbel, der im gegenseitigen Betrügen und Sichselbstbetrügen durch Ideologien seinen Bestand hat. Das Bewußtsein des Zeitalters löst sich von jedem Sein und beschäftigt sich mit sich selbst. Wer so denkt, fühlt sich zugleich selbst als Nichts. Sein Bewußtsein des Endes ist zugleich Nichtigkeitsbewußtsein seines eigenen Wesens" (Jaspers 1979: 16/17). Edmund Husserl führte in seinem berühmten Wiener Vortrag die „Krisis des europäischen Menschentums" (1935) auf das *scheinbare* Scheitern des Rationalismus zurück. Dieses sei allerdings nicht in seinem Wesen, sondern „in seiner Veräußerlichung, in seiner Versponnenheit in 'Naturalismus' und 'Objektivismus' begründet". So appellierte er an einen neuen „Heroismus der Vernunft", der den „Naturalismus" endgültig überwindet (Husserl 1954: 347). Sigmund Freud hat im Jahre 1930 das allgemeine „Unbehagen in der Kultur" darauf zurückgeführt, daß die Menschen keineswegs in dem Maße glücklicher geworden seien, wie sie ihre Fähigkeiten zur Naturbeherrschung durch Wissenschaft und Technik erweitert hatten. „Die Schicksalsfrage der Menschheit scheint mir zu sein, ob und in welchem Maße es ihrer Kulturentwicklung gelingen wird, der Störung des Zusammenlebens durch den menschlichen Aggressions- und Selbstvernichtungstrieb Herr zu werden. In diesem Bezug verdient die gegenwärtige Zeit ein besonderes Interesse. Die Menschen haben es jetzt in der Beherrschung der Naturkräfte so weit gebracht, daß sie es mit deren Hilfe leicht haben werden, einander bis auf den letzten Mann (sic, F.D.) auszurotten. Sie wissen das, daher ein gut Stück ihrer gegenwärtigen Unruhe, ihres Unglücks, ihrer Angststimmung" (Freud 1960: 415).

Jahrhundertbilanzen

In seinem neuen Buch „Zeitalter der Extreme" hat Hobsbawm das 20. Jahrhundert als das *kurze* Jahrhundert charakterisiert. Es beginnt im August 1914 und endet im Jahre 1991 mit dem Zusammenbruch der Sowjetunion. Sein Anfang und Ende sind geprägt von einer enormen Zuspitzung gesellschaftlicher Widersprüche. Hobsbawm spricht daher von einer Art „Triptychon" und zeichnet das Bild eines „historischen

Sandwich". „Einem Zeitalter der Katastrophen von 1914 bis zu den Nachwehen des Zweiten Weltkrieges folgten etwa fünfundzwanzig Jahre außerordentlichen wirtschaftlichen Wachstums und sozialer Transformation, durch die die menschliche Gesellschaft vielleicht grundlegender verändert wurde als in irgendeiner anderen Periode vergleichbarer Kürze... Der letzte Teil des Jahrhunderts war eine neue Ära der Zersetzung, Unsicherheit und Krise – und für große Teile der Welt wie Afrika, die frühere UdSSR und die ehedem sozialistischen Teile Europas gar eine Katastrophe" (Hobsbawm 1994: 6). Der Jahrhundertzusammenhang von Kapitalismus, Demokratie und Sozialismus ist offenkundig. Für Hobsbawm war die Welt, die Ende der 80er Jahre in die Brüche ging, eindeutig durch den Einfluß der russischen Oktoberrevolution des Jahres 1917 geprägt. Und gegen den Zeitgeist müsse heute die Erklärungskraft der Marxschen Kapitalismusanalyse und -kritik im Blick auf den Übergang zum 21. Jahrhundert kritisch unter Beweis gestellt werden[3].

Am Ende des 20. Jahrhunderts, darin stimmen alle Bilanzen überein, vollzieht sich eine tiefgreifende welthistorische Zäsur, in der alte Strukturen, Institutionen und auch Denksysteme sich aufgelöst haben und

3) Wenn Hobsbawm den Gegensatz zwischen Sozialismus und Kapitalismus sowie die beiden Kriege in den Mittelpunkt seiner Analyse und Wertung des Jahrhunderts stellt, so mag ihm eine gewisse eurozentrische Perspektive vorgehalten werden. Hobsbawm sieht wohl, daß der weltwirtschaftliche und -politische Bedeutungsverlust Europas (des lange unumstrittenen Zentrums der Weltgeschichte) zu den zentralen Resultaten des 20. Jahrhunderts gehört (Hobsbawm 1994: 14f.). Gleichwohl sind die Markierungen des kurzen 20. Jahrhunderts (1914 und 1991) aus der europäischen Geschichte abgeleitet. Im Jahre 1994 hat der US-amerikanische Soziologe *Giovanni Arrighi* (bekannt als Koautor von E. Wallerstein, S. Amin und A.G. Frank) ein Buch über das *lange* 20. Jahrhundert, das von ihm so genannte „amerikanische" Jahrhundert publiziert. Der Aufstieg der USA zur ökonomisch und politisch führenden Weltmacht beginnt im letzten Drittel des 19. Jahrhunderts, erreicht im Golden Age oder der Periode der Pax Americana (1945 – 1973) seinen Höhepunkt. Im letzten Viertel des 20. Jahrhunderts beginnt der Niedergang der US-Hegemonie – als Folge interner Krisenprozesse und von Veränderungen des Weltmarktes und der Weltpolitik. Das Ende des langen 20. Jahrhunderts ist an seinem formalen Ende (2000) noch nicht abzusehen; ebensowenig wie die genaueren Konturen eines neuen (globalen) Hegemoniezyklus, dessen Zentrum Arrigihi (1994: 347) freilich nach Ostasien verlegt. Die Gegenüberstellung von „kurzem" und „langem" 20. Jahrhundert soll zunächst einmal zeigen, daß in der Analyse des zuendegehenden Jahrhunderts ganz unterschiedliche Perspektiven eingenommen werden können.

zerbrochen sind. Es beginnt eine Epoche der „Unübersichtlichkeit“ (Habermas), der Ungewißheit und der Krise, eine Epoche, in der sich schon nach kurzer Zeit die Euphorie der „Sieger“ in der Systemkonkurrenz merklich abgekühlt hat, eine Epoche der globalen Restrukturierung von Machtbeziehungen (nicht nur in Europa), eine Epoche der „Turbulenzen“ (J. Rosenau). Dabei besteht „das Paradoxe der gegenwärtigen Situation gerade darin, daß in einer Zeit des notwendigen politischen Gestaltungsbedarfes für ein zu vereinigendes Deutschland, für ein neues Europa und für eine neue gerechte Weltordnung, sich die Weltwirtschaft, oder zumindest ihr Kern, die Triade: USA, Japan/Pazifischer Raum, Westeuropa, immer mehr ökonomisch integriert und politisch desintegriert“, ein Prozeß, der zugleich das Nachdenken „über Alternativen zum herschenden liberaldemokratischen Gesellschaftsprojekt“ allenthalben (strukturell) blockiert (Esser 1993: 410 u. 429).

Zurecht haben *Gilbert Ziebura* u.a. das Fehlen von Visionen oder auch nur von Konzepten, um auf die neuen Herausforderungen zu antworten, beklagt. Wenn dieser Zustand anhält, „dann freilich darf sich niemand wundern, wenn eine allgemeine, zunächst untergründige Malaise entsteht, die bald an die Oberfläche der Gesellschaft gelangt und sich als Mißmut, Verzagtheit, Politikverdrosssenheit, dann als Orientierungslosigkeit äußert und schließlich in Apathie oder Bereitschaft zu Gewalt mündet. Inzwischen geraten Herrschaftsverhältnisse, in denen man sich eingerichtet hatte, ins Schwimmen, ohne daß sich jemand einen Vers darauf macht. Alle starren auf die Regierenden und erwarten von ihnen, was sie unter den obwaltenden Umständen am wenigsten zu geben imstande sind: Führung. Sie praktizieren das, was sie gelernt haben: einen kruden Pragmatismus, Politik von der Hand in den Mund und tun dabei so, als hätten sie die Dinge im Griff. Aber jedermann spürt, daß dieses Spiel nicht ewig dauern kann“ (Bonder u.a. 1992: 9/10).

Das „Jahrhundert des Sozialismus“?

Werfen wir noch einen Blick auf die „Jahrhundertbilanzen“. In einem Punkt stimmen die Beobachter überein: dieses Jahrhundert zeichnete sich durch außergewöhnliche Gewaltanwendung aus. Mehr Menschen als jemals zuvor in der Geschichte wurden durch Kriege, durch politische Unterdrückung und andere Formen der Gewalt (Elend, Krankheiten, Hunger) getötet. „Man muß schon düstere Jahrhunderte heranziehen, um einen Vergleichsmaßstab zu bekommen: das 14. Jahrhundert mit der großen Pest, den Judenpogromen und den Verwüstungen der Mongolenstürme, oder das 17. Jahrhundert mit seinem religiösen Fanatismus, dem massenhaften Mord an Frauen und Männern unter dem Vorwurf der Hexerei, den endlosen Kriegen, von denen der Dreißigjährige nur einer war. Sicher ist, daß im 20. Jahrhundert weitaus mehr Menschen der Gewalt und dem Elend zum Opfer gefallen sind als in jedem anderen Jahrhundert" (Scherer 1994: 51). „Auschwitz", der „Gulag" und „Hiroshima" bezeichnen so Orte, an denen sich symbolisch das geradezu unfaßbare Gewalt- und Zerstörungpotentialpotential der Politik und der Gesellschaften des 20. Jahrhunderts konzentriert (Reemtsma 1993).

Der spezifische Widerspruch dieses Jahrhunderts besteht freilich nicht allein in diesen Explosionen der Gewalt, sondern gerade darin, so zitiert Hobsbawm (1994: 2) den berühmten Geiger Yehudi Menuhin, „daß es die größten Hoffnungen weckte, die jemals von der Menschheit artikuliert wurden, und daß es alle Illusionen und Ideale zerstörte". Niemals zuvor in der Geschichte war das Potential der wissenschaftlich-technischen und menschlichen Produktivkräfte so hoch entwickelt (und so dynamisch), um die materiellen und kulturellen Lebensbedingungen der Menschheit zu verbessern; und niemals zuvor haben sich gerade diese Produktivkräfte – nicht nur in den modernen Waffensystemen, sondern auch in den modernen „Risikotechnologien" – in Waffen der Gewalt und der Zerstörung (des menschlichen Lebens wie der Natur) transformiert. Zugleich aber ist das 20. Jahrhundert „eine Ära umfassender Demokratisierungs- und Emanzipationsprozesse, in deren Ablauf überkommene Herrschaftssysteme zerfielen, traditionelle Abhängigkeitsverhältnisse gesprengt wurden" (Fetscher/Münkler 1987: 20). Zu Beginn des Jahrhunderts herrschten in weiten Teilen der Welt – auch in Europa – feudale bzw. spätfeudale Herrschafts- und Abhängigkeitsverhältnisse, die Kolonialreiche beherrschten die Peripherie; selbst die bescheidensten Fortschritte der Demokratisierung (z.B. das allgemeine Wahlrecht) harrten in den Metropolen des Westens noch der Durchsetzung; die Öffnung des Bildungssystems und die Verbesserung des Lebensstandards, der Wohnverhältnisse, der Gesundheitsversorgung usw. stand erst bevor. Es wäre also „ungerecht, die enormen Fortschritte zu vergessen oder zu unterschätzen, die in diesem Jahrhundert gemacht worden sind. Es sah nicht nur eine immer größere Anzahl von Menschen humane Lebensbedingungen erreichen, sondern auch eine ständige Erweiterung der Rechte von mißachteten Randgruppen und ein sich in immer breiteren Kreisen durchsetzendes Bewußtsein von der Würde aller Menschen" (Magris 1996).

Das 20. Jahrhundert war ein Jahrhundert des Wachstums und der Bewegung. Niemals zuvor in der Geschichte ist die Weltbevölkerung so schnell angewachsen, hat sich die Produktion dermaßen ausgedehnt und die Produktivität durch die „Kombination von Innovation und Akkumulation" gesteigert (Maddison 1991: 5). Neue Produkte und Innovationen (wie Telephon, Radio und Fernsehen, Automobile und Flugzeuge, Computer etc.) haben nicht allein die Wirtschaft, sondern die Lebensweise und die Kultur der Menschen radikal verändert. Die industrielle – durch die Jagd nach Profit angetriebene – Wachstumsmaschine verbündete sich nicht nur mit dem imperialistischen Machtstaat zum Aufbau eines gewaltigen Rüstungs- und Militärsektors, sie verschlingt auch Rohstoffe und Energie in gewaltigen Ausmaßen. Der industriekapitalistische Fortschritt wird teuer erkauft – nicht nur durch die Opfer zahlloser Kriege, sondern auch durch die Risiken, die mit den modernen Technologien erzeugt und vermehrt werden (Beispiel Kernenergie) sowie durch die Verknappung nicht-regenerierbarer Ressourcen, die Belastungen der Luft, des Wassers und der Erde und die Ausrotttung von Tier- und Pflanzenarten.

Vor allem in den „Materialschlachten" der Kriege – in denen die Fortschritte der Militärtechnologie (durch Tanks, Flugzeuge, Raketen, Laserwaffen etc.) triumphierten – wurde die Verschränkung von Fortschritt und Barbarei erfahrbar. Zugleich wurde mit der Entwicklung der Atomwaffen – und der Fähigkeit der Menschheit, sich selbst zu vernichten („overkill") – die Perversion des Fortschritts, der gleichzeitig „Ruhe" und Frieden – zumindest zwischen den „Supermächten" und ihren Blockpartnern – gewährleistete, auf die Spitze getrieben. Günter Anders hat die „Antiquiertheit des Menschen" als Kernproblem der Krise der Moderne bezeichnet: „Das Vorstellen bleibt hinter dem Machen zurück: Machen können wir zwar die Wasserstoffbombe; uns aber die Konsequenzen des Selbstgemachten auszumalen, reichen wir nicht hin. Und auf gleiche Weise humpelt unser Fühlen unserem Tun nach: Zerbombem können wir zwar Hunderttausende; sie aber beweinen oder bereuen nicht" (Anders 1956: I/17).

Schließlich und nicht zuletzt wird die Politik – und mit ihr die politische Gewalt – im 20. Jahrhundert durch das Thema der Staatenbildung (state-building) bestimmt. Die Zahl der souveränen Nationalstaaten vermehrt sich geradezu explosiv. Wurden in den Jahren 1880 bis 1914 noch 48 Staaten in der Welt gezählt (Hobsbawm 1989: 427), so hat sich deren Anzahl bis zum Ende des Jahrhunderts auf knapp 200 erhöht. Es sind gerade die Prozesse des „state-building", die das 20. Jahrhundert zum *politischen* Jahrhundert haben werden lassen. Die erste große Welle der Staatenbildung erfolgte am Ende des Ersten Weltkrieges – mit einem Schwerpunkt in Ost- und Südosteuropa, als Folge des politischen Zusammenbruchs der „großen Reiche", des osmanischen, des russischen und des habsburgischen Reiches. Nach dem Zweiten Weltkrieg folgt eine zweite Welle, nunmehr in der Folge der Auflösung der großen Kolonialreiche und des Sieges der antikolonialen Befreiungsbewegungen in Asien und Afrika. Schließlich hat nach dem Ende des Kalten Krieges (um 1990) eine weitere, gewaltsame Periode des „state-building" aus den Trümmern der Sowjetunion und Jugoslawiens begonnen, die noch längst nicht abgeschlossen ist. Zusammen mit der deutschen Einigung und der neuen deutschen Hegemonie in Mitteleuropa hat sich zugleich das System der europäischen Politik – das der zwischenstaatlichen Beziehungen ebenso wie das der europäischen Integration – grundlegend verändert. Auf jeden Fall geht dieser Prozeß der Staatenbildung und der Reorganisation des Staatensystems einher mit „eskalierender Gewalt, die die Liquidierung der (alten) Weltordnung begleitet" (Arrighi 1994: 356). Kurzum, es handelt sich um einen historischen Prozeß, in dem sich die Zahl der Akteure, deren Existenz strukturell mit der Ausübung politischer Gewalt nach innen und außen verbunden ist, vervielfacht. Alle politischen Gewaltverbrechen dieses Jahrhunderts wurden im Auftrag oder im Namen des Staates begangen.

Der französische Marxist Henri Lefebvre hat in seiner monumentalen Arbeit „Über den Staat" auf die Bedeutung des Prozesses der Staatenbildung für die moderne kapitalsitische Welt des 20. Jahrhunderts hingewiesen. Er schreibt über die „Mondialisierung des Staates“: „Wie viele Nationalstaaten gab es eigentlich am Anfang des 19. Jahrhunderts? Zwei – Frankreich und Großbritannien. Die anderen politischen Gebilde sind von einer außerordentlichen Buntscheckigkeit: kleine Feudalstaaten, Fürstentümer, feudal-militärische Reiche, souveräne Stadtstaaten in Europa; außerhalb von Europa, eine ganze Skala von Stämmen mit Häuptlingen bis hin zu den riesigen asiatischen Staaten. Anderthalb Jahrhunderte später gehören fast 150 Nationalstaaten (heute mehr als 175) zur UNO. Der Staat hat geschafft, was keine Religion, keine Kirche erreicht hat: die ganze Welt zu erobern, Universalität zu erreichen, oder zumindest Allgemeinheit, und mit dem Weltmarkt einzutreten in die Definition des Planetarischen. Das ist ein außergewöhnlicher Prozeß. Er hat im 19. Jahrhundert begonnen und sich im 20. Jahrhundert – vor allem mit den beiden Weltkriegen – beschleunigt“ (Lefebvre 1976/I: 11).

Niemals zuvor waren die Hoffnungen und Erwartungen so hochgesteckt wie zu Beginn dieses Jahrhunderts. In der bürgerlichen Welt – vor allem dort, wo das Denken von den Technik- und Naturwissenschaften bestimmt war – dominierte noch jenes Fortschrittsbewußtsein, das die Entwicklung des industriellen Kapitalismus mit der Vorstellung von dem unaufhaltsamen Fortschritt bei der Verbesserung der Lebensbedingungen und bei der Realisierung der liberalen Ideen von den Menschenrechten, der individuellen Freiheit und der repräsentativen Demokratie verknüpfte. Allerdings hatte sich mit der Entwicklung des Imperialismus – in der Verbindung von expansiver Außenpolitik und Machtstaatlichkeit im Innern – ein politischer Diskurs durchgesetzt, der nicht länger von den harmonisierenden Prämissen des liberalen Denkens („Nachtwächterstaat“, Herstellung von Frieden durch Handeln und Verhandeln), sondern durch das sozialdarwinistische Deutungsmuster vom „Survival of the Fittest“, vom Überlebenskampf zwischen den Staaten, geprägt war. „In den Kreisen der regierenden Eliten, des Militärs und der imperialistischen Organisationen herrschte eine Sicht der Weltordnung vor, die Kampf, Wandel, Wettbewerb, Einsatz von Gewalt und die Mobilisierung nationaler Ressourcen zur Verstärkung der Staatsmacht betonte“ (Kennedy 1989: 304; vgl. auch Gollwitzer 1982). Friedrich Naumann, der deutsche Nationalliberale, bezeichnete die Staaten als „Raubtiere mit Expansionsgelüsten“: „Wer leben will, muß kämpfen. Das gilt vom einzelnen, von Klassen, vom Volk" (zit. n. Fenske 1991: 663).

Darin reflektierte sich bereits jene pessimistische Deutung der Moderne im Schatten der Aufklärung und der Französischen Revolution von 1789, die das konservative politische Denken – zumal in Deutschland (Lenk 1989) charakterisierte. Die Stufen, auf denen sich – so Carl Schmitt (1963: 80 ff.) – der europäische Geist der letzten vier Jahrhunderte bewegt hat, führen nach unten: vom Theologischen zum Metaphysischen, von dort zum Humanitär-Moralischen und schließlich zum Ökonomischen. Indem die Politik der Ökonomie und der Technik (mehr und mehr auch der Forderung nach sozialer Gerechtigkeit) untergeordnet wird, erodiert zugleich die Substanz des Politischen. Zumindest in diesem Verständnis der Krise der Moderne im 20. Jahrhundert – als des Zeitalters der „Entpolitisierungen" – stimmen Schmitt und Heidegger auf der einen, Hannah Arendt (1993) auf der anderen Seite überein.

Demgegenüber vertrat die sozialistische Arbeiterbewegung, die den Schlägen der Verfolgung (z.B. durch das Sozialistengesetz) getrotzt hatte und kontinuierlich an Kraft gewann, einen selbstbewußten Optimismus und Fortschrittsglauben. In der Deutschen Metallarbeiterzeitung vom 6. Januar 1900 (ich wähle hier bewußt ein Quelle aus, die mehr das Alltagsbewußtsein in der damaligen Arbeiterbewegung artikuliert) wurde der Gruß an das kommende Jahrhundert wie folgt formuliert: „Das 19. Jahrhundert begann im Zeichen des Liberalismus, das 20. Jahrhundert beginnt im Zeichen des Sozialismus. Auch darin hat eine interessante Verschiebung stattgefunden, daß die liberalen Ideen durch die große Revolution von Frankreich aus über den europäischen Kontinent verbreitet wurden, während die sozialistischen Ideen, von den Deutschen Marx und Engels in ein wissenschaftliches System gebracht, am tiefsten in Deutschland Wurzeln geschlagen und sich von hier aus über alle Welt verbreitet haben. Der Sozialismus hat kein 1789 gehabt, aber seine Wirkungen in friedlichster Form dürften heute schon denen der großen Revolution an Bedeutung gleichgestellt werden. Er hat die Köpfe der untersten Klasse des Volkes, der seit jeher unter allen möglichen Wirtschaftsformen mißhandelten Arbeiter erleuchtet und ihre Denkweise revolutioniert, ja das Denken bei der Masse überhaupt erst geweckt; er hat sie zum Bewußtsein ihrer wirtschaftlichen, sozialen und politischen Stellung gebracht, zum Bewußtsein der in ihrer Zahl liegenden Macht und Bedeutung; er hat dem Proletariat Leben und Bewegung eingehaucht, hat es auf die Beine gebracht und mobil gemacht, damit es seinen Anteil an Recht und Einfluß auf allen Gebieten, seinen Anteil an allen Fortschritten und Errungenschaften der Kultur fordert ... An der Jahrhundertwende beginnen wir den neuen Zeitabschnitt mit der festen, unerschütterlichen Überzeugung, daß es dem Sozialismus, der den heftigsten Stürmen getrotzt und sich als unverwüstliche und unbesiegbare Macht erweisen hat, den endlichen und vollen und dauernden Sieg bringen wird. Und in dieser erhebenden und begeisternden Hoffnung rufen wir an der Jahrhundertwende unseren Lesern zu: ein fröhliches Prosit Neujahr!" (zit. n. Roßmann 1991: 202 u. 204).

Noch im Jahre 1909 hatte der führende Theoretiker der deutschen Sozialdemokratie, Karl Kautsky, seine Prognose über eine bevorstehenden Periode allgemeiner, revolutionärer Unruhe mit optimistischem Pathos ausklingen lassen: „Das Proletariat wird aus der revolutionären Ära, die anhebt und vielleicht ein Menschenalter lang dauert, auch anders hervorgehen, als es in sie hineingeht. Bildet schon heute seine Elite die stärkste, weitestblickende, selbstloseste, kühnste, in den größten freien Organisationen vereinigte Schicht der Nationen europäischer Kultur, so wird es im Kampf und durch den Kampf die selbstlosen und weitblickenden Elemente aller Klassen in sich aufnehmen, in seinem eigenen Schoße selbst seine zurückgebliebensten Elemente organisieren und bilden, mit Hoffnungsfreudigkeit und Einsicht erfüllen; wird es seine Elite an die Spitze der Kultur erheben und fähig machen, jene ungeheure ökonomische Umwandlung zu leiten, die allem aus Knechtschaft, Ausbeutung, Unwissenheit entstehenden Elend schließlich auf dem ganzen Erdenrund ein Ende bereiten wird. Glücklich jeder, der berufen ist, an diesem erhabenen Kampfe und herrlichen Siege teilzunehmen" (Kautsky 1972: 112). Daß der Sozialismus mit der unwiderstehlichen Kraft eines Naturgesetzes voranschreite, daß er in „seinem Lauf" weder „von Ochs noch von Esel" aufgehalten werden könne, das war zu Beginn des Jahrhunderts Moment eines optimistischen sozialistischen Alltagsbewußtseins, an seinem Ende nur noch eine schale Karikatur der Realitätsblindheit untergehender Eliten.

Die „*Utopien des Liberalismus*" gingen im Ersten Weltkrieg, in den Krisen der Zwischenkriegsperiode – vor allem in der großen Weltwirtschaftskrise nach 1929 – und schließlich im Faschismus und im Zweiten Weltkrieg „zu Bruch". Die „*sozialistischen Utopien*" erhielten nach der Oktoberrevolution und vor allem dann nach dem Ende des Zweiten Weltkrieges einen mächtigen Auftrieb und sie wurden – im sozialistischen Staatensystem, in den kapitalistischen Metropolen und vor allem in der sog. „Dritten Welt" – zur mächtigsten ideologischen Antriebskraft für die gesellschaftlichen und politischen Entwicklungsprozesse dieses Jahrhunderts. Sie zerschellten schließlich – nachdem die stalinistischen Exzesse der 30er Jahre schon die erste große Welle der Enttäuschungen und Abwendungen ausgelöst hatten – an den Klippen des „Dritten Weltkrieges" (Sloterdijk 1994: 29). Es war nicht allein die Instrumentalisierung des kritischen, marxistischen Denkens für die Sicherung der kommunistischen Parteiherrschaft in der Sowjetunion (und auch für die Verbrechen, die im Namen des Kommunismus begangen wurden), sondern auch für die politischen und ideologischen Grabenkämpfe im Kalten Krieg, die schon früh die Kraft des „utopischen Denkens" ausgezehrt hatten (Deppe 1985: 246 ff.). Die kurze Blüte der Marxismus-Renaissance der 60er und frühen 70er Jahre (im Westen wie im Osten, dort allerdings mit Repression konfrontiert) hat im Bewußtsein zahlreicher Intellektueller zeitweilig diesen langfristig wirkenden Trend verschleiert.

In diesem Sinne kann dieses 20. Jahrhundert durchaus als ein „*Jahrhundert des Sozialismus*" bezeichnet werden: sowohl in dem Versuch, den Sozialismus als eine andere – nicht-kapitalistische – Gesellschaftsordnung aufzubauen, ihn als Konzept für die Durchsetzung der nationalen Unabhängigkeit und der Überwindung der Unterentwicklung zu rezipieren oder – hier paßt *Dahrendorfs* Formel vom „sozialdemokratischen Jahrhundert" – als Anstrengung des reformistischen Sozialismus, den hochentwickelten Kapitalismus wohlfahrts- und interventionsstaatlich zu „zivilisieren". Es war ein „Jahrhundert des Sozialismus" sowohl in seinen Wirkungen auf die antisozialistischen und antikommunistischen Gegenstrategien (die immerhin für einen erheblichen Teil der Gewalttaten dieses Jahrhunderts verantwortlich gewesen sind), als auch aufgrund der inneren Widersprüche (und Gewalttaten) in der sozialistischen Welt selbst. Fast bis zum bitteren Ende hat der optimistische „Glaube" an die Fortschritts- und Friedenspotentiale der sozialistischen Staatengemeinschaft und der Arbeiterbewegung, d.h. der Glaube, daß die Menschheit im 20. Jahrhundert in der Epoche des gesetzmäßigen Übergangs vom Kapitalismus zum Sozialismus sich befinde, fortbestanden.

Und doch wäre es ganz falsch, dieses Jahrhundert als eine Epoche des *Kampfes der Ideologien* (deren Träger zu ihrer Durchsetzung, d.h. zur Erringung von Macht, zum Mittel der Gewalt greifen) zu charakterisieren (Bracher 1984). So gelangt man leicht zu jenen konservativen, kulturpessimistischen Interpretationen, die das Jahrhundert (schon zu Beginn) – im Geiste Nietzsches – als das „Jahrhundert des Nihilismus" bezeichnet haben. Oder wir gelangen schnell zu jener Mythologisierung des „Weltbürgerkrieges" bei *Ernst Nolte* (1991: 19 ff.), der schließlich Marxismus und Bolschewismus für die Verbrechen des Faschismus verantwortlich macht und diesen in seiner Funktion der Abwehr des Bolschewismus rechtfertigt. Die politischen Ideologien standen stets in einem unmittelbaren Zusammenhang mit realen gesellschaftlichen und politischen Herrschaftsinteressen und dem Kampf um Machtpositionen, um diese Interessen zu verteidigen, zu expandieren oder – „von unten" – zu artikulieren und durchzusetzen. Die Wirksamkeit von Ideologien – z.B. die Rolle des „Marxismus-Leninisus" nach 1917 in der sog. „Dritten Welt", zunächst vor allem in Asien (z.B., höchst unterschiedlich, in China und in Indien) – wird überhaupt nur dann richtig zu begreifen sein, wenn die konkreten Lebensverhältnisse der Volksmassen (das unglaubliche Massenelend, die Demütigung durch das Ausland, die politische Zersplitterung, die verschiedenen Formen der kulturellen Rückständigkeit usw. usf.) in den Blick genommen werden.

Dominante Widerspruchs- und Konfliktformationen

Fragen wir nach den dominanten Widerspruchs- und Konfliktformationen, die die Gewaltexplosionen dieses Jahrhunderts verursacht und vorangetrieben haben, so erschließt sich ein komplexes Geflecht von Interessen und Widersprüchen. Und doch lassen sich diese Formationen in erster Linie auf die innere Entwicklungsdynamik des „kapitalistischen Weltsystems" (Wallerstein) bzw. der vom Imperialismus beherrschten nationalen und internationalen Ordnung zurückführen.

1. Die machtpolitischen Interessenkonflikte zwischen den mächtig-

sten kapitalistischen bzw. imperialistischen Staaten. Hier liegen die politischen Voraussetzungen für die beiden Weltkriege, für die Auseinandersetzungen um die „imperialistische Aufteilung der Welt“, aber auch für die Wirksamkeit von politischen Ideologien wie dem Sozialdarwinismus, dem Nationalismus und dem Rassismus.

2. Die sozialen und politischen Klassengegensätze und -auseinandersetzungen in den entwickelten kapitalistischen Gesellschaften. Um diese Achse zentrieren sich nicht allein die Kämpfe für die Überwindung sozialer Ungleichheit, sondern auch die für die Erweiterung der politischen und sozialen Demokratie. Immerhin bedurfte es der revolutionären Klassenkämpfe am Ende des Ersten Weltkrieges, beflügelt durch die russische Oktoberrevolution des Jahres 1917, um z.B. in Deutschland elementare Forderungen der bürgerlichen Revolution – wie z.B. das allgemeine Wahlrecht (unter Einschluß des Frauenwahlrechtes) – durchzusetzen.

3. Der Gegensatz zwischen den Metropolen und der kolonialen bzw. halbkolonialen Peripherie. Zu Beginn des Jahrhunderts setzte – zunächst punktell – der Kampf um nationale Unabhängigkeit und Modernisierung ein. Er steigerte sich in der Zwischenkriegesperiode und vollendete sich – im Medium extrem gewaltsamer Bürger- und Interventionskriege, die nach 1945 durch den Ost-West-Gegensatz überlagert wurden – weitgehend bis in die 60er Jahre.

4. Die Konfliktkonstellation des Kalten Krieges, der Systemkonkurrenz, nach dem Ende des Zweiten Weltkrieges. Deren Vorgeschichte begann mit der Oktoberrevolution, den Interventionskriegen und der erfolgreich Selbstbehauptung von Sowjetrußland. Diese Konstellation – nach 1945 durch den Aufbau der „sozialistischen Staatengemeinschaft“ und der westlichen Bündnissysteme unter der Führung der USA strukturiert – „überdeterminierte“ die anderen, internationalen Konfliktformationen und wirkte zugleich auf die inneren Entwicklungsbedingungen in den jeweiligen Systemen zurück. Sie schuf im Westen – zusammen mit der Hegemonie der USA – die Rahmenbedingungen für das inzwischen so genannte „Golden Age of Capitalism“ (Marglin/Schor 1990). Im Osten zementierte der Primat des Abgrenzungs- und Sicherheitsdenkens im Kalten Kriege das System der bürokratischen Parteiherrschaft, das sich mehr und mehr als Fessel für notwendige Reformen im System erweisen sollte.

In der ersten Hälfte des Jahrhunderts tendierten diese Interessengegensätze zu einer extremen Polarisierung zwischen den Staaten und zwischen den Klassen. In der Periode des Kalten Krieges hingegen – also vom Ende des Zweiten Weltkrieges bis zum Ende der 80er Jahre – verfestigten sie sich zu einer bipolaren Konfrontation, durch die die unmittelbare Gewalt weitgehend „externalisiert" wurde (Nord-Süd-Konflikt). Im Inneren der beiden Systeme verstärkte sich jedoch eine Integrationstendenz und -politik, die darauf gerichtet war, das Aufbrechen von inneren Konflikten weitgehend unter Kontrolle zu halten (Kaldor 1992). Herbert Marcuse hatte in seinem „eindimensionalen Menschen" (1964: 14) diese systemische Stabilisierung von Herrschaft, die Ausschaltung von Alternativen, ins Zentrum seiner Analyse gestellt: „Ausgeweitet zu einem ganzen System von Herrschaft und Gleichschaltung, bringt der technische Fortschritt Lebensformen (und solche der Macht) hervor, welche die Kräfte, die das System bekämpfen, zu besänftigen und allen Protest im Namen der historischen Aussichten von Freiheit von schwerer Arbeit und Herrschaft zu besiegen oder zu widerlegen scheinen. Die gegenwärtige Gesellschaft scheint imstande, einen sozialen Wandel zu unterbinden – eine qualitative Veränderung, die wesentlich andere Institutionen durchsetzen würde, eine neue Richtung des Produktionsprozesses, neue Weisen des menschlichen Daseins".

Zweifellos gab es auch Widersprüche, die aus der inneren Entwicklung des „Realsozialismus" sowie aus den Beziehungen zwischen sozialistischen Staaten resultierten (z.B. der sino-sowjetische Konflikt seit dem Ende der 50er Jahre oder die Interventionen der sowjetischen Armee in Berlin 1953, Ungarn 1956 und Prag 1968). Solche Widersprüche hatten einen wesentlichen Einfluß auf die schließlichen Resultate der Systemkonkurrenz. Dennoch relativieren sie nicht die Dominanz jener Widerspruchskomplexe und Konfliktkonstellationen, die mit der Entwicklung des „kapitalistischen Weltsystems" verbunden sind.

Fügen wir eine 5. Entwicklungstendenz hinzu. Das 20. Jahrhundert war ein Jahrhundert des Wachstums – des Wirtschaftswachstums, der Entwicklung der wissenschaftlich-technischen Produktivkräfte, des Verkehrs und der Kommunikation. Die Dynamisierung der wissenschaftlich-technischen Entwicklung wurde zum Maßstab des erfolgreichen ökonomischen und politischen Handelns. Dabei wurde der industrielle Zivilisationstyp, der sich zunächst in den USA, dann aber in allen entwickelten kapitalistischen Ländern nach dem Zweiten Weltkrieg durchsetzte, zum Modell für die nachholende Entwicklung in den anderen Regionen. Dieses Wachstumsmodell zeichnet sich durch den permanenten – über den Druck der Weltmarktkonkurrenz verstärkten – Zwang zur Produktivitätssteigerung sowie durch eine steil ansteigende Vernutzung nicht erneuerbarer Ressourcen (Rohstoffe) sowie einen geradezu explodierenden Energiebedarf aus. Daraus resultieren Belastungen für die Natur und die Umwelt, die zu tiefgreifenden Störungen im „Stoffwechselprozeß" zwischen Mensch und Natur führen müssen. Im Verlaufe des Jahrhunderts haben sich solche Stör- und Risikopotentiale kontinuierlich vermehrt. „Die ökologische Katastrophe ist ... bereits historisch präsent und keineswegs futuristische Fiktion oder Ausdruck eines ökologischen Alarmismus ... Dabei ist eines ganz offensichtlich: Ein Eingriff ist nur möglich, wenn der Handlungslogik Grenzen gesetzt werden, die die Globalisierung betreibt" (Altvater 1996: 197/8).

Linke Politik am Ende des 20. Jahrhunderts wird sich noch sehr viel intensiver als bisher um die Klärung des „kollektiven Gedächtnisses" bemühen müssen, um das Feld der geschichtlichen Aufarbeitung weder den Totengräbern noch den „Abwicklern" und „Nachlaßverwaltern" des Sozialismus zu überlassen. Dazu bedarf es einer „rücksichtslosen, grausamen, bis auf den Grund der Dinge gehenden Selbstkritik" (Rosa Luxemburg). Nichts wäre fataler als die Beteiligung an neuen Geschichtsmythen, wo nur nüchterne Aufarbeitung der Fehlentwicklungen und Illusionen weiterhilft. Dabei sollten allerdings die Motive und Ziele nicht vergessen werden, die das Handeln der Akteure vor allem auf Seiten der kommunistischen und sozialistischen Arbeiterbewegung in den demokratischen und antiimperialistischen Bewegungen dieses Jahrhunderts leiteten und ihre Moral inspirierten: die Menschenwürde und der Humanismus, der Pazifismus und die Idee des friedlichen Zusammenlebens der Völker (gegen den Chauvinismus und Militarismus), das Ideal der transnationalen Solidarität zwischen den Menschen (gegen Rassismus und Kolonialismus), das Ideal der sozialen Gerechtigkeit und der Hebung des kulturellen Niveaus der Volksmassen (gegen das elitäre Denken der herrschenden Klassen).

Ob die Geschichte noch im Scheitern großer politischer Experimente solche positiven Impulse und Kräfte der moralischen Überlegenheit zu speichern vermag, um sie später zu ihrem Recht kommen zu lassen, sei dahingestellt. Jedenfalls sollte es die Linke nicht einfach passiv hinnehmen, daß bei den Siegesfeiern über den gescheiterten „realen" Sozialismus auch das Scheitern dieser Ideale als fait accompli im herrschenden Bewußtscin anerkannt wird. Immerhin reflektiert das bürgerliche Krisenbewußtsein des frühen 20. Jahrhunderts im Kern die Zurückweisung des Gleichheitsgrundsatzes der Aufklärung und der bürgerlichen Revolution. Aus der Sicht des konservativen Bewußtseins war die Verkündigung der Menschen- und Bürgerrechte im Geiste Rousseaus der große historische Fehltritt, der die Krise der Moderne einleitete. Im frühen 20. Jahrhundert wurde diese gerade darin wahrgenommen, daß die Volksmassen sich anschickten, in die Politik einzugreifen: allgemeines Wahlrecht als Verwirklichung der Demokratie und Eingriffe in die Eigentumsverhältnisse und den Markt als Kern einer neuen Politik gegen soziale Ungleichheit. Die reaktionäre Wende im bürgerlichen Denken („Zerstörung der Vernunft"; „Dialektik der Aufklärung" etc.) war auch eine Reaktion auf diese moralische Überlegenheit des Sozialismus (und dabei geht es selbstverständlich nicht nur um Ideen, sondern um die Veränderung und Gestaltung der konkreten Lebensverhältnisse).

Vom „Ende der Geschichte" und der „Zukunft der Moderne"

Mit solchen Überlegungen nähern wir uns bereits der „Politik am Ende des 20. Jahrhundert". Zwei Paradigmen stehen im Zentrum der Diskussion:

– *erstens* die These vom „Ende der Geschichte", genauer die These vom endgültigen Sieg des Liberalismus – kapitalistische Marktwirtschaft plus pluralistische, repräsentative Demokratie;

– *zweitens* die Interpretation der Epoche im Lichte des modernisierungstheoretischen Paradigmas.

Fukuyamas populäre Formel vom Ende der Geschichte besagte zunächst, daß dieses Jahrhundert „voller Vertrauen auf den Endsieg der westlichen liberalen Demokratie begann", daß es danach in einen Abgrund ideologischer Gewalt stürzte (Faschismus, Bolschewismus) und daß es am Ende zu seinen Anfängen zurückkehrt: zu einem „klaren Triumph des wirtschaftlichen und politischen Liberalismus" (Fukuyama 1990; Anderson 1993). Joachim C. Fest hat diese These vom endgültigen Sieg der marktwirtschaftlichen demokratischen Prinzipien – die gleichsam das Zentrum des herrschenden Bewußtsein markiert – noch zugespitzt: der Sozialismus sei endgültig „Stoff für Historiker geworden"; ein Leben ohne Utopien sei ein Leben ohne den „Terreur der Ideen" (Fest 1991).

François Furet, der französische Historiker, der seine Abrechnung mit dem Kommunismus – als der größten Versuchung der Intellektuellen in der Moderne[4] – im Jahre 1995 unter dem Titel „Das Ende der Illusion" veröffentlichte, schließt sich im Gespräch dieser These vom „vollständigen Utopieverlust" am Ende des 20. Jahrhunderts an: „Wir erleben, wie ein großer historischer Zyklus zu seinem Ende kommt. Während dieses Zyklus galt die Revolution als bevorzugte Modalität der sozialen Veränderung. Ob im extrem rechten oder im extrem linken Lager, die Europäer haben im 20. Jahrhundert den historischen Wandel als Revolution gedacht, also in Gestalt eines radikalen Herausreißens, eines Wiederaufbaus, der Rekonstruktion einer neuen Gesellschaft, in der von den Flüchen der alten nichts mehr zu spüren sei: keine Ungleichheit, Einsamkeit, Entfremdung usw. Aber dieser revolutionäre Messianismus ist gerade unter unseren Augen zusammengebrochen. Wir leben also heute in einer Welt mit einem ausschließlich bürgerlichen, einem geschlossenen Horizont. Das heißt: Wir leben in der Welt, in der wir leben. Zum ersten Mal seit 200 Jahren, seit der Französischen Revolution, ist die Menschheit dazu verdammt, sich mit dem Horizont der bürgerlichen Demokratie zufriedenzugeben. Ich frage mich, ob diese Bedingungen für den modernen Menschen auszuhalten sind oder nicht" (Frankfurter Rundschau vom 6. 12. 1996).

Doch nur kurze Zeit nach den Siegesfeiern der Jahre 1989/90 überwiegt auch im liberal-konservativen Lager die Skepsis und Ernüchterung gegenüber den Thesen vom endgültigen Sieg des Liberalismus und dem geschlossenen Horizont der bürgerlichen Demokratie. Für die internationale Politik häufen sich die Studien und Analysen, die von einer neuen turbulenten Weltordnung des Chaos, von einem „neuen

4) Früher (im Kalten Krieg selbst) und orgineller hatte der französische Sozialwissenschaftler Raymond Aron den Kommunismus als „Opium für Intellektuelle – oder: Die Sucht nach Weltanschauung" (1957) – kritisiert.

Mittelalter“ (Alain Minc), von einer Welt „out of control“ (Brzeszinski), von einem „Zusammenprall der Zivilisationen“ (S. Huntington) ausgehen. Ebenso nimmt in der Innenpolitik – in Deutschland wie in den anderen entwickelten kapitalistischen Metropolen – die Unsicherheit zu, ob die liberalen Ordnungssysteme tatsächlich den gewaltigen Herausforderungen standhalten, die nunmehr nach dem Ende der Systemkonkurrenz zu bewältigen sind. Joachim C. Fest selbst hat den Zweifel geäußert, ob – nachdem der kommunistische Gegner verlorengegangen ist – Rechtsstaatlichkeit, Wohlstand und Freiheit bewahrt werden können: „Inzwischen müssen jene Ordnungen die so lange geborgte Kraft aus sich selbst hervorbringen, und die Frage ist, ob sie dazu in der Lage sind“ (Fest 1993). Hieraus folgt nicht allein der Hinweis, daß der „Sozialstaat“ als ein typisches Produkt des „Kalten Krieges“, das in der heutigen Standortkonkurrenz nicht mehr zu „halten“ sei, zur Disposition gestellt werden muß.

Gleichzeitig wird gefordert, zur Anerkennung des „Primats der Außenpolitik“ zurückzukehren. Deutschland sei nunmehr als die „Zentralmacht in der Mitte Europas“ zu einer Großmacht geworden, die ihre machtpolitischen Interessen in der globalen Politik offen artikulieren und verfolgen muß (Schwarz 1994; Deppe 1996c). Der Umschlag der liberalen Euphorien in eher pessimistische Szenarien, die Carl Schmitts Liberalismuskritik wiederholen (z. B. bei Rohrmoser 1994) und dabei dessen staatliches Ordnungsdenken mit dem ökonomischen Liberalismus von Adam Smith versöhnen wollen, kennzeichnet zugleich die Aporien des neokonservativen Denkens[5]. Die „neue Rechte“ (Giddens 1994: 33 ff.) vertritt wirtschaftspolitisch das Programm des radikalen Neoliberalismus – gleichzeitig setzt sie sich für den starken Ord-

5) Diese Verbindung ist – seit der Pinochet-Militärdiktatur in Chile, die nach 1973 wirtschaftspolitisch das Programm der „Chicago-Boys“ von Milton Friedman implementierte, bekannt – nicht neu. R. Cockett (1994: 320), der die Geschichte der neoliberalen, antikeynesianischen „Konterrevolution“ seit den 30er Jahren (Friedrich von Hayek u.a.), bis zum Sieg des Thatcherismus in den 80er Jahren rekonstruiert hat, berichtet am Schluß des Buches die folgende Episode: Albert Sherman, eine der rührigsten Figuren des britischen Neoliberalismus – im Jahre 1980 noch Direktor des Centre for Political Studies, eines der wichtigsten Think-Tanks des radikal neoliberalen Flügels der Konservativen Partei, aus dem er allerdings 1983 ausschied – bemühte sich 1987 vergeblich, den französischen Neofaschisten Jean-Marie Le Pen als Redner am Rande einer konservativen Parteikonferenz unterzubringen.

nungsstaat (Polizei und Militär) sowie für die Revitalisierung traditionalistischer Wertesysteme (vor allem Religion, Patriotismus, Familienbewußtsein) ein.

Es ist dieser „neue Realismus" (Baring, Schwarz u.a.), der heute – auch mit dem Rekurs auf die deutsche Geschichte seit Bismarck – von der These vom „Ende der Geschichte" implizit Abschied nimmt (auch Abschied nimmt von den „europäischen Idealen" der Nachkriegszeit). Damit werden zugleich die zentralen Themen für die politischen Auseinandersetzungen vorgegeben: Hegemonialpolitik nach außen und Abschied vom Wohlfahrtsstaat (und der mit ihm verbundenen Versorgungs- bzw. „Dekadenzmentalität") nach innen. Arnulf Baring hat in dem Buch „Deutschland, was nun?" diese Forderungen sehr klar zusammengefaßt: „Wir sind uns doch wohl darüber einig, daß wir mit unseren heutigen Vorstellungen, Werten, Wünschen, Hoffnungen, die wir seit dem letzten Krieg entwickelt haben, nicht über die nächsten Jahrzehnte hinwegkommen werden. Diese Gesellschaft wird zugrunde gehen, wenn sie sich auf den heutigen, wenn auch respektablen Kanon beschränkt. Die neue Situation ist dadurch gekennzeichnet, daß mehr Verantwortung, mehr Aufgaben, mehr Pflichten – ja, Pflichten! – auf die Deutschen zukommen, und damit müssen sie sich endgültig beschäftigen. Denn wenn sie sagen: Das lehnen wir alles ab, wir bleiben gerne Zwerge, tief versteckt im dunklen Wald, wohlstandsgesichert, weil das doch die einzig vernünftige und erfreuliche Lebenshaltung ist, dann werden wir, Hedoniker, die wir geworden sind, in ein Fellachendasein absinken. Dann werden wir in eine Situation geraten, daß andere über unser Schicksal entscheiden. Es geht nicht nur um Innenpolitik, es geht wesentlich um Außenpolitik ... Für einen Großteil unserer Landsleute gibt es gar keine Außenpolitik mehr, sondern nur noch Friedenspolitik, oder was sie dafür halten" (Baring 1991: 206; kritisch Habermas 1995 und Wehler 1995).

Varianten modernisierungstheoretischer Diskurse

Der modernisierungstheoretische Diskurs in der Tradition des Liberalismus hat sich vielgestaltig ausdifferenziert:

– Zeitweilig dominierte jene postmoderne Beliebigkeit, die die Befreiung vom „Terror der Utopien“ bzw. den Abschied von den „großen Erzählungen“ (Lyotard) im nachmetaphysischen Zeitalter feierte. In der Anerkennung von Differenz und Pluralismus versammeln sich die unterschiedlichsten Positionen: ein spätnietzscheanischer Kulturpessimismus, der neokonservative Appell an die synthetische Rekonstruktion der christlichen Philosophie und der Religion (z.B. Koslowski 1988), das moderate Plädoyer für einen anti-totalitären Pluralismus (Welsch 1987), die Theorie einer – dialektisch begriffenen – Ästhetik des von den transnationalen Konzernen beherrschten Spätkapitalismus (Jameson 1986) oder die radikale Behauptung von Minderheitenrechten bei François Lyotard (1986: 190): „Man muß also zu einer Idee und einer Praxis der Gerechtigkeit gelangen, die nicht an jene des Konsensus gebunden ist“.

Gemeinsam vertreten diese verschiedenen Richtungen des postmodernen Denkens die Ablehnung der „großen Theorien“. Sie genießen die „Verantwortungslosigkeit des Intellektuellen“; eine durch die Werbung und den Yuppie-Konsum inspirierte Ästhetik des Genusses verstärkt noch den Affekt gegen Utopie und Ideologie (Ehrenreich 1992: 190 ff.). Schließlich teilen sie das Bewußtsein, daß die Katastrophen des 20. Jahrhunderts – die Welt- und Bürgerkriege, die gescheiterteten Revolutionen, die Terrorregime usw. – den Anspruch der Politik, der sowohl aus der antiken politischen Philosophie als auch aus dem Denken der Aufklärung und des Marxismus abgeleitet war, gründlich desavouiert haben. „Die Politik ist nicht mehr Hoffnungsträger – eine Rolle, die sie von der Religion übernahm. Das politische Denken säkularisiert sich: die Politik verliert ihre hegemoniale Stellung ... Der abendländische Rationalisierungsprozeß verwickelt sich zunehmend in Selbstwidersprüche. Der Fortschritt der Vernunft nimmt selbst unvernünftige Züge an: Die ökonomische und soziale Entwicklung gerät in Schwierigkeiten, die krisenartig die Stabilität des soziales Bandes bedrohen; das politische Handeln erweist sich angesichts zunehmender Bürokratisierung den drohenden großen Krisen gegenüber als kaum mehr gewachsen. Der Mensch fühlt sich diesen fatalen Entwicklungen hilflos ausgeliefert“ (Schönherr-Mann 1996: 11/12).

– Es zeichnet zahlreiche modernisierungstheoretische Analysen der Politik bzw. der politischen Theorie im 20. Jahrhundert aus, daß sie – bei der Konstruktion ihres Schemas „Prämoderne-Moderne-Postmoderne“ – die Katastrophen und Gewaltexplosionen, die Kriege und

Krisen, den Kolonialismus und den Neokolonialismus usw. vollständig ignorieren bzw. als Referenzpunkte für die Entwicklungstendenzen dieses Jahrhunderts unterbelichten. Max Webers Rationalisierungsbegriff wird so zur Folie einer Evolutionskonzeption moderner Gesellschaften, die zwar die inneren Widersprüche dieser Evolution – vor allem im Bereich der Technikentwicklung und der „Bürokratisierung" – als „reflexive Modernisierung" zur Sprache bringt, aber letztlich den Zusammenhang zwischen der sozialökonomischen, der politischen und der geistig-kulturellen Entwicklung als „vormoderne" Fragestellung dethematisiert hat. Statt dessen herrscht – im Anschluß an Niklas Luhmann – die „Einsicht" vor, „daß die zentrifugale Dynamik funktionaler Differenzierung eine Metamorphose des Ordnungsprinzips von Gesellschaft, eine durchdringende Umstellung auf heterarchische, polyzentrische und dezentrale Arrangements autonomer Teilsysteme von Gesellschaft vorantreibt" (Willke 1992: 7).

Klaus von Beyme bringt gar das Kunststück fertig, ein – wie gewöhnlich, einschlägiges und sehr gelehrtes – Buch über die „Theorie der Politik im 20. Jahrhundert" zu schreiben, ohne auch nur einmal auf die Frage einzugehen, welche Bedeutung den realen gesellschaftlichen und politischen Entwicklungsprozessen dieses Jahrhunderts für die Theorie der Politik zukommt. Der Staat – so die zentrale These, die von Niklas Luhmann (1984) übernommen wird – ist nicht mehr souverän: „Die Entzauberung des Staates in der nachmodernen politischen Theorie entsubstantialisierte den Machtbegriff" (von Beyme 1991: 23). Die politischen Themen dieses Diskurses, der weitgehend auf eine kritische Auseinandersetzung mit den Macht- und Herrschaftsverhältnissen moderner kapitalistischer Gesellschaften verzichtet hat (bzw. diese als ideologisch-vormodern kritisiert), betreffen die Probleme des „Staatsversagens", d.h. der erodierenden Steuerungsfähigkeit gesellschaftlicher Prozesse durch die Politik. Er trifft sich darin weitgehend mit der Interventionsstaatskritik der neoliberalen Ökonomen. Der „Wohlfahrtsstaat", so Luhmann (in der Tradition von Carl Schmitt), ist eine „Überforderung des Staates an die Politik"; denn er verteilt „grenzenlos", was wirtschaftsbezogen knapp zu sein hat: Arbeit und Geld.

Klaus von Beyme (1991: 22) hebt, gleichsam als Vorbild für ein nachmodernes Wissenschaftsverständnis – die Entwicklung in der Nationalökonomie (seit dem späten 19. Jahrhundert) zu einem „mathematisierten Modelldenken“ hervor, „das von autonomen Entscheidungen autonomer Wirtschaftssubjekte ausging, in denen staatliche Eingriffe nur als lästige Störvariablen Eingang fanden“. Werner Hofmann (1968: 136) hatte gerade darin einen Prozeß der „Pauperisierung des Geistes“ erkannt: „So ist die Nationalökonomie, nachdem sie sich mit der Heraufkunft der Grenznutzenschule aller tieferen analytischen Fragen nach Grundsachverhalten der modernen Gesellschaft entschlagen hatte und nur noch pragmatisch-katallaktische Lehre von den empirischen Erscheinungen sein wollte, schließlich dieser Erscheinungswelt selbst verlustig gegangen. Sie ist heute weder Theorie noch Empirie. Ihre formalen Modelle, in welche grundlegende begriffliche Irrtümer und ideologische Deformationen schon eingegangen sind, schweben als Ausgeburten kreativer Eigenmacht jenseits der Wirklichkeit“.

Unter der Fahne des zivilgesellschaftlichen Diskurses versammeln sich schließlich diejenigen, die die „Entzauberung des Staates“ (Willke) nicht über Luhmann, sondern über Hannah Arendt und über eine Neuinterpretation der „demokratischen Frage“ entdeckt haben. Bei Antonio Gramsci war noch die Analyse der Società Civile Moment einer theoretischen Reflexion des Verhältnisses von Basis und Überbau, von Ökonomie und Politik, die auf einen vertieften und erweiterten Begriff bürgerlicher Herrschaft (Hegemonieproblematik) und daraus folgend auf eine Reformulierung der Strategien des Kampfes um die Aufhebung dieser Herrschaft gerichtet war (Kebir 1991). Davon freilich hat sich die Konzeption der „autonomen Zivilgesellschaft“, die sich meist auf Hannah Arendt und deren Interpretation der amerikanischen Revolution und des Demokrativerständnisses der „Gründerväter“ bezieht (Arendt 1963; vgl. auch die Besprechnung von Habermas 1981), ganz bewußt abgesetzt. „Mit der Selbsterklärung der Menschenrechte und der wechselseitigen Zuerkennung des Rechts, Rechte zu haben, instituiert sich die Zivilgesellschaft als eine handlungsfähige und konfliktintensive Pluralität, die in der Lage ist, die öffentliche Sphäre gegenüber der Macht zu behaupten und mit dem Widerstreit der Meinungen, immer neuen Themen und Rechtsansprüchen sowie mit den vielfältigen Formen symbolischer Praxis auszufüllen. Erst jetzt tritt das demokratische Element zu den republikanischen Institutionen und erfüllt sie mit politischem Leben... Die öffentlichen Debatten und die symbolische Praxis der Bürger und ihrer Assoziationen erweisen sich so in einer Demokratie als die unhintergehbaren und unverfügbaren Legitimationsgrundlagen der Macht" (Rödel u.a. 1989: 106).

Das Konzept der radikalen Demokratie, die gerade nicht über den Staat, sondern über die Öffentlichkeit und die autonome Zivilgesellschaft lebendig bleibt, versteht sich als Programm gegen alle Spielarten des Totalitarismus sowie einer auf individuelle Freiheit zentrierten „libertären Demokratie" (Rödel 1990). Indem aber dieser zivilgesellschaftliche Diskurs die Politik konsequent von den gesellschaftlichen Macht- und Herrschaftsverhältnissen trennt, reproduziert er nicht allein die klassischen Illusionen des radikalen, individualistischen Liberalismus, die seit mehr als zwei Jahrhunderten wohl bekannt sind. Vielmehr trennt er auch die demokratische von der sozialen Frage (u.a. wird dabei auf das Argument vom „Ende der Arbeitsgesellschaft" verwiesen). Damit steht er in der Gefahr, jene Krisendiagnose der Moderne von Hannah Arendt zu übernehmen, die – hier ganz Schülerin von Heidegger und Jaspers – die Technisierung und Vermassung und die damit verbundene „Entgrenzung" des Politischen durch die Politisierung der sozialen Frage als deren wesentliche Ursachen angenommen hatte (Arendt 1981: 312 ff.; Arendt 1986: 729).

Der heroische Individualismus, der gerade in der heutigen, unübersichtlichen Welt mit ihren globalen Nivellierungstendenzen (vor allem im Bereich der „Massenkultur") als eine respektable Widerstandsform anerkannt werden muß (Flores d'Arcais 1993), wird freilich kaum neue Erkenntnisse für die Berarbeitung jener sozialen, ökonomischen und politischen Probleme und Widersprüche bereitstellen, die das „kapitalistische Weltsystem" am Ende des 20. Jahrhunderts mit sich schleppt und neu erzeugt. Er wird sich oftmals in (ungewollten) Koalitionen mit neoliberalen und neokonservativen Ideologen befinden, die den historischen „Ballast" des – in der Ära des Fordismus durchgesetzten – Wohlfahrtsstaates sowie die „nationale Verfaßtheit des Sozialen" als das Haupthindernis auf dem Wege einer Modernisierung des transnationalen Kapitalismus (verbunden mit der Anerkennung des Primats einer machtorientierten Außenpolitik) ausräumen wollen[6].

6) Michael Stürmer, konzeptiver Ideologie neokonservativer Politik in Deutschland, hat die Problematik des Zusammenhangs neuer außenpolitischer Herausforderungen und innenpolitischer – d.h. sozialpolitischer – Blockaden vor der Hanns-Martin-Schleyer-

Eine andere Richtung des modernisierungstheoretischen Diskurses soll im Anschluß an *Ulrich Beck* und *Antony Giddens* (1990 und 1994) als „reflexive Modernisierung" bezeichnet werden. Schon in der „Risikogesellschaft" hatte Beck von der Tendenz der modernen Industriegesellschaft gesprochen, mit jedem weiteren Fortschritt ihre eigenen Grundlagen in Frage zu stellen. In seinem Buch „Die Erfindung des Politischen" (1993) bestimmt er die Krise des Politischen in der Gegenwart darin, daß die politischen Institutionen nicht mehr in der Lage sind, der „Nachtseite der Modernisierung: der Gegenmodernisierung" Herr zu werden. „Gegenmodernisierung" meint: die „Rückkehr der alten Monster" (Max Gallo), die die Katastrophen der Politik in der ersten Hälfte des 20. Jahrhunderts bestimmt hatten: Massenarbeitslosigkeit und Elend, Krieg und Gewalt, Rassismus und Nationalismus. Hier sind zweifellos einige der zentralen Themen und Problemstellungen der Politik am Ende des 20. Jahrhunderts angesprochen, wobei auffällt, daß Beck die Frage der „sozialen Ausgestaltung des Modernisierungsprozesses" vernachlässigt und z.B. den Wohlfahrtsstaat – ein Produkt der europäischen Moderne des 20. Jahrhunderts – nicht zu den „Errungenschaften" zählt[7]. Dieser modernisierungstheoretische Diskurs wäre also – und hier ist auf die These von der Dominanz des kapitalistischen Weltsystems für die Entwicklungsdynamik dieses 20. Jahrhunderts zurückzukommen – zu ergänzen um eine Analyse der Entwicklungstendenzen und Widersprüche eben dieses kapitalistischen Weltsystems, der großen sozialen Veränderungen, die in diesem Jahrhundert stattgefunden haben und die den Übergang zum nächsten Jahrhundert strukturieren.

Stiftung Ende 1993 wie folgt charakterisiert (in: Baring/Scholz 1994: 210): „Innenpolitisch geht es, wie allgemein bekannt, bei uns um Lohnstückkosten, Soziallasten, Innovationsfähigkeit, Wiedergewinnung der inneren Handlungsfähigkeit. Außenpolitisch geht es um die große Frage, wie wir unsere Rolle in Europa als atlantischer Partner, als Hauptinteressent in Osteuropa wie auch als 'global player' wahrnehmen wollen". Danach vertritt er die These, daß der nationale Sozialstaat das Haupthindernis für die Anerkennung des neuen Primats der Außenpolitik darstellt: „Die Sozialstaaten sind ausgesprochen national verfaßte Sozialstaaten ... Die Sozialpolitik ist national organisiert ... Dieses Nationale im Sozialen kann den Europäern so zum Schicksal werden wie die große Depression der 30er Jahre".

7) Dagegen Göran Therborn (1995: 282): „Another syndrome of European cultural modernity may be summarized as characterized by a blend of class articulation of political values, *public collectivism* and family individualism".

Die Herausforderung: eine neue Qualität politischer Regulation

Politik bezeichnet – seit ihren Ursprüngen – den öffentlichen Raum (im Unterschied zur Privatsphäre), in dem unterschiedliche individuelle und gesellschaftliche Interessen ausgetragen werden – diskursiv bzw. im Extremfall mit Gewalt. Politische Institutionen und Normsysteme (Gesetze) dienen in erster Linie dazu, verbindliche Regeln, Wertesysteme und Steuerungsleistungen für die Gesellschaft autoritativ festzulegen. Aber, diese Regeln sind angesichts der ungleichen Verteilung der Macht, der Autorität und des Reichtums in der Gesellschaft zugleich Formen der Herrschaftssicherung. Insofern sind sie – angesichts des Konfliktes bzw. der Kollision unterschiedlicher bzw. gegensätzlicher Interessen und der mit ihnen verbundenen Herrschaftsprojekte – stets umkämpft. Indem sich – mit der Entwicklung des kapitalistischen Weltsystems – der Nationalstaat als die Form des politischen Systems konstituiert, in der diese Steuerungsleistungen erbracht werden, tritt einerseits der Machtkampf zwischen diesen Nationalstaaten ins Zentrum der internationalen Politik. Andererseits wird – seit der Aufklärung und der Französischen Revolution von 1789 – der Nationalstaat zur Arena des Kampfes um Bürgerrechte, soziale Teilhaberechte sowie um Sozialreformen.

Zudem kommt dem politischen System – im 20. Jahrhundert und vor allem nach den Erfahrungen der Weltwirtschaftskrise nach 1929 – die Aufgabe zu, jene beiden Instabilitätstendenzen zu „entschärfen", die John M. Keynes der rein ökonomischen (markt-gesteuerten) Entwicklungsdynamik des kapitalistischen Wirtschaftssystems zugeschrieben hatte: die Polarisierung der Einkommensverhältnisse (und die damit verbundenen ungleichen Machtstrukturen in Politik, Gesellschaft und Kultur) sowie dessen Krisentendenz, die periodische ökonomische Depressionen und Massenarbeitslosigkeit erzeugt (und damit Formen des sozialen und politischen Konfliktes, die nicht allein die Legitimität der herrschenden Ordnung, sondern auch deren Eigentumsverhältnisse in Frage stellen).

Politische Regulation der ökonomischen Sphäre (Eigentum, Profit, Wachstum, Einkommensverteilung, Wettbewerbsregeln usw.) bedeutet stets auch ein gewisses Maß der Kontrolle, die von der Gesellschaft ausgeht, und diese ist stets auch Resultat von Kämpfen zwischen den bestimmenden und mächtigsten gesellschaftlichen Interessengruppen oder Klassen bzw. der „Blockbildung“ von verschiedenen Klassenfraktionen. Das Instrument dieser „Vergesellschaftung“, das sich seit dem späten 19. Jahrhundert und dann voll im 20. Jahrhundert herausgebildet hat, ist die staatliche Intervention. „Daß der Markt das soziale Gefüge eben nicht optimal steuert, ist nun in der Ökonomie eigentlich eine Binsenwahrheit ... Nur staatliche Programme – also etwa Altersversorgung, Arbeitslosengeld, öffentliche Gesundheitsversorgung, Antitrust-Gesetzgebung, sozialer Wohnungsbau, Umwelt- und Verbraucherschutz, progressive Gestaltung der Einkommensbesteuerung und die Unterstützung seitens der Gewerkschaften – haben dazu beigetragen, daß der Kapitalismus überleben konnte“. (Galbraith 1992: 66). Robert Heilbroner (1994: 129) fragt im Blick auf die „Zukunft des Kapitalismus“: „Welche Lösungsformen können für die Probleme, die im privaten Sektor entstehen, gefunden und welche Gegenmaßnahmen getroffen werden? Unsere Diagnose läßt nur eine Antwort zu: Es müssen Lösungen und Gegenmaßnahmen sein, die aus dem öffentlichen Sektor kommen. Daraus folgt, daß die Aussichten für die diversen Erscheinungsformen des Kapitalismus im 21. Jahrhundert – und hier betone ich ausdrücklich den Plural – in erster Linie davon abhängen werden, mit welchem Erfolg die staatlichen Kräfte zusammengezogen und dazu gebracht werden können, sich mit den Kräften der Wirtschaft auseinanderzusetzen“.

Damit ist noch keine Aussage über die Qualität dieser Intervention verbunden; denn sie kann die Form einer autoritären Diktatur, einer Dominanz des „militärisch-industriellen Komplexes“ (warfare capitalism) oder der direkten staatlichen Stützung industrieller Branchen bzw. der Banken annehmen. Sie kann aber auch – im Ergebnis einer Verschiebung der Kräftekonstellation der Klassen zugunsten der „Subalternen“ (Gramsci) – auf die Modifikation sozialer Ungleichheit sowie auf die Minimierung sozialer Risiken gerichtet sein (wohlfahrtsstaatliche Sicherungen, Ausbau der Infrastruktur, Demokratisierung der Kultur usw.). Jede Formation in der Entwicklung der kapitalistischen Produktionsweise ist daher „eingebettet“ in Systeme der politisch-staatlichen Regulation, von der einfachen Form der Sicherung des Privateigentums durch das Recht bis zu komplexeren Formen, die sich – unterschiedlich nach Ländern und Regionen – in der „Golden-Age“-Ära ausgebildet haben.

Inwieweit, in welchem Umfang und mit welcher Zielsetzung Politik am Ende des 20. Jahrhunderts Steuerungsleistungen erbringen kann oder soll – diese Fragen sind (wie schon im Zusammenhang mit der system- und modernisierungstheoretischen Debatte über die „Entzauberung des Staates" zu sehen war) außerordentlich umstritten, und zwar nicht allein aufgrund der unterschiedlichen sozialwissenschaftlichen Perspektiven auf den Gegenstand und der damit verbundenen normativen Optionen, sondern auch und vor allem aufgrund jener tiefgreifenden Strukturveränderungen in der Beziehung zwischen sozialökonomischen Transformationsprozessen, binnengesellschaftlichen Differenzierungsprozessen auf der einen und den Problemlösungskapazitäten der Politik – vor allem der nationalstaatlichen Politik – auf der anderen Seite. Die Grenzenlosigkeit der ökonomischen, kulturellen und kommunikativen Globalisierungsprozesse markiert zugleich die Grenzen der Wirksamkeit der traditionellen politischen Institutionen. Kurz gesagt: Adam Smith „draußen" und John Maynard Keynes „zu Hause" – jene für die Golden-Age-Periode charakteristische Kombination von Freihandel und nationalem Wohlfahrtsstaat hat (so das herrschende Bewußtsein) ausgedient, obwohl allenthalben die Notwendigkeit *politischer* Lösungen für die Reorganisation zerfallender Strukturen und Institutionen anerkannt wird. Zugleich ist mit dem Ende der Systemkonkurrenz der externe Druck entfallen, der sowohl die Hegelmonialstrukturen in der kapitalistischen Welt („Pax Americana") als auch den wohlfahrtsstaatlichen Klassenkompromiß zusätzlich befestigt hatte.

In der „One-World" des Kapitals, der des globalen Finanzkapitals, wirkt die Dialektik von Vereinheitlichung und Fragmentierung (Ziebura 1984). Auf der einen Seite bedeutet die Globalisierung der Weltwirtschaft die transnationale Angleichung von sozialökonomischen Strukturen, Lebensstilen, Konsumnormen und Kommunikationsformen. Insofern erfüllt sich erst jetzt die „revolutionäre Rolle", die Karl Marx und Friedrich Engels im „Manifest der Kommunistischen Partei" (1847/48) der industriellen Bourgeoisie zugeschrieben haben. Dort heißt es u.a.: „Die Bourgeoisie hat durch die Eploitation des Weltmarktes die Produktion und Konsumtion aller Länder kosmopolitisch gestaltet. Sie hat zum großen Bedauern der Reaktionäre den nationalen Boden der Industrie unter den Füßen weggezogen ... An die Stelle der alten lokalen und nationalen Selbstgenügsamkeit und Abgeschlossenheit tritt ein allseitiger Verkehr, eine allseitige Abhängigkeit der Nationen voneinander" (MEW 4: 466; vgl. auch Deppe 1996d). Auf der anderen Seite verstärkt sich der Trend zur sozialen Desintegration und Heterogenisierung, zu ethno-nationalistischen Konflikten, zur kulturellen Abgrenzung. Diese Fragmentierung erzeugt jedoch zugleich neuen Regulationsbedarf – und insofern wird zurecht davon gesprochen, daß damit die „Rückkehr des Politischen" einhergeht.

Mit dem Zerfall bzw. der Erosion alter „Befestigungen" werden jedoch zugleich Voraussetzungen für neue Konfliktpotentiale geschaffen, die – ohne daß ihre Gestaltung und ihre Intensität im einzelnen zu prognostizieren wären – den Übergang in das neue Jahrhundert bestimmen werden. Aus der ungleichen Verteilung von Reichtum, Wissen, Ressourcen und schließlich auch von Macht (die Regeln zu bestimmen, nach denen die globalen Spiele, bei denen es Gewinner und Verlierer gibt, gespielt werden müssen) werden Konflikte und Kämpfe hervorgehen. Diese werden allerdings kaum dem Muster jener Verteilungskonflikte folgen, die in den Metropolen des Kapitals – nach den Erfahrungen von Kriegen, Krisen und Revolutionen in der ersten Hälfte des 20. Jahrhunderts – durch den nationalen, keynesianischen Wohlfahrtsstaat „gebändigt" und institutionell zivilisiert wurden.

Verteilungskämpfe werden einerseits durch das widersprüchliche Ineinandergreifen der globalen, regionalen und nationalen, schließlich auch der lokalen Vergesellschaftungs- und Politikebenen schärfer und diffuser zugleich. Die globalen Migrationsbewegungen aus den Armutszonen der „Weltgesellschaft" in die „Reichtumszentren" gehören ebenso in diesen Zusammenhang wie die Polarisierung von Reichtum und Armut, die Verschuldung der öffentlichen Haushalte als Voraussetzung für gravierende Funktionsdefizite der öffentlichen Dienstleistungen und Wohlfahrtsinstitutionen wie die Artikulation dieser globalen Prozesse inmitten der „global cities" als den neuen Herrschaftszentren des Casino-Kapitalismus. Diese Verteilungskämpfe werden sich allerdings keineswegs ausschließlich auf die Einkommen konzentrieren. Schon heute zeichnen sich – in und zwischen den Staaten und Regionen – Konflikte um die Verteilung von Ressourcen (Rohstoffe, Energie, Wasser, saubere Luft usw.) ab, die ihrerseits die Tendenz zur Eskalation militärischer Konflikte verstärken könnte.

Soweit vor diesem Hintergrund Anforderungen an die Steuerungs-

oder gar Problemlösungskapazität der Politik ins Auge gefaßt werden, spielt das Katastrophenszenario von Krisen und Kriegen, die sich um solche Verteilungsprobleme zentrieren, nicht einmal eine entscheidende Rolle. Vielmehr geht es dabei um die Frage nach den Institutionen bzw. nach den politischen Regimen, die durchgesetzt und aufgebaut werden müssen, um die katastrophische Potentialität solcher Konflikte einzudämmen. Mit anderen Worten, wenn die Strukturen des „embedded liberalism" der Nachkriegszeit zerbrechen und sich die de-regulierte Dynamik der globalen Kapitalakkumualtion, der Weltmarktkonkurrenz und der relativen Verselbständigung des finanzkapitalistischen Sektors aus traditionellen Formen, Regeln und Institutionen der „Einbettung" herausgerissen haben („dis-embedded"), dann wird die Schaffung von Institutionen und Regimen, die ein „Re-embedding" ermöglichen, zur zentralen Aufgabe der Politik am Ende des 20. Jahrhunderts.

Das gilt natürlich auch und besonders für die Schaffung von Sicherheitsregimen, die nach dem Ende des Kalten Krieges vor allem in Südosteuropa, auf dem Gebiet der ehemaligen Sowjetunion und im Nahen Osten reorganisiert werden müssen. Die Kriege in Jugoslawien und in Randgebieten der ehemaligen Sowjetunion erinnern zunächst einmal an den Vorabend wie an das Ende des Ersten Weltkrieges. Schon vor 1914, mehr aber noch nach dem Zusammenbruch der Vielvölker-Reiche im Süden und im Südosten Europas (die Habsburger Monarchie und das Osmanische Reich) und der Gründung neuer Staaten war eine Zone der politischen Instabilität und der politisch-militärischen Konflikte entstanden, in der zugleich die europäischen Großmächte ihre hegemonialen Ambitionen austrugen. Bislang haben – vor allem auf dem Balkan – die traditionellen Organisationen, die Sicherheit im Sinne der Prävention oder auch der Beendigung militärischer Konflikte gewährleisten sollen, weitgehend versagt. Die vielfach beklagte Ohnmacht der UNO und der Europäischen Union (EU) – von der OSZE wird ohnehin kaum noch gesprochen – deuten zunächst einmal darauf hin, daß die Kohärenz der außenpolitischen Interessen der führenden westlichen Staaten in Europa, Nordamerika und Ostasien, die durch den Druck der Systemauseinandersetzung „gekittet" war, offenbar brüchig geworden ist. Die führende Rolle, die die NATO und die USA bei der Konfliktbearbeitung schließlich übernommen hatten (Dayton), kann freilich nicht darüber hinwegtäuschen, daß 1. die Konfliktparteien vor

Ort noch längst nicht „befriedet" sind und daß 2. die Interessen von Europäern und Amerikanern nach wie vor divergent sind. Weder gibt es einen Konsensus über gemeinsame friedenspolitische Maßnahmen noch – was viel wichtiger wäre – ein gemeinsames Programm für die Bewältigung der sozialökonomischen Transformationskrisen in Ost- und Südosteuropa, die ihrerseits die Hauptursache sowohl für die Destabilisierung demokratischer Institutionen als auch für die Zuspitzung zwischenstaatlicher Konflikte bilden.

„Gewinner" und „Verlierer"

Im bevorstehenden 21. Jahrhundert werden sich die politischen Auseinandersetzungen um die Verteilung von Macht und Ressourcen um die Reihe von Themen gruppieren, in denen sich zugleich die Strukturveränderungen der Epoche und ihre Widersprüche kristallisieren.

Zentrales Thema werden die Defizite der bestehenden politischen Institutionen und Regime – sowie der handlungsleitenden politischen Ideologien und Wertorientierungen – im Hinblick auf die Bearbeitung der der kapitalistischen Globalisierung eingeschriebenen Fragmentierungstendenzen sein. Die mit dem sozialökonomischen Wandel einhergehende Polarisierung und Risikovermehrung betrifft nicht allein die sozialen Spaltungen, sondern auch und vor allem die Ökologieproblematik, die systematische Zerstörung der natürlichen Lebensbedingungen der Menschheit. Weder die Neorealisten noch die Neoliberalen haben auf diese Herausforderungen eine Antwort. Das Vertrauen auf die problemlösenden Kräfte des Marktes wie auf die Selbsregulierungskräfte einer sich funktional ausdifferenzierenden Gesellschaft wird solche Spaltungen und Risiken nur noch verstärken. Es artikuliert letztlich das Interesse der Reichen und Wohlhabenden an der Bewahrung und Verbesserung ihrer privilegierten Lebensbedingungen – jener „Kultur der Zufriedenheit" (culture of contentment) und des Eigennutzes, die John Kenneth Galbraith am Beispiel der USA der 80er Jahre als ein „Regime der Bankrotteure" (1992) kritisiert hat. Bei den Neorealisten hingegen verengt sich der Blick auf die Machtspiele der Staaten auf der Bühne der internationalen Politik. Soweit sie diesen Blick regimetheoretisch erweitern, hindert sie die institutionalistische Fixierung ihrer Analyse an der Einsicht, daß die Bearbeitung dieser Widersprüche – wie vom Club of Rome (1991) und anderen schon lange gefordert – tiefgreifende Veränderungen in der Produktionsweise (vor allem ihrer energetischen Basis), den internationalen Austauschbeziehungen, der Lebensweise und den Konsumerwartungen erfordert, die gerade regulierend in die Marktfreiheiten eingreifen und zugleich die Regeln der traditionellen militärischen und ökonomischen Machtspiele in der internationalen Politik überschreiten.

Im Schlußkapitel seines Buches „In Vorbereitung auf das 21. Jahrhundert" faßt Paul Kennedy die großen Herausforderungen zusammen, vor denen das internationale politische System am Ende des Jahrhunderts steht. Dabei deutet er Spaltungen und Spannungen zwischen Realitätswahrnehmungen an, die möglicherweise an Intensität noch diejenigen Spannungen übersteigen, die Eric Hobsbawm für die Zeit vor 1914 registriert hatte: „Existiert angesichts der Geschwindigkeit und Komplexität dieses Wandels überhaupt irgendeine soziale Gruppe, die wirklich auf das 21. Jahrhundert 'vorbereitet' ist? Natürlich gibt es Konzerne (von der Pharmazie bis zur Luft- und Raumfahrt) und Individuen (insbesondere Akademiker in hochwertigen Dienstleistungsbereichen), die von den gegenwärtigen sozio-ökonomischen Entwicklungen profitieren und die in der Lage sind, sich für die Zukunft so zu positionieren, daß ihnen weitere Vorteile zuwachsen. Ihre Aussichten sind die Grundlage vieler optimistischer Arbeiten zum Beispiel von Kenichi Ohmae, George Gilder, Ben Wattenberg und anderen, die der Menschheit eine ständig wachsende Prosperität voraussagen. Auf der anderen Seite gibt es Milliarden von verelendeten, unausgebildeten Menschen in den Entwicklungsländern und Millionen von ungelernten Arbeitern in der entwickelten Welt, deren Aussichten schlecht sind und sich in vielen Fällen eher noch verschlechtern werden. Ihrer Lage gelten die pessimistischen Schriften über die demographische Explosion und die Umweltkatastrophen der Ehrlichs, des Worldwatch Institute und anderer, und sie hat auch Studien über zukünftige Berufstrends und ihre gesellschaftlichen Implikationen ausgelöst, wie zum Beispiel die Arbeiten von Reich. Auf den ersten Blick mag es scheinen, als ob nur eine Denkrichtung in ihren Voraussetzungen korrekt sein könnte, aber es ist durchaus möglich, daß beide lediglich verschiedene Aspekte eines einzigen Phänomens untersucht haben, daß also die Optimisten sich mit den 'Gewinnern' der Welt befassen, während die Pessimisten sich um das Schicksal der 'Verlierer' sorgen. Aber wenn beide recht haben, wird die Kluft zwischen arm und reich sich stetig erweitern, während wir uns auf das 21. Jahrhundert zubewegen. Und das muß nicht nur zu sozialen Unruhen innerhalb der entwickelten Länder führen, sondern auch zu wachsenden Nord-Süd-Spannungen, zu Massenmigration und zu Umweltschäden, denen auch die 'Gewinner' nicht entkommen werden" (Kennedy 1993: 422/423).

Vom keynesianischen Wohlfahrtsstaat zum neoliberalen Wettbewerbsstaat

Offen ist nach wie vor die Antwort auf die Frage, welche Souveränitätsrechte und Funktionen dem Nationalstaat – Produkt des 18. und 19. Jahrhunderts – angesichts der Globalisierung im Übergang zum 21. Jahrhundert verbleiben. Gewiß kann der folgenden Feststellung zugestimmt werden: „Die politische Handlungsfähigkeit der alten Nationalstaaten, auch der neueren Staatenvereinigungen und der auf Dauer gestellten internationalen Konferenzen steht ja in keinem Verhältnis zur Selbststeuerung der global vernetzten Märkte" (Habermas 1995: 146). Gleichwohl halte ich die These vom „Ende des Nationalstaates" im transnationalisierten Kapitalismus für falsch und ideologisch (vgl. dazu Panitch 1994). Neoliberale bezeichnen damit das Ende des nationalen, keynesianischen Wohlfahrtsstaates und plädieren doch in politischen Koalitionen mit den harten Konservativen für die Stärkung des nationalen Ordnungs- und Machtstaates. Linksliberale Positionen – traditionell anti-etatistisch eingestellt – wollen dieser Auffassung eine progressive Wendung geben, indem sie die Schwächung des Nationalstaates (der damit verbundenen Machtpolitik und somit der Basis für sozialdarwinistisch-nationalistische Ideologien) als einen Fortschritt begrüßen und zugleich für den Aufbau transnationaler demokratischer Regime und zivilgesellschaftlicher Institutionen plädieren. Freilich erhellt sich die Schwäche solcher Optionen darin, daß das politische System der Europäischen Union, das dabei in der Regel als konkretes Beispiel angeführt wird, sich gerade nicht in die Richtung einer progressiven Demokratisierung entwickelt, sondern eher einen neuen Typus des technokratischen „policy-making" generiert (Deppe/Felder 1993; Tömmel 1995).

Andere Autoren schließen sich der These vom Souveränitätsverlust des Nationalstaates – nach außen und nach innen – an. Vor allem im Bereich der Wirtschafts- und Fiskalpolitik habe sich ein grundlegender Wandel vollzogen; denn der Nationalstaat – genauer: die nationale Regierung und die Zentralbank – sei nicht länger in der Lage, über die Kontrolle des Zinsniveaus und der Geldmenge antizyklisch zu intervenieren und damit die relative Stabilität der Nationalökonomie (und der Beschäftigung) zu gewährleisten. Daraus folgt – in Verbindung mit dem Wettbewerbsdruck, der vom Weltmarkt auf die Kostenstruktur sowie die Innovationsfähigkeit der Unternehmen ausgeht – eine chronische Aushöhlung der Funktionsfähigkeit sozialstaatlicher Arrangements und Apparate. Allerdings konzedieren diese Autoren, daß damit der Nationalstaat weder überflüssig noch funktionslos geworden sei (Scharpf 1991). Nach wie vor falle ihm die Aufgabe zu, kollektive Güter zur Verfügung zu stellen, die für die Zukunftsfähigkeit moderner Gesellschaften unabdingbar sind. Zu den „klassischen Leistungen" der Politik – „Etablierung einer machtbasierten Infrastruktur für die Kollektivgüter der inneren und äußeren Sicherheit und der Schaffung einer geldbasierten Infrastruktur für die Kollektivgüter der ökonomischen und sozialen Sicherheit" – tritt am Ausgang dieses Jahrhunderts die Aufgabe der Etablierung einer „wissensbasierten Infrastruktur..., um die neuen Kollektivgüter der technologischen und ökologischen Sicherheit zu gewährleisten" (Willke 1992: 8). Das ist in der Tat ein sehr weitreichendes Programm für Leistungen der Politik, das von dem Gedanken einer „Aufhebung des Nationalstaates" weit entfernt ist.

Diese These übersieht zudem, daß es große und kleine, mächtige und weniger mächtige Staaten gibt und daß die – nicht allein militärischen, sondern vor allem auch ökonomischen und monetären – Machtspiele in der internationalen Politik selbstverständlich durch solche Unterschiede (und durch das darin eingeschriebene Machtgefälle) bestimmt sind. Zweifellos sind die klassischen zwischenimperialistischen Hegemoniekämpfe, die nach 1945 durch die Systemkonkurrenz und die US-Hegemonie neutralisiert waren, auch durch die transnationale Kapitalverflechtung historisch überholt. Dennoch spielt das Machtgefälle zwischen den Staaten auch in der EU bei der Auseinandersetzung um die Festlegung von Regeln für transnationale Regime (z.B. das EWS) nach wie vor eine erhebliche Rolle. Die EU-Verträge von Maastricht (1991/92) sind dafür ebenso ein Beispiel wie die Veto-Macht bzw. die Opting-Out-Option, die die konservative britische Regierung in bezug auf weitere Schritte der sozialen und politischen Integration ausübt.

Die zentralen politischen Veränderungen vollziehen sich gerade nicht entlang der Achse Selbstbehauptung oder Erosion des Nationalstaates. Entscheidend ist vielmehr die Transformation der Funktionen nationalstaatlicher Regulierung zum „Wettbewerbsstaat" (Altvater/Mahnkopf 1996: 373 ff.). Dieser paßt sich auf der einen Seite an die Anforderungen der Weltmarktkonkurrenz an (z.B. durch Deregulierungsmaßnahmen bzw. durch Privatisierung, vor allem im Bereich der Telekommunikation und des Verkehrs). Auf der anderen Seite bleibt er unverzichtbar, um die „nationale Ökonomie" – aber vor allem die auf den Weltmarkt orientierten Unternehmen – *und* die Gesellschaft „fit" zu machen für diese Konkurrenz. Die verschiedenen nationalen „Standortdebatten", die seit der Weltwirtschaftskrise 1992/93 – mit deutlich nationalistischen Tendenzen – die *innen*politischen Diskurse über Kosten, Tarifpolitik, Um- bzw. Abbau des Sozialstaates, Veränderung der Arbeitsbeziehungen etc. bestimmen, unterstreichen gerade die Bedeutung des Nationalstaates als Instrument der Anpassung (im Interesse der transnationalen Konzerne und des Finanzkapitals) *und* als Kampfplatz für die konkrete Umsetzung und Ausgestaltung der Wettbewerbsfähigkeit, d.h. für die konkrete Gestalt der jeweiligen Kohärenz von Kapitalrentabilität auf der einen und sowie Infrastruktur und sozialpolitischen Regulationsformen auf der anderen Seite. Darin sind stets auch Elemente jenes Gegenmachtsystems enthalten, das die organisierte Arbeiterklasse über Gewerkschaften und betriebliche Interessenvertretungen auszuüben vermag. Einstweilen ist der Nationalstaat nicht allein Arena der „Sozialkontrakte", sondern auch „Garant der Bürgerrechte" – diesen Gedanken hat Ralf Dahrendorf (1990: 833) zurecht gegen die „Gefahr des Rückfalls in die Intoleranz der homogenen Nation oder die wolkigen Unsicherheiten des vorinstitutionellen Zusammenlebens" hervorgehoben.

Für die politischen Auseinandersetzungen sind dabei vor allem zwei Aspekte relevant. *Erstens* gibt es kein zwingendes, monolithisches Muster für den Verlauf und die konkreten Resultate dieser Transformation der Staatsfunktionen. Der Umbau zum „Wettbewerbsstaat" vollzieht sich in der Regel innerhalb der bestehenden Institutionen. Diese variieren wiederum signifikant – auch zwischen den Mitgliedstaaten der Europäischen Union (Esping-Anderson 1990; Bieling/Deppe 1997). Sie sind Ergebnis je spezifischer nationaler Traditionen (vor allem im Rechtssystem, aber auch in den Organsationsformen der Verbände usw.), der ökonomischen Leistungsfähigkeit und der – im Ergebnis von sozialen Kämpfen und Koalitionsbildungen rechtlich und institutionell fixierten – Kräftekonstellationen der Klassen. Der Umbau folgt daher meist nicht einer Logik des radikalen Bruchs (selbst der „Thatcherismus" erscheint rückwirkend als eine eher vorsichtige bzw. strategische klug kalkulierte Politik des schrittweisen Umbaus, der das „Tabu" des aus Steuermitteln finanzierten Nationalen Gesundheitsdienstes noch nicht angegriffen hat). Die bestehenden Verhandlungssysteme sollen vielmehr genutzt werden, um die Anpassung an das Ziel der Wettbewerbsfähigkeit zu erreichen. Das erfordert Kompromißbereitschaft auf Seiten der relevanten ökonomischen und politischen Akteure, die ihrerseits Gestaltungsspielräume für Gewerkschaften, betriebliche Interessenvertretungen, Sozialverbände und Bürgerinitiativen eröffnet.

Allerdings darf dabei die grundsätzliche Machtasymetrie, die mit der Schwächung der Arbeiterbewegung und der politischen Linken seit dem Ende der 70er Jahre sich noch verstärkt hat, nicht übersehen werden (Deppe 1996b). In dem Maße, wie z.B. die Gewerkschaften schwächer werden und ihrerseits Kompromißbereitschaft (etwa im Hinblick auf die „Standortsicherung") signalisieren, nehmen Unternehmerverbände und konservative politische Kräfte Kompromißlinien zurück und verschärfen eine konfrontative gesellschafts- und tarifpolitische Strategie, die letztlich eine Kapitulation der Gewerkschaften erzwingen soll. Die Grenze zwischen der „Ermattungsstrategie" und der „Niederwerfungsstrategie" (diese Begriffe spielten noch in der zweiten Phase der „Massenstreikdebatte" in der deutschen Sozialdemokratie vor 1914 eine Rolle) ist also äußerst schmal und durchlässig geworden. Dennoch lassen unsere Überlegungen den Schluß zu, daß im Zuge der Globalisierung das nationalstaatliche Terrain keineswegs aufgehoben ist. Zudem existieren innerhalb dieser Auseinandersetzungen Gestaltungsspielräume, die der – sei es ideologisch offensiven, sei es ohnmächtig defensiven – These von der Allmacht des „Sachzwangs Weltmarkt" entgegenstehen.

Zweitens vollziehen sich Kompetenzverschiebungen innerhalb des Mehrebenensystems der Politik. Diese gehen vor allem im Bereich der politischen Steuerung von Marktprozessen zu Lasten der Kompetenz des Nationalstaates. Speziell mit der Ausweitung der Kompetenzen der Europäischen Union ist diese Problematik erkannt worden (Jachtenfuchs/Kohler-Koch 1996: 15 ff.). Obwohl das politisch-wissenschaftliche Urteil über den Charakter des EU-Systems nach wie vor unsicher ist, wird doch weithin anerkannt, daß sich einst beim Nationalstaat zentralisierte Kompetenzen und Steuerungsleistungen sowohl „nach oben" – auf die europäische, im militärisch-politischen Bereich auf die atlantische (NATO) Ebene – als auch „nach unten" (auf die regionale und lokale Ebene des policy-making) verlagert haben. Daraus folgt keineswegs, daß dem Nationalstaat nur noch symbolische Bedeutung zukommt. Die horizontale Diffusion politischer Verhandlungs- und Entscheidungssysteme impliziert für die politischen Akteure freilich eine Erweiterung ihres Handlungsfeldes und erfordert daher oftmals schwierige Lernprozesse. Die Gewerkschaften z.B. sind gefordert, ihre transnationalen Aktivitäten und Vernetzungen – sowohl auf der Ebene der transnationalen, vor allem der europäischen Konzerne (vgl. z.B. Schulten 1995) als auch auf der Ebene der EU-Institutionen – zu verstärken und sich dabei vom Ballast ihrer, historisch verfestigten, nationalen Traditionen (die vor allem in Zeiten der Krise vom transnational operierenden Kapital gegen sie ausgespielt werden) zu befreien. Andererseits konzentrieren sich in den großstädtischen Ballungsräumen der metropolitanen Zentren die sozialen und ökologischen Widersprüche der Globalisierung und stellen ganz neue Anforderungen an die „lokale Politik". Auch in diesem Bereich variieren die Gestaltungsoptionen erheblich und eröffnen politische Interventionsmöglichkeiten, die ihrerseits mit den jeweiligen Klasseninteressen bzw. mit der „Blockbildung" von Klassenfraktionsinteressen korrespondieren und daher den konfliktorischen bzw. antagonistischen Grundcharakter der Auseinandersetzung zwischen diesen Interessen und ihren politischen Artikulationsformen keineswegs suspendieren. Die Auseinandersetzungen um die sozialökonomische Entwicklung der „neuen Bundesländer" im Osten Deutschlands illustrieren diese Verschränkung der verschiedenen Politikebenen auf besonders eindrucksvolle Weise.

Vergesellschaftung der Politik

Die Risiken und Widersprüche, die von der kapitalistischen Globalisierung und der ihr entsprechenden Politik der Wettbewerbsstaaten verstärkt und z.T. neu erzeugt werden, werfen zugleich die Frage auf, welche Rolle bei der Bearbeitung dieser Probleme der Markt auf der einen und der Staat auf der andern Seite spielen werden bzw. – normativ formuliert – spielen sollen. Auch hier geht es – wie Willke (1992: 59) mit Recht betont – nicht um naive Entweder-Oder-Positionen, sondern um je konkrete Vermittlungs- bzw. Mischformen: „Die bequeme Vorstellung, der Markt sorge für eine optimale Allokation 'privater' Güter und die Politik für diejenige 'kollektiver' Güter, führt dort in die Irre, wo moderne Gesellschaften ihre Potentialität und ihre Riskiertheit gleichermaßen verdichten: an den Orten jener komplexen Problemstellungen, die in vielschichtiger Verschachtelung sachlicher, sozialer, zeitlicher, operativer und kognitiver Dimensionen und Wertigkeiten keine eindeutigen, einfachen oder einseitigen Lösungen zulassen, sondern responsive und revisible Prozesse der Entscheidungsfindung erfordern: Wissenschafts- und Technologieplanung, Sicherheitspolitik, Gesundheitspolitik und Umweltpolitik bis hin zu scheinbar geringeren Problemen wie Städtebauplanung, Energiepolitik oder Entwicklungshilfe".

Diese Vermittlungsformen sind freilich politisch heftig umkämpft. Der Siegeszug des marktradikalen Neoliberalismus schien sich seit den späten 70er Jahren doppelt zu bestätigen. Zunächst waren es die offenkundigen Widersprüche des keynesianischen Interventionsstaates, die der Propaganda des Neoliberalismus gegen die Sozialdemokratie Kraft verliehen. „Mitte der 70er Jahre waren die Wachstumsraten gesunken, Inflation und Abeitslosigkeit gestiegen. Es war klar, daß sich die kapitalistische Weltwirtschaft auf ein tiefes Konjunkturtal zubewegte. In dieser neuen Situation mangelte es der Sozialdemokratie nicht nur an einer effektiven Politik, um der Krise zu begegnen. Sie wurde selbst plötzlich mit der Krise in Verbindung gebracht, und die wieder zum Leben erweckten Monetaristen machten überhöhte Staatsausgaben und übermächtige Gewerkschaften für die Stagflation verantwortlich. Dies führte zu Angriffen gegen den Sozialstaatskonsens, der die Grundlage für sozialdemokratische Regierungen gebildet hatte. Diese Reaktion brachte in der gesamten Region rechte Regierungen ans Ruder" (Anderson 1994: 2). Nikos Poulantzas (1979: 134) hatte schon Ende der 70er Jahre die Krise der Sozialdemokratie diagnostiziert: „Der Sozialdemokratie ist es einfach nicht gelungen, die Wirtschaftskrise zu vermeiden, und, eben weil sie das nicht konnte, haben sich die materiellen Grundlagen ihrer politischen Anziehungskraft und ihrer Strategie ganz beträchtlich vermindert".

Sodann – bis zum Ende der 80er Jahre – konnte die Krise und die schließliche Implosion des Staatsozialismus als Triumph von Adam Smith (und Friedrich von Hayek) über Karl Marx (und John Maynard Keynes, den „Kollektivisten im bürgerlichen Schafspelz") gefeiert werden. Der relative Erfolg des europäischen Binnenmarktes 1992, der gewaltige Privatisierungs- und Deregulierungsschub, der vom Informations- und Telekommunikationssektor sowie vom Verkehrssektor in die 90er Jahre hineinreicht – all dies unterstreicht die These, daß die Grenzen der Entstaatlichung noch längst nicht erreicht sind. Im Übergang ins 21. Jahrhundert sollen zudem die sozialstaatlichen Apparate (Gesundheitswesen, Altersversorgung), die Institutionen des Bildungs- und Wissenschaftssystems sowie die Kernbereiche der staatlichen Verwaltung selbst („schlanker Staat") für die private Kapitalverwertung aufgebrochen und damit – so die herrschenden „Wirtschaftstheologie" (Hobsbawm) – effizienter gestaltet werden.

Allerdings rufen die konkreten Resultate dieser Politik verstärkt Protest sowie Kritik auch an den Basisprämissen des Neoliberalismus hervor. Die monetaristische Radikalkur – meist mit Steuersenkungen für die Reichen verbunden – bekam die Inflation in den 80er Jahren erfolgreich „in den Griff" – aber zu Lasten des Wachstums, der Beschäftigung und der Staatshaushalte. Die „Vulkane" der Inflation, die in den 70er Jahren ausgebrochen waren, sind weitgehend erloschen (Thurow 1996: 185 ff.). Gleichzeitig hat sich der Prozeß der Absenkung der Realeinkommen, der zuerst in den USA begann, beschleunigt und über die gesamte industrialisierte Welt ausgedehnt. Die Polarisierung der Einkommen und Vermögen, die beständig ansteigende Massenarbeitslosigkeit und die Armut, der Verlust von qualifizierten und gut entlohnten Arbeitsplätzen in der Industrie, der im Dienstleistungsektor weder quantitativ noch qualitativ kompensiert wurde, die Ghettoisierung der Armutssektoren, verbunden mit steigender Kriminalität, ethnischen und rassistischen Konflikten – alle diese Trends haben nicht nur die „liberalen Utopien" der frühen 80er Jahre desavouiert, sondern auch vor allem in Westeuropa die Angst vor einer „Amerikanisierung" der Gesellschaft verstärkt, die sich zunehmend fragmentiert. Der Politik kommt dabei wesentlich die Aufgabe zu, die privilegierten Lebensbedingungen der Reichen und einer relativ breiten Mittelklasse, die mehr und mehr private Dienstleistungen (für ihre Sicherheit, für Gesundheits- und Alterversorgung, für Bildung und Ausbildung) in Anspruch nehmen, gegen eine – überwiegend ethnisch definierte – „Underclass" (Kronauer 1993) zu schützen. „Die restriktive Wirtschaftspolitik – d.h. Reduzierung der Staatschulden und -ausgaben, der Steuern und, als höchstes Ziel, die niedrige Inflation – haben die finanzkapitalistischen Interessen zu Lasten der Arbeiter befördert und eine internationale Rentier-Klasse geschaffen ... Eine restriktive Haushaltspolitik ist zur Ideologie dieser Klasse geworden, die von den führenden Zeitungen, Wirtschaftszeitschriften und den Think Tanks propagiert wird" (Kapstein 1996: 29). Die Grenzen zwischen den Klassen – notfalls mit Stachdrahtzäunen und Mauern gesichert – dürfen nicht überschritten werden. Die sozialen Konfliktpotentiale müssen in den Ghettos nach innen kleingearbeitet werden, damit sie nicht auf der allgemeinen gesellschaftlichen – d.h. der politischen – Ebene als Forderung nach einer Umverteilung des Reichtums, nach staatlicher Intervention und Reformpolitik, die dem Kampf gegen die Armut und für die Rekonstruktion der zerfallenden größstädtischen Infrastrukturen Priorität zuerkennt, thematisiert wird.

„Alle europäischen Gesellschaften betrachten den Kampf gegen die Ausschließung und die Dualisierung als ihr hauptsächliches Ziel, und schon hört man nicht mehr auf diejenigen, welche von der Reduktion der Staatsintervention sprechen". Diese Beobachtung von Alain Touraine (El Pais v. 31. 7. 1995) mag überzeichnet (und zu optimistisch) sein. Gleichwohl macht sie auf das Dilemma aufmerksam, in dem sich der Neoliberalismus befindet. Kein konservativer Politiker in Europa glaubt seit Anfang der 90er Jahre, Wahlkämpfe gewinnen zu können, wenn er sich auf die Botschaft von den Segnungen der Marktfreiheiten (national und global) beschränken würde. Vielmehr wird erwartet, daß er als Anwalt einer Politik der Überwindung der sozialen Desintegration und Fragmentierung, d.h. als Anwalt eines neuen politischen Programms der gesellschaftlichen Integration operiert. Die katastrophalen Wahlergebnisse der britischen Konservativen bei den Regional- und

Nachwahlen reflektieren so auch das miserable Image, über das der harte „Marktradikalismus“ – als die Wirtschafts- und Gesellschaftsphilosophie der „Besserverdienenden“ und Eliten – derzeit verfügt.

In Frankreich beteiligen sich konservative Politiker – natürlich unter dem Druck der sozialen Bewegungen seit Ende 1995 und einer intensivierten Debatte der Intellektuellen über den Neoliberalismus, die Globalisierung und das „Modell Tietmeyer“ (Bourdieu) – an der „Suche nach einer anderen Gesellschaft“ und betonen das Paradoxon, „daß es in der Stunde eines unwiderruflich und endgültig scheinenden Sieges des Liberalismus mehr als je zuvor aus Gründen des Gleichgewichts unserer Gesellschaft gemeinsamer Initiativen und kollektiver Lösungen bedarf“ (Seguin 1996: 1464). Auch der gaullistische Staatspräsident Frankreichs, Jacques Chirac, der seinen Wahlkampf nicht mit einem neoliberalen Programm gewann, sondern mit dem Versprechen, die „Fracture“ der Gesellschaft zu überwinden, plädiert in einem „Memorandum für ein europäisches Sozialmodell“ für eine gesellschaftspolitische Wende: „Es ist an der Zeit, daß Europa wieder zu den Europäern findet. Heute, da 18 Millionen von ihnen ohne Beschäftigung und über 50 Millionen von der sozialen Ausgrenzung bedroht sind, ist es Aufgabe der Europäischen Union, auf die Sorgen ihrer Völker einzugehen. Diese Sorgen sind bekannt: die Beschäftigung, die Zukunft der Kinder, die Sicherheit, die Umwelt. Das sind die großen Themen, die die Menschen Tag für Tag beschäftigen und die als Prioritäten Europas bekräftigt werden müssen“ (Chirac 1996: 632). Allerdings erfüllen solche „Appelle“ oft auch die Funktionen symbolischer Politik. Sie rufen die europäische Politik an, um sich auf diese Weise ein Alibi für die Vernachlässigung gesellschafts- und sozialpolitischer Reformen im eigenen Lande zu verschaffen.

Es ist also diese Re-Regulation des Verhältnisses von Markt und Staat, die am Ende des 20. Jahrhunderts mehr und mehr zum Gegenstand der Politik und – im Vorfeld des Staatshandelns – der strategischen und programmatischen Auseinandersetzung zwischen Progressiven und Konservativen, zwischen links und rechts (die Begriffe haben gerade in diesem Bereich durchaus ihre Bedeutung behalten), zwischen arm und reich, zwischen abhängig Arbeitenden und kapitalistischem Management werden. Die entscheidende Voraussetzung für politische Gestaltungsoptionen bildet dabei das – im Ergebnis der neoliberalen

Politik angehäufte – Staatsdefizit, das in der Regel als „schlagendes" Argument angeführt wird, um die objektive Unmöglichkeit staatlicher Reformpolitik nachzuweisen, mehr noch, um die unbedingte Notwendigkeit einer Fortsetzung der „Austeritätspolitik" – in den Bereichen der Sozial-, Fiskal- und Infrastrukturpolitik – als unumgehbaren Sachzwang zu exekutieren.

Raum für Gestaltungsoptionen könnte daher nur in dem Maße geschaffen werden, wie die Ursachen der expandierenden, öffentlichen Verschuldung (die in Deutschland durch die Kosten des „Anschlusses" der ehemaligen DDR noch erhöht werden) beseitigt werden. Dies betrifft zum einen die ständig wachsenden gesellschaftlichen Kosten a) der Massenarbeitslosigkeit, Armut, Marginalisierung sowie der Versäumnisse auf dem Gebiet einer vorsorgenden ökologischen Politik und b) die mangelnde Bereitschaft der Regierungen der führenden Industriestaaten, auch nur einen Bruchteil jener Gewinne abzuschöpfen, die vor allem auf den globalen Finanzmärkten erzielt werden. Es geht hier nicht um eine vollständige Auflistung jener Politikbereiche, über die – national wie international – eine Verminderung der Staatsverschuldung und eine neue Schwerpunktsetzung bei den öffentlichen Ausgaben durchzusetzen wäre. Vielmehr geht es um den Hinweis, daß auch dieses Politikfeld im Schnittpunkt von Markt und Staat heftig umkämpft ist und daß es offenkundig durch antagonistische Basisinteressen – „Marktfreiheit" und Antietatismus als Synonyme für Profitinteressen; Staatsintervention als Synomnym für den Anspruch auf gesellschaftliche Lösungen, die politisch in das System der Kapitalakkumulation eingreifen – strukturiert wird.

Wenn von staatlichen Lösungen die Rede ist, schließt sich schnell die Front der „Antietatisten", von den Neoliberalen bis zu einst anarchistischen oder linksradikalen Grünen, die staatliche Regulation prinzipiell als negativ – als bürokratisch, zentralistisch, unbeweglich. antiinnovatorisch, partriarchalisch etc. – denunzieren. Ein kritischer Juraprofessor aus Oldenburg z.B. faßte bei einer Tagung der Hans-Böckler-Stiftung über den „neuen Gesellschaftsvertrag" diesen neuen Basiskonsens mit Positionen des „Kronberger Kreises" in einem Satz zusammen: „Der Sozialstaat ist ökonomisch maßlos, ökologisch ruinös, finanziell überfordert, politisch nicht länger steuerbar, übermäßig verrechtlicht, bürokratisch 'kolonialisierend' und untergräbt die moralischen

Ressourcen, die ihn stützen" (Die Mitbestimmung, 8/1995: 58). Solche Urteile sind jedoch undifferenziert bzw. offen ideologisch. Sie entsprechen jener „Staatsfeindlichkeit" der besitzenden Eliten, die die Ausweitung der Staatstätigkeit im Bereich der Infrastruktur und der Sozialpolitik – als Ergebnis des Kampfes der sozialistischen Arbeiterbewegung seit dem späten 19. Jahrhundert – stets nur widerwillig hingenommen bzw. die politische Kräfte unterstützt haben, die – wie in Deutschland nach der Novemberrevolution 1918/1919 – auch die einfachsten demokratischen Errungenschaften der Revolution (wie die parlamentarische Republik und den Acht-Stunden-Tag) revidieren wollten.

Neuerdings korrespondiert der Antietatismus auch der Interessenlage jener Mittelschichten, die die Solidarität mit der „underclass" (dieser Block trug im wesentlichen die Reformpolitik seit den späten 60er Jahren) aufgekündigt haben, universalistische Lösungen gesellschaftlicher Probleme mehr und mehr ablehnten und statt dessen private Dienste für ihre Bildung, Gesundheits- und Alterversorgung sowie für Kultur und Sicherheit bevorzugen. Angus Madisson, der die Langzeittrends kapitalistischer Entwicklung seit dem 19. Jahrhundert untersucht hat, vermag zum einen die gewaltige Steigerung des Anteils der Staatsausgaben an der gesamtwirtschaftlichen Wertschöpfung (von 11,7 % im Jahre 1913 auf 46,0 % im Jahre 1987 in den sechs fortgeschrittensten, kapitalistischen Staaten) zu zeigen. Auf der anderen Seite ist der Prozeß der „Zivilisierung" des Kapitalismus unmittelbar mit der Ausweitung der Staatstätigkeit – z.B. im Bildungs-, Gesundheits- und Infrastrukturbereich – verbunden. „Die Wirkung einer erweiterten Staatstätigkeit hat darin bestanden, die Armut zu reduzieren, mehr Chancengleichheit zu ermöglichen und die Unsicherheit und Ungewißheit zu vermindern, die mit Alter und Krankheit verbunden sind. Sie hat auch die negativen Folgen der Rezessionen für die Arbeitslosen vermindert und ein gewisses Maß von Stabilität für die Wirtschaft geschaffen" (Maddison 1991: 78).

Staatliche Interventionen sind jedoch heute mehr denn je gefordert, um den allgemeinen gesellschaftlichen Reproduktionserfordernissen gerecht zu werden (und auch dort, wo lauthals „weniger Staat" eingeklagt wurde – wie unter Reagan in den USA und Thatcher in Großbritannien –, sind die Staatsausgaben sogar noch angewachsen!). Sie sind gerade da von etatistisch-bürokratischer Natur, wo sie dazu dienen, die

Kosten der neoliberalen „Konterrevolution“ (gegen den Keynesianismus) aufzufangen: als „Reform“ von Arbeitslosengeld und Sozialhilfe, die diese ständig mit restriktiveren Auflagen für die Betroffenen belegt, als „Law-und-Order“-Kosten für die Ausweitung der Polizei und anderer Sicherheitsdienste oder als Kosten des Militärs, das es – nach dem Ende des Ost-West-Gegensatzes – schnell verstanden hat, die für seine (und der Rüstungsindustrien) Bestandssicherung bedrohliche Debatte über die „Friedensdividende“ auf neue Bedrohungsszenarien umzulenken.

Die politische und gewerkschaftliche Linke hat den Staatsinterventionismus niemals ausschließlich unter dem Gesichtspunkt seiner technokratischen Effizienz befürwortet, sondern im Gegenteil den technokratischen Staat als eine Entwicklungsform des kapitalistischer Staatlichkeit kritisiert. Ralph Miliband hat in seiner klassischen Arbeit „Der Staat in der kapitalistischen Gesellschaft“ (1969) – die Auffassung begründet, daß Klassengesellschaften „...der Staat in erster Linie und ganz unvermeidlich der Hüter und Beschützer der ökonomischen Interessen (ist), die in ihnen vorherrschen. Sein ‘realer’ Zweck und seine Mission ist es, ihre fortgesetzte Vorherrschaft zu sichern, nicht sie zu verhindern“. Danach hebt er die Bedeutung der ‘bürgerlichen Freiheiten’ für die „sozialistische Kritik“ hervor: Deren „Angelpunkt ... ist nicht (oder sollte nicht sein), daß sie bedeutungslos sind, sondern daß sie zutiefst inadäquat sind und ausgeweitet werden müssen durch die radikale Transformation des ökonomischen, sozialen und politischen Kontextes, der sie zur Inadäquatheit und Aushöhlung verdammt“ (Miliband 1975: 351/2)[8].

8) Leo Panitch (1994: 87) erinnert an diese Position von Miliband und kritisiert die sozialdemokratische Position (und Illusion) einer „progressive competitive alternative“ zum globalisierten Kapitalismus (also die Position, den „Sachzwang Weltmarkt“ zu akzeptieren und innerhalb dieses Rahmens – durch Kooperation mit den „fortschrittlichen“ Fraktionen der Wirtschaft – nach „fortschrittlichen“ Lösungen zu suchen): „Those who advance the nebulous case for an ‘international civil society’ to match the ‘nebulous’ that is global capitalist governance usually fail to appreciate that capitalism has not escaped the state but rather that the state has, as always, been a fundamental constitutive element in the very process of extension of capitalism in our time ... It is necessary to try to reorient strategic discussion of the Left towards the transformation of the state rather than towards transcending the state or trying to fashion a progressive competitive state“ (87).

Vergesellschaftung der Politik bedeutet nicht allein eine Option für politische Partizipation und einen demokratischen Staatsaufbau (mit föderalen und basisdemokratischen Elementen). Sie schließt zudem – gesetzlich gesicherte – soziale Mindeststandards ein, die als Grundbedingung einer, auf die Entwicklungschancen der Individuen bezogenen, egalitären Gesellschaft angesehen werden. Dazu kommt, daß sich die Linke, gerade aufgrund des Wissens um den zentralistisch bürokratischen Herrschaftscharakter von Staatsleistungen, stets für die Demokratisierung der Institutionen – der privaten Unternehmen wie der Staatsapparate selbst – eingesetzt hat. Dieser Implus scheint heute – nach den partiellen Erfolgen politischer und sozialer Bewegungen Ende der 60er/Anfang der 70er Jahre – weitgehend erlahmt und diskreditiert. Dennoch wird (und muß) auch in der Zukunft die Forderung nach einer Demokratisierung der Staatstätigkeit (bezogen auf die gesellschaftlichen Zwecke der Intervention) sowie der staatlichen Institutionen (bezogen auf deren demokratische Struktur: Transparenz von Entscheidung, Partizipationsrechte von Beschäftigten und Betroffenen) zentraler Programmpunkt linker Politik sein, in dem sich konkrete Interessenvertretung der 'Subalternen' mit der langfristigen Perspektive einer „Zurücknahme des Staates in die Gesellschaft" bzw. einer „Vergesellschaftung des Politischen" verbindet. Auf die Gegenwart bezogen bedeutet dies nicht allein, den Antietatismus, der zusammen mit dem „Sachzwang-Weltmarkt"-Argument den mächtigsten ideologischen Stützpfeiler der neoliberalen Hegemonie bildet, infragezustellen, sondern für einen Typus staatlicher Intervention im Bereich u.a. der Beschäftigungs- und Ökologiepolitik, der Wissenschafts- und Kulturpolitik einzutreten, der – über Ressourcenmobilisierung und allgemeine Verfahrensregeln – Handlungskorridore für autonome gesellschaftliche Initiativen öffnet.

Die Zukunft der Arbeit

Schließlich steht am Ende des 20. Jahrhunderts die Frage nach einer Neubewertung von Arbeit auf der Tagesordnung der Politik. Die gewaltigen Produktivitätszuwächse, die aufgrund der „informationellen Revolution" sowie aufgrund arbeitsorganisatorischer Rationalisierung erzielt werden, führen dazu, daß ein ständig wachsender Teil der arbeitsfähigen Bevölkerung aus dem System der Erwerbsarbeit ausgegrenzt wird. Die Prinzipien der Exklusion und des Dualismus, von denen Alain Touraine spricht, haben gerade hier ihren Grund. Der „neue Gesellschaftsvertrag", der der Zuspitzung solcher Marginalisierungstendenzen entgegenzuwirken hätte, wäre so die Antwort der „Gesellschaft" (im Resultat von Kämpfen und als Artikulation von Kräftekonstellationen in der Gesellschaft) auf die Entgrenzung der Marktprozesse, genauer: der Kapitalakkumulation. Diese Antwort kann, wie im vorangehenden Kapitel zu zeigen war, die rechtliche und institutionelle Form komplexer Regelungssysteme – von der betrieblichen über die nationale bis zur transnationalen Ebene – annehmen.

Diese Intervention, die darauf gerichtet ist, die produktiven Vergesellschaftungsspotentiale der „neuen Betriebsweise" freizusetzen, differenziert sich wesentlich in drei Gestaltungsbereiche aus:

Erstens verlangt die „neue Betriebsweise" neue Formen der enthierarchisierten und flexiblen Arbeitsorganisation, die die Potentiale der individuellen Qualifikation und Kreativität ebenso zu nutzen vermag wie die der nicht-hierarchischen Kooperation. Die „neue Betriebsweise" ermöglicht (objektiv) zum ersten Mal in der Geschichte der industriekapitalistischen Zivilisation im Kernbereich der materiellen Produktion die Befreiung der Arbeit vom „Naturzwang" der schweren und monotonen körperlichen Arbeit – „in einem Wort, die Entwicklung des gesellschaftlichen Individuums, das als der große Grundpfeiler der Produktion und des Reichtums erscheint" (Marx 1953: 592/3). Damit werden auch neue Formen der Produzentendemokratie möglich, die über die traditionellen Partizipations- und Mitbestimmungskonzepte der Gewerkschaften insofern hinausgehen, als sie die Arbeitsorganisation und letztlich auch den Zweck der Produktion und damit auch die Gebrauchswerteigenschaften der Produkte zum Gegenstand haben könnte (z.B im Kontext einer Ökologisierung der Produktion wie der Produkte).

Zweitens werden – auch unter Effizienzgesichtspunkten – durch die „neue Betriebsweise" neue Arbeitszeitregime möglich und notwendig. Diese werden sich nicht allein auf die Verkürzung der Wochen- bzw. der Lebensarbeitszeit beschränken müssen. Eine solche Beschränkung (im Sinne von „Not-Lösungen") ist nur dann erforderlich, wenn in der harten Auseinandersetzung zwischen Kapital und Arbeit für den schwächeren Teil, nämlich für die Lohnabhängigen, Arbeitzeitverkürzung mit steigender Arbeitslosigkeit, geringerem Einkommen und sozialem Schutz und der Präkarisierung der Arbeit („bad jobs") verbunden ist. Sobald freilich solche – über den Betrieb hinausgreifende – gesellschaftliche Sicherungen vorhanden sind, kann auch der Rahmen für die Flexibilisierung von Arbeitszeiten – unter Berücksichtigung individueller und partikularer Arbeitszeitinteressen – sehr viel weiter gespannt werden[9].

Daraus folgt schon eine *dritte* Gestaltungsaufgabe. Sie wird durch die Frage definiert, wie die aus den gewaltigen Produktivitätssteigerungen im Kernbereich der materiellen Produktion hervorgehende „Freisetzung" von Arbeitskraft (Schaffung von „disposable time") – über die Arbeitszeitverkürzung hinaus gesellschaftlich „verarbeitet" wird. Diese Fragestellung führt natürlich auch zum Verhältnis von Markt und Staat/Politik als Steuerungsprinzipien sozialökonomischer Prozesse – allgemeiner: von Vergesellschaftung – zurück. Sofern die Regulation dieser Produktivitätsgewinne den Steuerungsprinzipien des Marktes (der Tauschwert- und der Profitproduktion) überlassen bleibt, erzeugen diese über die ständig zunehmende Außerwertsetzung von Arbeitsvermögen – über Arbeitslosigkeit sowie über die „Schattenökonomie" – einen gewaltigen Ballast für die Gesellschaft, dessen Bewältigung stets höhere unproduktive Kosten verursacht. Die eher optimistischen Thesen im Anschluß an frühe Prognosen von Jean Fourastié über den Übergang von der industriellen zur tertiären Dienstleistungsökonomie schei-

9) Die neuere (neoliberale) Individualisierungsideologie, die allerdings auch in den Gewerkschaften immer mehr an Einfluß gewinnt, argumentiert freilich in eine andere Richtung. Da die Individualisierung schon längst die reale Existenz- und Reproduktionsweise sei (kollektive Vergesellschaftung und kollektive Interessenwahrnehmung, die auf dem Interessengegensatz von Kapital und Arbeit beruht, längst Vergangenheit sei), werden nun Lösungen konzipiert, um – jenseits des kollektiven Arbeitsrechtes – individuelle Arbeitnehmerrechte als Freiheitsrechte zu sichern bzw. neu einzuführen. Diese emphatische Absage an gesellschaftliche Lösungen (die natürlich letztlich auf der Verabschiedung von einem kritischen Begriff des kapitalistischen Vergesellschaftungsprozesses beruht) führt freilich dazu, daß das gesamte Feld der politischen Gestaltung der gesellschaftlichen Umfeldbedingungen der „neuen Betriebsweise" – als zentrale gesellschafts- und reformpolitische Aufgabe der Gewerkschaften – weitgehend ignoriert wird (vgl. dazu exemplarisch Matthies u.a. 1994).

nen sich auf den Arbeitsmärkten nur partiell und höchst widersprüchlich zu bestätigen (Zinn 1993). Der Verlust von industriellen „Normalarbeitsplätzen" wird – auch im Hinblick auf das Nachfragepotential der Einkommen – nur unzureichend kompensiert. Stattdessen nimmt die Zahl der „bad jobs" mit unzureichendem sozialen Schutz und geringer Bezahlung zu.

Die Gestaltung des gesellschaftlichen Umfeldes der „neuen Betriebsweise" steht daher vor der Aufgabe, dieser Dualisierungstendenz entgegenzuwirken. Beschäftigungspolitik, die wesentlich weniger gesellschaftliche Kosten in Anspruch nähme als diejenigen der Massenarbeitslosigkeit und der Armut, hätte sich demzufolge darauf zu konzentrieren, qualifizierte Tätigkeiten im Dienstleistungssektor – vor allem zur Befriedigung jenes wachsenden Bedarfes, der in den Bereichen der Ökologie, der Gesundheit und des Alters, der Bildung, Weiterbildung und Kultur besteht – abzusichern und neue, qualifizierte Tätigkeiten zu erschließen. Auch hier gilt, daß eine solche Politik keineswegs dem starren Muster zentralstaatlich hierarchisierter Ressourcenmobilisierung und -zuteilung (schon gar nicht der exakten Vorgabe der inhaltlichen Ausgestaltung dieser Tätigkeiten) folgen muß. Allerdings werden die politischen und sozialen Auseinandersetzungen auf der zentralstaatlichen Ebene einen „Machtwechsel" zu Lasten des neoliberalen „Blocks an der Macht" herbeiführen müssen, als *eine* politische Voraussetzung für einen Prioritätenwechsel bei den wirtschafts- und gesellschaftspolitischen Schwerpunktsetzungen.

Ein neuer Zyklus sozialer Auseinandersetzungen

Die hier angesprochenen Themen bezeichnen selbstverständlich nicht alle Handlungsfelder, die für die Politik am Übergang ins 21. Jahrhundert von Bedeutung sind. Gleichwohl umschreiben sie doch den Rahmen der Auseinandersetzungen, die angesichts der Widersprüche der herrschenden globalen Ordnung zu erwarten sind – ohne daß wir über deren Verlauf und Ergebnisse im 21. Jahrhundert gesicherte Aussagen machen könnten. Diese Offenheit der geschichtlichen Konstellation ist nicht allein darin begründet, daß die hier skizzierten Problem- und Handlungsfelder der Politik jeweils verschiedene Optionen und Lösungsvarianten zulassen. Zum anderen läßt sich nicht voraussagen, ob und wie solche Lösungen durch Kriege und andere Formen der politischen Gewalt oder auch durch den – von einigen Beobachtern befürchteten – „Zusammenprall der Kulturen“ (bzw. der westlichen „Zivilgesellschaften“ mit dem orientalischen „Fundamentalismus“) verhindert, beschleunigt oder überformt werden. Zivilgesellschaftliche, politische Lösungen gesellschaftlicher Probleme würden so gewaltsam blockiert und verschoben, um später um so explosiver an die Oberfläche der Politik zu treten. Darin wird freilich schon deutlich, welch hohe Bedeutung auch in der Zukunft innen- und außenpolitisch einer Politik der Friedenssicherung zukommt, die sich dem neudeutschen „Elitennationalismus“ und „Bellizismus“ und seiner Forderung nach der Anerkennung des Primats einer machtorientierten Außenpolitik entschieden widersetzt (Deppe 1996e).

Die Agenda der Politik am Übergang ins 21. Jahrhundert greift freilich weit über die hier nur grob skizzierten Themenbereiche hinaus. Die Lösungen, die schließlich im Ergebnis politischer, sozialer und ideologischer Auseinandersetzungen gefunden werden, berühren zunächst einmal die gesellschaftlichen Strukturen sowie die Qualität der Vergesellschaftungsprozesse selbst. Es geht dabei nicht allein um Konflikte, die mit der Polarisierung der Einkommens- und Lebensverhältnisse – im Innern der entwickelten Metropolen des Kapitals als auch in den globalen Dimensionen – verbunden sind. Vielmehr wird dabei auch entschieden, welche Rolle sozialstaatliche und andere gesellschaftliche Interventionen sowohl im Hinblick auf die Modifizierung dieser Polarisierung als auch im Hinblick auf die Ausbildung von solidarischen Werteorientierungen und deren institutionelle Sicherungen in einer Gesellschaft zukommt, in der sich kollektive Sozialisations- und Verhaltensprägungen auflösen und zugunsten individualistischer Lebensstile und -optionen zurücktreten.

In der ersten Hälfte des Jahrhunderts haben die Vertreter des wirtschaftlichen und politischen Liberalismus sowohl die Erfolge des Sozialismus als auch den Faschismus (als die terroristisch-staatliche Reaktion auf den Sozialismus) und schließlich später den keynesianischen Wohlfahrtsstaat des Fordismus als Sieg des „Kollektivismus“ über das Prinzip der individuellen Freiheit interpretiert (Cockett 1994: 6). Im letzten Viertel des 20. Jahrhunderts mußten die Niederlagen des Sozialismus und die Krise des Keynesianismus – zumindest propagandistisch – als Sieg des Liberalismus und des Individualismus über den „Kollektivismus" begriffen werden. Wenn die Geschichte nicht zu ihrem Ende gekommen ist und wenn der Zyklus dieser Auseinandersetzungen, der seit der Verallgemeinerung der kapitalistischen Produktionsweise – in historisch je konkreten und verschiedenen Formen – wirkt, nicht außer Kraft gesetzt sein sollte, dann steht am Übergang ins neue Jahrhundert nicht allein die Reparatur der materiellen und moralischen Schäden auf der Tagesordnung, die durch die Wachstumszwänge der industriekapitalistischen Zivilisation, durch das System des Eigennutzes, der Konkurrenz und des verantwortungslosen Individualismus angerichtet wurden. Letztlich wird sich dabei wieder die Frage nach den gesellschaftlichen Strukturen und auch nach den politischen Institutionen stellen, in denen die Assoziation der freien Individuen überhaupt möglich ist.

5. Überlegungen zur Geschichte und Zukunft des Sozialismus[1]

Zum Schluß soll die Frage diskutiert werden, ob der Sozialismus überhaupt noch eine Zukunft habe. Das Fragezeichen wird auch am Ende stehenbleiben. Es handelt sich demnach um eine offene Debatte, die nicht mit geschichtsphilosophischen „Gewißheiten" bzw. mit absoluten Wahrheiten „aufgeladen" werden soll. Gleichwohl enthalten die Formulierung dieser Frage sowie die Bereitschaft, über sie zu diskutieren, schon eine politische Option; denn nach heute *herrschender Meinung* ist die Frage längst und endgültig beantwortet. Der Sozialismus hat keine Zukunft; er ist nur noch von historischem Interesse!

Sozialismus – Stoff für Historiker?

Nach 1989, nach dem Zusammenbruch des „Realsozialismus" und dem Ende der Sowjetunion – aber auch nach der tiefen Krise des Sozialismus in der Dritten Welt und in den Metropolen des Kapitals (Prozesse, die schon schon lange vor 1989 begonnen haben) – hat sich als herrschende Meinung durchgesetzt: der Sozialismus ist tot! Er ist nur noch – so Joachim Fest (1991: 13) – Stoff für Historiker. Der Marxismus kehrt nach blutigen Ausflügen in die Realität wieder ins British Museum zurück. Francis Fukuyama hat vom „Ende der Geschichte" gesprochen. Am Ende des 20. Jahrhunderts hat der ökonomische und politische Liberalismus, d.h. Kapitalismus und Demokratie, alle Herausforderungen, die ihm im 20. Jahrhundert in Gestalt eines autoritären Kollektivismus und Etatismus – sowohl des Faschismus als auch des Sozialismus/Kommunismus – entgegentraten, siegreich überstanden. Es gibt – so die Botschaft – keine „lebensfähigen" oder wünschenswerten

1) Dieses Kapitel beruht auf dem Manuskript für einen Vortrag, den ich am 26. Juni 1996 in Tübingen – im Rahmen einer Vortragsreihe zu dem Thema „Orientierung in Widersprüchen" – gehalten habe.

Alternativen zur kapitalistischen Marktwirtschaft (Effizienz/Wohlstand) sowie zur Demokratie (Schutz der Menschenrechte, Partizipation der Bürger, politische Öffentlichkeit).

Allerdings sind solche Prognosen, die unmittelbar nach der welthistorischen Wende von 1989/90 verkündet wurden, inzwischen schon wieder einer Ernüchterung bzw. einer eher depressiven Stimmung gewichen. Ulrich Beck (1993) hat diesen Stimmungswandel mit dem Begriff der „Siegkrise", in die der Kapitalismus seit Anfang der 90er Jahre „hingeschlittert" oder auch hineingetaumelt sei, umschrieben. Joachim Hirsch (1995: 183) formuliert diese Paradoxie so: „Mit seiner weltweiten Durchsetzung scheint der Kapitalismus alternativlos geworden zu sein. Und gleichzeitig wird immer deutlicher, daß diese Produktions- und Vergesellschaftungsweise ein globales Katastrophenprogramm beinhaltet, ökologisch, sozial und politisch. Paradoxerweise ist es gerade sein 1989 besiegelter 'Sieg', der die Frage nach gesellschaftlichen Alternativen erneut und noch drängender auf die historische Tagesordnung gesetzt hat".

Die meisten linken Theoretiker, die sich noch nicht von der Marxschen Kritik des Kapitalismus verabschiedet haben, sind sich jedoch darin einig, daß ein alternatives gesellschaftliches und politisches Projekt in der Tradition eines sozialistischen Fortschritts- und Geschichtsoptimismus „abhanden gekommen", nicht in Sicht sei. „Sozialismus oder Barbarei" (diese Formel, die Rosa Luxemburg am Ende des Ersten Weltkrieges, inmitten der Novemberrevolution, formuliert hatte) wird heute von einigen Intellektuellen als „reale Alternative" bezeichnet (so vor allem Kuczynski 1996) – allerdings mit dem Zusatz, daß das Programm und die Ziele des Sozialismus, die Frage nach seinen Trägern (Subjekten) weitgehend offen bzw. unbeantwortet bleiben müssen.

Der junge Marx wußte wohl, daß die Theorie (und das heißt: die Arbeit der kritischen Intellektuellen), nur dann wirksam werden kann, nur dann „zur materiellen Gewalt (wird), sobald sie die Massen ergreift". Aber er war doch auch davon überzeugt, daß „man diese versteinerten Verhältnisse dadurch zum Tanzen zwingen (muß und kann), daß man ihnen ihre eigene Melodie vorsingt". Heute fehlt auch den meisten sozialistischen Intellektuellen der Glaube an eine solche Kraft der kritischen Theorie. Bitter konstatieren sie die Wahrheit des Marxschen Satzes: „Es genügt nicht,. daß der Gedanke zur Wirklichkeit drängt, die Wirklichkeit muß sich selbst zum Gedanken drängen" (MEW 1: 386).

Zugleich herrscht auch Skepsis vor, ob die im Grunde genommen einfachen oder bescheidenen Ziele, die der Sozialismus verfolgt, von den Massen überhaupt angenommen werden. Vor etwa einem Jahrzehnt hatte Ernest Mandel (1985: 147) in einem Aufsatz mit dem Titel „Die Aktualität des Sozialismus" diese einfachen bzw. „bescheidenen" Ziele folgendermaßen zusammengefaßt: „Sozialismus bedeutet weder ein Paradies auf Erden ... noch die Herstellung einer perfekten Harmonie zwischen dem Individuum und der Gesellschaft oder zwischen den Menschen und der Natur. Er bedeutet auch weder das 'Ende der Geschichte' noch das Ende von Widersprüchen, die die menschliche Existenz charakterisieren. Die Ziele, die von den Anhängern des Sozialismus verfolgt werden, sind ziemlich bescheiden: nämlich sechs oder sieben Widersprüche aufzuheben, die seit Jahrhunderten menschliches Leiden im Massenmaßstab hervorgerufen haben. Die Ausbeutung und Unterdrückung des Menschen durch den Menschen, Kriege und Gewalt zwischen den Menschen sollen ein Ende haben. Hunger und Ungleichheit müssen für immer beseitigt werden. Die institutionalisierte und systematische Diskriminierung von Frauen und von Rassen, von ethnischen Gruppen und nationalen oder religiösen Minderheiten, die als 'inferior' betrachtet werden, muß beendet werden. Es darf keine wirtschaftlichen und ökologischen Krisen mehr geben".

Perry Anderson (1993: 143) – einer der international bedeutendsten Marxisten aus Großbritannnien, Mitherausgeber der Zeitschrift „New Left Review", der heute in Kalifornien lehrt – hat in seiner kritischen Auseinandersetzung mit den Thesen vom Francis Fukuyama über „Das Ende der Geschichte" sehr nüchtern von den starken Zweifeln gesprochen, denen das sozialistischen Projekt – durch die Entwertung seiner Geschichte und seiner Ziele – heute ausgesetzt ist. „Gleichheit, die nach dem zweiten Weltkrieg immerhin eine rhetorische Rolle im öffentlichen Leben spielte, auch wenn sie in Wirklichkeit radikal abgewehrt wurde, gilt derzeit weder als möglich noch als wünschenswert. Ja, für den gesunden Menschenverstand unserer Tage sind alle Ideen, die einstmals den Glauben an den Sozialismus ausmachten, bloß noch tote Hunde. Das Zeitalter der Massenproduktion ist von einer Nach-Fordschen

Ära abgelöst worden. Die Arbeiterklasse gilt als verblassende Erinnerung an die Vergangenheit, Kollektiveigentum als Garantie für Tyrannei und Ineffizienz; substantielle Gleichheit als unvereinbar mit Freiheit oder Produktivität".

Ein kurzer Blick auf die Geschichte des Sozialismus

Sozialismus war (und ist) das radikale Programm zur Verwirklichung der Menschenrechte im Gefolge a) der Entstehung der industriekapitalistischen Klassengesellschaft (zuerst in England), b) der Französischen Revolution von 1789, die Freiheit, Gleichheit und Brüderlichkeit/Solidarität proklamierte. Erst im 20. Jahrhundert, nach der Oktoberrevolution von 1917, verbindet sich das sozialistische Programm mit den Befreiungsbewegungen gegen koloniale und imperialistische Abhängigkeit und Ausbeutung in der sog. Peripherie bzw. der „Dritten Welt".

Die sozialistische Bewegung war (in Europa) Klassenbewegung – getragen von (relevanten Teilen) der industriellen Arbeiterklasse, für die die Verwirklichung von Freiheit soziale Gleichheit bzw. Chancengleichheit und die Ausweitung der Demokratie bedeutete. Die Kraft des Sozialismus erwuchs jedoch nicht aus der Idee bzw. aus der Programmatik, sondern aus der Verbindung des Emanzipationsgedanken (der Utopie der klassenlosen Gesellschaft) mit der Praxis der Arbeiterbewegung. Diese erschöpfte sich niemals in der Tätigkeit der Partei und/oder der Gewerkschaften. Sie war zugleich über die Genossenschaften und die Kulturorganisationen im Alltag, in der Lebenswelt der arbeitenden Menschen, ihrer Familien und ihrer Kommunen verwurzelt.

Das 19. Jahrhundert – so läßt sich sehr grob resümieren – war die „Inkubationszeit" des Sozialismus, die Zeit der Experimente (vom Frühsozialismus bis zur Pariser Kommune), der Anfänge der Organisationsbildung und natürlich die Inkubationszeit der Programme, Ideen und Theorien. Es war das Jahrhundert der praktischen Bewegungen und Erfahrungen – von den frühsozialistischen Exprimenten, der Chartistenbewegung in England, den französischen Revolutionen von 1830 bis zur Pariser Kommune, der Gründung erster Parteien und Gewerkschaften, wobei bis zum Ende des Jahrhunderts die deutsche Sozialdemokratie, die den Kampf gegen politische Repression („Sozialistengesetz“) erfolgreich überstanden hatte, vielen als Vorbild bzw. als Modell galt. Zugleich war das 19. Jahrhundert das Laboratorium der sozialistischen Ideen und Theorien – Frühsozialismus mit verschiedenen Strömungen, der Blanquismus in Frankreich, der Reformsozialismus, der Anarchismus (mit verschiedenen Zweigen und Theoretikern) und schließlich das theoretische Werk von Karl Marx und Friedrich Engels. Erst durch die 1889 in Paris gegründete II. Internationale – und dabei insbesondere durch den Einfluß der deutschen Sozialdemokratie unter Bebel und Liebknecht sowie über die Anerkennung des führenden marxistischen Theoretikers der II. Internationale, Karl Kautsky – wurde der Marxismus zur Leitideologie eines großen Teils – zeitweilig einer Mehrheit – der europäischen Arbeiterbewegung.

Das 20. Jahrhundert, das „Jahrhundert der Extreme“ (Eric Hobsbawm), wird vor dem Hintergrund der Krisen des Kapitalismus und des Liberalismus, zum Jahrhundert des *praktischen* Sozialismus. Dabei sind drei „Ströme“ zu unterscheiden:

– *Erstens* wurde in der Sowjetunion nach 1917 versucht, mit extremer Gewaltanwendung eine nichtkapitalistische Gesellschaft aufzubauen. Nach dem Sieg über den deutschen Faschismus (1945) weitete sich das „System der sozialistischen Staaten“ in Osteuropa sowie in der Dritten Welt aus.

Eric Hobsbawm hat im Jahre 1990 einen Artikel mit dem Titel „Good bye to all that?“ für die Zeitschrift „Marxism Today“ verfaßt. Darin geht er der Frage nach, wie denn der Zusammenbruch der Sowjetunion im Lichte der geschichtlichen Erfahrungen des Ersten Weltkrieges und der Zwischenkriegsperiode zu bewerten sei. „Wie konnte es kommen, daß die Angst oder die Hoffnung, die mit dem Oktober 1917 verbunden war, die Weltgeschichte so lange beherrschte, und zwar so tiefgreifend, daß nicht einmal der härteste kalte Krieger den plötzlichen Zusammenbruch von 1989, der faktisch auf keinerlei Widerstand gestoßen ist, auch nur ansatzweise vorausgesagt hat. Es ist unmöglich, die ganze Geschichte unserer Jahrhunderts zu verstehen, wenn wir uns nicht daran erinnern, daß die alte Welt des globalen Kapitalismus und der bürgerlichen Gesellschaft in ihrer liberalen Version 1914 zu Bruch gegangen war und daß der Kapitalismus in den nachfolgenden 40 Jahren von einer Katastrophe in die andere schlitterte. Selbst die konservativen Intellektuellen hätten damals keinen Dukaten mehr auf sein Überleben gewettet. Ein knapper Verweis auf die Erschütterungen der jüngsten Geschichte soll ausreichen: zwei Weltkriege, jeweils gefolgt von einer Welle von Revolutionen auf dem ganzen Globus, die auf breiter Linie überkommene politische Regime hinwegfegten und kommunistische Gruppierungen ans Ruder brachten: zunächst auf einem Sechstel der Erde und später für über ein Drittel der Menschheit; hinzu kommt die Auflösung der großen Kolonialreiche, die vor und während der imperialistischen Ära errichtet wurden. Die Weltwirtschaftskrise zwang auch die stärksten kapitalistischen Wirtschaften in die Knie, während die UdSSR davon anscheinend verschont blieb. Zwischen 1922 und 1945, als der Faschismus sich durchsetzte und seine autoritären Satellitenbewegungen und -regime installiert wurden, verschwanden praktisch überall die Institutionen der liberalen Demokratie – von Randbereichen in Europa angesehen. Ohne die Opfer der UdSSR und ihrer Völker hätte der liberale Kapitalismus wahrscheinlich vor dem Faschismus kapituliert und die heutige westliche Welt bestünde wohl aus den isolierten USA und einem Satz unterschiedlicher Ausgaben faschistischer und autoritärer Regime ... Vielleicht gehört es zur Ironie der Geschichte, daß das dauerhafteste Resultat der Oktoberrevolution darin besteht, daß die 'fortgeschrittene westliche Welt' erneut für die 'bürgerliche Demokratie' sicher gemacht wurde ..." (Hobsbawm 1991: 24).

– Für die antikolonialen und antiimperialistischen Befreiungsbewegungen in den ehemaligen Kolonien und Halbkolonien wurde der Sozialismus *zweitens* nicht nur Programm der Emanzipation, sondern auch der eigenständigen Entwicklung. Vom ersten Weltkrieg und der russischen Oktoberrevolution gingen wesentliche Anstöße für die erste Welle der antikolonialen Bewegungen aus. Im zweiten Weltkrieg waren es vor allem in Asien (China, Indochina, Malaysia, Korea) marxistisch-leninistisch orientierte Bewegungen, die den Kampf nicht allein gegen die alten Kolonialmächte, sondern vor allem gegen die japanische Besetzung organisierten. In der Periode des Kalten Krieges wurde die Rückendeckung durch die „realsozialistischen Staaten" Osteuropas als Vorteil sowie als politische und ökonomische Bedingung für die eigenständige Entwicklung anerkannt. In den frühen 70er Jahren erreichten die antiimperialistischen Befreiungsbewegungen mit dem Sieg des Vietcong über die USA, mit den Erfolgen antikolonialer (sozialistisch orientierter) Bewegungen in Afrika sowie mit dem wachsenden Einfluß linker und sozialrevolutionärer Kräfte in Mittel- und Südamerika, wo das „Vorbild" der kubanischen Revolution ausstrahlte, ihren Höhepunkt.

– *Drittens* war der „Metropolensozialismus" in den entwickelten kapitalistischen Staaten mit einem starken Einfluß des Reformismus, also der Sozialdemokratie und der Gewerkschaften, verbunden (z.B. das „rote Wien" der Zwischenkriegsperiode, dann das schwedische „Volksheim" der Nachkriegszeit als Modell des sozialdemokratischen Staates). Soweit dieses Modell erfolgreich und (in der Golden-Age-Periode des Nachkriegskapitalismus) von Dauer war (auch in seiner Ausstrahlung gegenüber dem „Realsozialismus), beruhte es auf einem „fordistischen Klassenkompromiß". Auch dort, wo sich im Westen nach 1945 starke kommunistische Parteien etablierten (z.B. in Frankreich und Italien), wurde die antikapitalistische Perspektive – zumindest seit den 60er Jahren – nicht mehr nach dem Vorbild des russischen „Oktoberaufstandes", sondern als eine Art „Stellungskrieg" (im Sinne Gramscis) um ökonomische und soziale Strukturreformen, um parlamentarische Mehrheiten und politische Bündnisse sowie um kulturelle Hegemonie begriffen.

Der Niedergang bzw. die Krise dieser „drei Ströme" des Sozialismus im 20. Jahrhundert setzte deutlich vor 1989 ein. Erreichte der Sozialismus weltweit im dritten Viertel des 20. Jahrhunderts seinen größten Einfluß, so markiert dessen letztes Viertel eine Periode der tiefgreifenden Krise sozialistischer Theorie und Politik. Die siebziger Jahre sind hier als Wendepunkt entscheidend. Die Sowjetunion und die ihr verbündeten Staaten erreichten den Höhepunkt ihres weltpolitischen Einflusses, erfreuten sich einer gewissen ökonomischen und innenpolitischen Stabilität. Zugleich beginnt – vor allem in der Ökonomie – die Zeit der Stagnation und der blockierten Modernisierung im Zeichen der mikroelektronischen Revolution. Der „Realsozialismus" – so die These von Therborn (1992) – scheiterte auch daran, daß er keine Antworten auf die Probleme des Übergangs zu einer postindustiellen Epoche geben konnte. „Das 'Ende des Sozialismus', das durch den Fall der Berliner Mauer und die Implosion der UdSSR symbolisiert wird, kann nicht nur auf politische Prozesse zurückgeführt werden, sondern im eigentlichen Kern auf die stürmische Veränderung der Produktionsweise, von der Marx annahm, daß sie zum unvermeidlichen Totengräber des Kapitalismus werden würde" (Ingrao/Rossanda 1996: 36). Die etatistisch-bürokratischen Produktionsverhältnisse wurden zur Fessel für eine weitere Entwicklung der Produktivkräfte, nicht nur der Technologie und der Wissenschaft, sondern der „Humanressourcen", die immer wieder durch das politische Regime erstickt wurden.

In der Dritten Welt erringen sozialistische Bewegungen in den 70er Jahren große Siege. Gleichzeitig werden Sozialismus und Demokratie in Lateinamerika durch Militärdiktaturen zusammengeknüppelt. In Afrika verstärkt sich gegen Ende der 70er Jahre die Stagnation und in Asien beginnt das Modell der nachholenden kapitalistischen Industrialisierung der „kleinen Tiger" (Südkorea, Taiwan, Singapur, Hongkong) seine Wirkung zu entfalten. Im islamischen Raum nimmt – vor allem seit der iranischen Revolution von 1978 – der Einfluß des Fundamentalismus zu.

In den hochentwickelten Demokratien des Westens hatte zwischen 1965 und 1975 noch einmal der Einfluß sozialistischer Kräfte – sowohl über die Jugend- und Intellektuellenbewegungen der späten 60er Jahre, als auch über den Aufschwung der Klassenkämpfe in Westeuropa seit 1968 – zugenommen. In einigen Ländern Südeuropas – Frankreich, Italien, Spanien, Portugal, Griechenland und Zypern – schien eine Perspektive sozialistischer Transformation durchaus real. Ab Mitte der 70er Jahre erlitten diese Bewegungen Rückschläge und Niederlagen. Mit dem Wahlsieg von Margret Thatcher in Großbritannien im Jahre 1978 begann der Siegeszug des Neoliberalismus. Die Gewerkschaften, die in den 70er Jahren erstarkt waren, erlitten schwere Niederlagen und gerieten in den meisten Ländern in eine Krise. Die „neuen sozialen Bewegungen" erlebten im Übergang von den 70er in die 80er Jahre eine kurze Blüteperiode. In den skandinavischen Ländern setzten sich sozialdemokratisch geführte Regierungen für einen Ausbau des Wohlfahrtsstaates sowie für Beschäftigungspolitik ein. Anfang der 90er Jahre wurde immer deutlicher, daß das sozialdemokratische Politikmodell – die Versöhnung von Kapitalismus und Wohlfahrtsstaat – ebenfalls in eine tiefe Krise geraten war (Bieling/Deppe 1997). Das „Ende des sozialdemokratischen Jahrhunderts" – so hatte es Ralf Dahrendorf schon früher formuliert – scheint sich mit der Globalisierung und der Schwächung der Nationalstaaten zu bestätigen.

Die Gründe für diese tiefgreifende Wende in der Geschichte des Sozialismus im 20. Jahrhundert können hier nicht eingehend diskutiert werden. Sie sind natürlich komplexer Natur. Das heißt: die politischen Niederlagen der Linken sind selbst noch Reflex gesellschaftlicher Tranformations- und Modernisierungsprozesse, in deren Resultat die Verankerung der sozialistischen Arbeiterbewegung in der Gesellschaft sich selbst zunehmend auflöst und erodiert. Der Übergang vom Fordismus zum Postfordismus geht mit Entindustrialisierung sowie mit einer Verminderung der Industriearbeiterschaft einher. Die neue Stufe der Transnationalisierung des Kapitals und der Vorherrschaft des Finanzkapitals („Casino-Kapitalismus") schwächt nicht alleine den Nationalstaat (und die keynesianische Politik), sondern auch die traditionellen Formen der wohlfahrtsstaatlichen und tarifpolitischen Interessenvertretung der Lohnabhängigen durch linke Parteien und Gewerkschaften. Neue Fragen und Widersprüche, die mit den Geschlechterbeziehungen und mit der „Risikogesellschaft" (Beck) verbunden sind, wurden von den „neuen sozialen Bewegungen" politisiert. Teile der traditionellen Arbeiterbewegung ignorierten die Bedeutung dieser Fragen und stärkten so den „konservativen Block" der Wohlstandschauvinisten in den reichen Kapitalmetropolen.

Die Niederlagen des Sozialismus (und seiner drei „Ströme") sind allerdings nicht nur objektiver Natur, also Konsequenz einer postfordistischen Modernisierung, auf die die Sozialisten keine überzeugenden Antworten wußten. Sie sind auch das Ergebnis einer fundamentalen Veränderung der globalen Kräfteverhältnisse der Klassen, also eines Klassenkampfes, in dem sich ein neuer „Block an der Macht" formiert hat, der auf der ideologischen Ebene die „Konterrevolution" gegen den Kollektivismus – gegen Sozialismus und Keynesianismus – ausgerufen hat. Dieser Machtblock zentriert sich um die transnationalen Konzerne und das weltweit operierende Finanz- und Spekulationskapital. Neben den traditionell antisozialistisch eingestellten Teilen der herrschenden und der Mittelklassen sind es die Schichten der Geldvermögensbesitzer, die von der neoliberalen Geldpolitik (Geldwertstabilität und hohe Zinsen), von der Massenarbeitslosigkeit, vom Abbau des Wohlfahrtsstaates und von der Deregulierung profitieren. Die Transformation vom „keynesianischen Wohlfahrtsstaat" zum „nationalen Wettbewerbsstaat" vollzieht sich auf verschiedenen Ebenen (Bieling/

Deppe 1996b): im Produktionsprozeß, bei der Reorganisation der Klassenbeziehungen, auf der Ebene des Nationalstaates und der europäischen Integration sowie auf der Ebene der internationalen Politik (Ende der Systemkonkurrenz, „Triadisierung") – und, nicht zuletzt, in den Alltagskulturen und den Köpfen der Menschen selbst. „Noch wie war so viel Kapital" (Oskar Negt).

Die Krise der Arbeiter- und Gewerkschaftsbewegung in Westeuropa

Bis zur ersten Weltwirtschaftskrise der Nachkriegszeit (1974/75) waren bereits zentrale ökonomische Stützpfeiler der Golden-Age-Periode ins Wanken geraten (Wachstumsrate, Produktivität, Profitrate und vor allem die Krise und Auflösung des Bretton-Woods-Regimes). Die politischen Auseinandersetzungen – mit einer scharfen Frontstellung der Neoliberalen gegen die Gewerkschaften und den Wohlfahrtsstaat – spitzten sich freilich erst seit Mitte der 70er Jahre zu, obwohl auch hier länderspezifische Differenzen (in bezug auf Wirtschaftswachstum, Arbeitslosigkeit, aber auch auf politische Machtveränderungen) fortbestanden. Immer mehr schoben sich wirtschafts- und gesellschaftspolitische Themen in den Vordergrund, die den Abschied von der Golden-Age-Periode – d.h. zugleich die Aufkündigung des Klassenkompromisses von Seiten der Unternehmerverbände und der mit ihnen verbundenen politischen Kräfte – markierten.

– Die Prämisse, daß kollektive Tarifvereinbarungen notwendig sind, um die Löhne gegen Inflationsdruck zu schützen und einen Anteil an den Produktivitätszuwächsen zu erlangen, wurde in Frage gestellt. Tarifverhandlungen wurden nunmehr meist durch einen Verzicht der Gewerkschaften auf frühere „Errungenschaften" bestimmt.

– Forderungen nach Lohnflexibilität begleiteten die nach Beschäftigungsflexibilität (das Recht zum „Heuern und Feuern").

– Die Vollbeschäftigungspolitik wurde zugunsten einer Politik aufgegeben, die sich auf die Steuerung des Geldmengenwachstums und die Begrenzung der Staatsschulden konzentrierte.

– Überall in den kapitalistischen Metropolen vollzog sich eine Marktöffnung, u.a. durch Privatisierung nationalisierter Industrien bzw. durch die Kürzung von Subventionen für strukturschwache Branchen (vgl. Glyn u.a., 1990:115/6).

So wird deutlich, daß die Krise der europäischen Gewerkschaften, die sich – wiederum mit länderspezifischen Differenzen (Visser 1992) – seit dem Ende der 70er Jahre ankündigte, nicht *allein* auf die disziplinierenden Wirkungen der Massenarbeitslosigkeit zurückgeführt werden kann. Vielmehr entwickelt sie sich im Kontext einer umfassenden „Form-" bzw. „Formationskrise", in der die Verfestigung struktureller Arbeitslosigkeit bzw. von dauerhafter Ausgrenzung eines wachsenden Teils der Bevölkerung aus dem Erwerbssystem nur *ein* Moment bildet. Dazu kommt – um nur die wichtigsten Tendenzen anzusprechen – die Abnahme der Industriearbeiterschaft, die fast überall die soziale und organisatorische Basis der „fordistischen Massengewerkschaften" gebildet hatte. Neue Sektoren – in den Bereichen der privaten Dienstleistungen und der Medien (Telekommunikation) – entstehen, in denen die Gewerkschaften nur schwer Fuß fassen. R. Hyman (1992: 151) unterschiedet dabei vier Momente im Prozeß der „Desaggregation der Arbeiterklasse":

1. einen Wechsel vom Kollektivismus zum Individualismus, der sich sowohl in den sinkenden gewerkschaftlichen Organisationsgraden als auch in einer reduzierten Akzeptanz von kollektiv bestimmer Politik (im allgemeinen) reflektiert;

2. eine Polarisierung innerhalb der Arbeiterklasse zwischen Zentrum und Peripherie (die auch mit einer Trennung zwischen Gewerkschaftsmitgliedern und nicht-organisierten Lohnabhängigen zusammenfallen kann);

3. ein zunehmender Partikularismus von kollektiven Identitäten und Projekten nach Unternehmen, Berufen und Branchen;

4. eine Fragmentierung innerhalb der organisierten Arbeiterklasse, die sich in Konflikten innerhalb der und zwischen den Gewerkschaften artikuliert und eine Schwächung der Autorität der nationalen Gewerkschaftsführungen und vor allem der zentralen Dachverbände nach sich zieht.

Hyman vertritt die Auffassung, daß diese Desaggregationsprozesse keineswegs zwangsläufig zu einer Auflösung von Arbeiterbewegung zum Ende des 20. Jahrhunderts führen *müsse*. Er erinnert daran, daß die Geschichte der Arbeiterbewegung seit dem 19. Jahrhundert gleichsam ein beständiger Prozeß von Desaggregation und Einheit, von Einheit und Spaltung gewesen sei. Gegenwärtig – so argumentiert er – vollzieht sich nicht eine Krise der Gewerkschaften schlechthin, sondern die Krise eines bestimmten, traditionellen Typs und einer traditionellen Programmatik der Gewerkschaften. „Die Desaggregation ist auf keinen Fall unvermeidlich" (164).

Schließlich geraten die Gewerkschaften politisch unter Druck. Der Sieg des harten Neoliberalismus – der „Neuen Rechten" (Giddens) – bedeutet zugleich die Aufkündigung des fordistischen Klassenkompromisses, d.h. jener korporatistischen Arrangements, die z.T. – im Ergebnis der Kämpfe der 70er Jahre – noch ausgebaut worden waren. Damit jedoch geriet neben den Gewerkschaften auch die Sozialdemokratie in eine Krise, die bis in die Gegenwart anhält. Allerdings muß dabei wiederum zwischen dem Norden und dem Süden Europas unterschieden werden. „In Nordeuropa verlor die Linke (in den 80er Jahren) politisch und intellektuell an Boden, während die Rechte gegen sämtliche Errungenschaften der Nachkriegszeit zur Attacke blies" (Anderson 1995: 2). In Südeuropa hingegen kamen die „Eurosozialisten" (in Frankreich, Spanien, Portugal, Griechenland, Italien) an die Macht. Nach dem Scheitern der französischen Linkskoalition Anfang der 80er Jahre paßten sich alle dem Druck des Weltmarktes (sowie der Währungspolitik der deutschen Bundesbank im Rahmen des EWS) an. Auch sozialistisch bzw. sozialdemokratisch geführte Regierungen propagierten die Modernisierung ihres Landes in der Europäischen Union und nahmen dabei hohe Arbeitslosigkeit, Staatsverschuldung, soziale Spaltungen, schließlich (z.B. in Italien und Spanien) Korruption und den Verfall demokratischer Legitimität in Kauf. Wo sozialdemokratische Parteien seit Anfang der 90er Jahre wieder Mehrheiten errangen und in die Regierung zurückkehrten (wie z.B. in Schweden oder in Griechenland), akzeptierten sie den „Sachzwang", die Politik der Flexibilisierung und Privatisierung, der Sanierung der Staatskassen durch Austerität und Sozialabbau fortzusetzen (vgl. die Länderanalysen in Bieling/Deppe 1997).

Ebbinghaus und Visser (1994: 227) haben die geradezu dramatischen bzw. existentiellen Herausforderungen, mit denen die Gewerkschaften in den Metropolen des Kapitals seit den späten 70er Jahren – verstärkt noch durch die Wirkungen der ökonomischen Globalisierung – konfrontiert werden, mit einem einprägsamen Bilde charakterisiert: „Nationale Gewerkschaften befinden sich wie auf einem Eisberg in der rauhen See, wobei die Haltemöglichkeiten zunehmend weniger werden und kaum für den Brückenschlag zur 'grenzenlosen' Solidarität reichen".

Auch die Entwicklung der Streiktätigkeit kann als Indikator für die Schwächung bzw. für die defensive Position der Gewerkschaften in den 80er Jahren herangezogen werden. Nach der Explosion der Streikaktivititäten in den 70er Jahren (Therborn 1984: 61; Therborn 1995: 311) gingen diese – vor allem in Ländern mit einem hohen Intensitätsgrad industrieller Konflikte (Großbritannien, Frankreich, Italien) – in den 80er Jahren deutlich zurück (vgl. die Länderberichte in Deppe/Weiner 1991). Außerdem war nun, von wenigen Ausnahmen abgesehen (Auseinandersetzung um die 35-Stunden-Woche in der BRD), der defensive Charakter der Konflikte bestimmend geworden; denn die meisten Konflikte in den 80er und den frühen 90er Jahren „bestanden im Widerstand gegen Arbeitsplatzverluste, gegen Arbeitsintensivierung oder gegen Reallohneinbußen" (Edwards/Hyman, 1994: 276).

Vom korporatistischen zum flexiblen Kapitalismus

Trotz der beträchtlichen Divergenzen zwischen den Organisationsstrukturen, Programmatiken und politischen Orientierungen der Gewerkschaften in den Mitgliedstaaten der EU (Deppe/Weiner 1991) sind in der Gesamtentwicklung seit den frühen 70er Jahren deutlich drei Phasen zu unterschieden. Der „kollektiven Mobilisierung" bzw. dem „Wiederaufleben des Klassenkonfliktes im Westeuropa" (Colin Crouch) der späten 60er und frühen 70er Jahre folgte eine Phase der „Konzertierung" bzw. des „Neokorporatismus" seit Mitte der 70er Jahre. Der Machtzuwachs der Gewerkschaften ermöglichte korporatistische (tripartistische) Regime auf der nationalstaatlichen und makroökonomischen Ebene. Darin wurde freilich schon den veränderten ökonomischen Rahmenbedingungen (niedrigere Wachstumsraten und Kriseneinbrüche, Inflationsdruck, steigende Arbeitslosigkeit und Staatsverschuldung) Rechnung getragen. Im Austausch gegen die Sicherung bzw. den partiellen Ausbau von sozialstaatlichen Regelungen bzw. von Partizipationsrechten der Gewerkschaften akzeptierten diese zentrale Prämissen der staatlichen „Austeritätspolitik“ sowie der Modernisierungsstrategien der Unternehmen, die von der Weltmarktkonkurrenz vorgegeben wurden. Solche Pakte zielten in der Regel auf die Begrenzung von Lohnzuwächsen, von Staatsausgaben im Sozialbereich sowie der Streiktätigkeit.

Mit solchen Arrangements wurde eine Wende zur Akzeptanz von Basisprämissen der wirtschaftspolitischen Angebotsorientierung (Abschied vom Keynesianismus) eingeleitet. Die Gewerkschaften praktizierten dabei – oftmals noch unbewußt – einen „selektiven Korporatismus“ (Esser), der sich auf die Verteidigung der Lohn- und Arbeitsplatzinteressen der Noch-Beschäftigten konzentrierte. Erst als sie in der Folge von Regierungswechseln von neokonservativen/neoliberalen Mehrheiten politisch attackiert wurden und z.T. dramatische Niederlagen hinnehmen mußten (z.B. in Italien und in Großbritannien), wurde diese Rückzugsposition erkannt. Leo Panitch (1981: 15) hatte früh auf die „Falle“ aufmerksam gemacht, in die sich gerade die militanten Gewerkschaften mit solchen Arrangements – vor allem auf dem Gebiet der Lohnpolitik – begeben hatten: „Soweit die Verteilungsaspekte *zwischen den Klassen* bei den Tarifverhandlungen im Rahmen einer korporatistischen Lohnbegrenzungspolitik zurücktreten, besteht für eine ‘sozial bewußte’ und zentralisierte Arbeiterbewegung ein zusätzlicher Druck, eine Politik zu entwickeln, die die der gesamten Arbeiterklasse zur Verfügung stehende Lohnsumme zugunsten der schlechter bezahlten Gruppen umverteilt. Dies könnte man als ‘Sozialismus in einer Klasse’ – im negativen Sinne – bezeichnen“.

Die dritte Phase – etwa ab Mitte der 80er Jahre – wird von Regini als die der „Flexibilität“ bezeichnet. Erst jetzt wird der grundlegende Wandel der strategischen Konstellation, die drastische Verschiebung der Kräftekonstellation zwischen Kapital und Arbeit zu Lasten der organisierten Lohnarbeit dominant, obwohl sich das Wirtschaftswachstum in der zweiten Hälfte der 80er Jahre – bei konstanten bzw. noch steigenden Arbeitslosenquoten – erholte und zugleich mit dem Projekt „Europäischer Binnenmarkt '92" eine positive Wachstums- und Modernisierungsperspektive vorgegeben war, die sowohl von den Unternehmerverbänden als auch von der großen Mehrheit der europäischen Gewerkschaften getragen wurde. „Im Gefolge der ökonomischen und politischen Veränderungen vollzog sich eine Verschiebung im Gravitationszentrum des ökonomischen Systems und der Arbeitsbeziehungen, die Veränderungen in der Tarifpolitik und der betrieblichen Interessenvertretung mit einschließt: eine Verschiebung von der Ebene des makroökonomischen Managements, von der wirtschaftspolitischen Konzertierung hin zur Mikroebene des Unternehmens. Das Management (der transnationalen Konzerne, F.D.) – und nicht der Staat – wurde zum zentralen Akteur bei der Anpassung an die neuen ökonomischen Bedingungen. Dabei gewann das Management die Initative und Autorität zurück, die es im vergangenen Jahrzehnt verloren hatte. Das zog radikale Veränderungen für die Unternehmen und die sozialen Beziehungen nach sich" (Regini 1992: 7/8). Es ist – so schreibt Richard Hyman 1994 – heute ein Gemeinplatz festzustellen, daß „die Tagesordnung der industriellen Beziehungen vom Management festgelegt wird" (Hyman/Ferner 1994: 4).

Der Rückzug des Staates und die „neuen industriellen Beziehungen"

Erstens gelten der Rückzug des Staates aus der Gestaltung der Arbeitsbeziehungen und eine Aufwertung von Regelungen auf der Ebene der Unternehmen als allgemeiner Entwicklungstrend, der zugleich die Abkehr vom „keynesianischen Wohlfahrts-Nationalstaat" korrespondiert. Der Staat entnationalisiert und internationalisiert sich, während gleichzeitig ein neuer Trend zur Entstaatlichung politischer Regime wirkt. Das bedeutet freilich nicht, daß die Staatstätigkeit für die Durchsetzung von Deregulierung und Flexibilisierung keine Rolle mehr zu spielen hätte. Im Gegenteil, die Staatsintervention in den 80er Jahren konzentriert sich vor allem darauf, die rechtlichen und gesetzlichen Bedingungen für die Deregulierung der Arbeitsbeziehungen und die Schwächung gewerkschaftlicher Positionen durchzusetzen. Es handelt sich – wie der italienische Gewerkschafter Bruno Trentin (1989: 191) bemerkte – um „autoritäre Regierungsinterventionen – wie diejenigen zur Liberalisierung von Entlassungen, gegen closed shops, für festgelegte Lohnquoten oder für single union oder für Anti-Streik-Abkommen".

In den 90er Jahren sind diese Interventionen in Form von weitreichenden Privatisierungsmaßnamen fortgeführt worden. Diese betreffen vor allem die Bereiche des Verkehrs und der Telekommunikation. Die Privatisierung von Bahn und Post bedeutet insofern zunächst einen tiefen Einschnitt in das Verhältnis von Ökonomie und Politik; denn seit dem späten 19. Jahrhundert war die Zuständigkeit des Staates für Bahn und Post in allen europäischen Ländern – u.a. auch aufgrund von militärischen Interessen – unumstritten. Heute definiert der Staat – mit der Privatisierung – die Spielregeln für das Marktverhalten und die Konkurrenz der großen transnationalen Konzerne vor allem im Telekommunikationssektor neu. Ohne Umbau des Staates zum „Wettbewerbsstaat“ – so die herrschende Ideologie – gibt es keine Überlebenschance für den nationalen Wirtschaftsstandort in der Weltmarkt- (bzw.) Triadenkonkurrenz. Dabei werden zugleich Konfliktpotentiale sowohl für die innereuropäischen als auch für die transatlantischen Beziehungen (hier: der Zugang der US-Konzerne zu den europäischen Märkten) reproduziert.

Aber auch für die historisch gewachsenen Strukturen der je nationalen Gewerkschaftsbewegungen bedeuten solche Maßnahmen einen tiefen Einschnitt. Zumal in den staatlichen Eisenbahn- und Postbetrieben hatten diese in der Regel sehr starke Positionen – nicht nur aufgrund eines hohen Organisationsgrades, sondern auch aufgrund von Organisationssicherungen und relativen Privilegien, die sowohl für die Personalräte als auch für die Gewerkschaften selbst im Laufe der Jahrzehnte durchgesetzt worden waren und die nun in der Folge der Privatisierung – zusammen mit dem massiven Beschäftigungsabbau – zur Disposition gestellt werden. Außerdem steht bis zum Ende des Jahrzehnts über die geplante „Verschlankung“ der öffentlichen Verwaltungen (vor allem auf der kommunalen Ebene), die wiederum mit Personalabbau und Privatisierungsmaßnamen verbunden sein werden, ein neues Deregulierungsprojekt auf der Tagesordnung. Auch hier werden relativ privilegierte Positionen der Personalräte und Gewerkschaften des öffentlichen Dienstes in Frage gestellt werden.

Zweitens ist die Phase der „Flexibilität“ dadurch gekennzeichnet, daß die Bedeutung der Lohnfrage gegenüber sog. „qualitativen“ Aspekten der Gestaltung der Arbeitsbedingungen und -beziehungen zurückgetreten ist. Darin reflektiert sich zum einen der relative Erfolg der monetaristischen (neoliberalen) Wirtschafts- und Fiskalpolitik, die dem Kampf gegen die Inflation durch eine Politik des knappen Geldes unbedingte Priorität einräumt, dabei aber auch steigende Arbeitslosenzahlen und _ infolgedessen – steigende Staatsverschuldung in Kauf nimmt. Das Absinken der Lohnquote zugunsten der Unternehmereinkommen (die allerdings nicht zur Erhöhung der Investitionsquote führten, sondern eher in den Sektor der Finanzspekulationen „abflossen") seit den frühen 80er Jahren ist auch ein Ergebnis dieser Politik – und zugleich Ausdruck der zunehmenden Schwäche der Gewerkschaften in den Verteilungsauseinandersetzungen. Gleichzeitig sind die verteilungsbedingten Nachfrageprobleme eine der wesentlichen, langfristig wirkenden Ursachen für die Stagnation des Wirtschaftswachstums sowie für die chronisch ansteigende Unterbeschäftigung.

Allerdings sind mit dem Bedeutungsverlust der Lohnfrage zugleich Auseinandersetzungen um die Flexibilisierung und Verkürzung der Arbeitzeit in den Vordergrund getreten. Während in der BRD (1984: Streik um die 35-Stunden-Woche in der Metall- und Druckindustrie) sowie in Schweden (Mitwirkung der Gewerkschaften bei der staatlichen Beschäftigungspolitik) noch starke Gewerkschaften die Arbeitszeitverkürzung als tarif- und beschäftigungspolitisches Instrument zur Verringerung der Arbeitslosigkeit bezeichneten, wurde von Seiten der Unternehmer und der neoliberalen Regierungen die Flexibilisierung des Arbeitskräfteeinsatzes (d.h. Aufhebung der angeblich starren und universellen Normen von Gesetzen und Tarifverträgen durch eine Öffnung zu den Betrieben) eingefordert. Sofern die Gewerkschaften Teilerfolge (bei der Verkürzung der Wochen-, Jahres- und Lebensarbeitszeit) erzielten, wurden diese in der Regel durch Zugeständnisse bei der Flexibilisierung des Arbeitskräfteinsatzes und der Ausweitung der Betriebs- und Produktionszeiten kompensiert. Dazu kam die Bereitschaft, im Interesse der Beschäftigungssicherung auf Reallohnzuwächse zu verzichten bzw. Einkommensminderungen – bei konjunkturbedingter Verkürzung der betrieblichen Arbeitszeit – zu akzeptieren. Zugleich wurden fast überall auf gesetzlichem Wege die Arbeitsmärkte liberalisiert – durch Regelungen zur Ausweitung der Teilzeitarbeit, Erleichterung von Entlassungen, Legalisierung von prekären Beschäftigungsverhältnissen, untertariflicher Bezahlung bei Neueinstellungen usw. usf. In der Folge dieser Dualisierung und Segmentierung der Arbeitmärkte –

vor dem Hintergrund weiter ansteigender Arbeitslosigkeit – verstärkten sich die Prozesse der „Desaggregation der Arbeiterklasse“ (Hyman) und unterminierten die Artikulation einer solidarischen und kollektiven gewerkschaftlichen Interessenvertretung.

Drittens hat sich mit der Verlagerung von der Makro- zur Mikroebene, von der Nachfrage- (Lohn-) zur Angebotsseite (Produktivität und Wettbewerbsfähigkeit) die Konstruktion einer neuen Beziehung zwischen Kapital und Arbeit auf der Unternehmensebene als Feld einer neuen Arbeitspolitik etabliert. Auf der einen Seite zielen „neue Produktionskonzepte“ bzw. post-tayloristische Managementphilosophien auf die Nutzung von Kreativitätspotentialen des Faktors Arbeit. Sie propagieren eine „neue Unternehmenskultur“, die die Steigerung der Produktivität und Wettbewerbsfähigkeit des Unternehmens auf dem Weltmarkt (KPV: Kontinuierlicher Produktionsverbesserungsprozeß) mit mehr individuellen Freiheitsräumen in der Arbeitsgestaltung, einer demokratischen Betriebsstruktur, Autonomie von Arbeitsgruppen, Förderung von Innovationszirkeln usw. usf. verbindet. Um diese Ziele zu erreichen, bieten die „fortschrittlichen Management-Fraktionen“ den Gewerkschaften, den betrieblichen Interessenvertretungen, aber auch individuellen Beschäftigten und Arbeitsgruppen Kooperationsarrangements an. Da solche Angebote in der Regel als alternativlose Überlebensstrategien des Betriebes in der transnationalen Konkurrenz begründet werden, bleibt den Belegschaften wie den Gewerkschaften kaum die Möglichkeit der Kooperationsverweigerung. Gleichzeitig eröffnet sich dabei in der Tat die Möglichkeit zu einer „Humanisierung der Arbeit“, die einerseits erweiterte Gestaltungsoptionen und die Chance einer Enthierarchisierung von Leitungs- und Herrschaftstrukturen enthält, andererseits eine Anhebung der Qualifikation und damit – über die Produktivitätssteigerung – auch eine Verbesserung der Entlohnung der Arbeitskraft eröffnet, die dann durch Tarifvertrag und/oder betriebliche Vereinbarungen geregelt werden kann.

Allerdings sind solche Kooperationsformen – die euphemistisch oft so genannten „neuen industriellen Beziehungen“ bzw. das „Co-Management“ – auch mit erheblichen Risiken verbunden. Zunächst einmal sind die vom Management so bezeichneten „neuen Produktionskonzepte“ vielfach – vor allem im Bereich der einfachen Produktionsarbeiten – eher strukturkonservative Rationalisierungsstrategien (Schumann u.a. 1994), die der betrieblichen Interessenvertretung und der Gewerkschaft keine andere Rolle als die eines „untergeordneten Agenten von ökonomischen Zwängen, die durch das Management bestimmt werden“ (Streeck 1992: 254), zuweist. Zudem korrespondiert die Bereitschaft des fortschrittlichen Managements für betriebliche Arrangements oftmals mit der dezidierten Ablehnung aller kollektiven – außer- bzw. überbetrieblichen – Regelungsformen und -instrumente (Tarifverträge, gesetzliche Regelungen). Kompromißbereitschaft gegenüber Betriebsräten, die Betonung der „corporate identity“ usw., schließt daher in der Regel die Absicht ein, Koalitionen gegen „betriebsfremde“ Gewerkschaften zu bilden. Dazu kommt meist noch das Interesse, auf diesem Wege den Betrieb nicht nur als „gewerkschaftsfreie“, sondern auch als „streikfreie Zone“ abzuschirmen.

Schließlich tragen die Erfolge einer solchen kooperativen Rationalisierungsstrategie selbst noch zur „Verschlankung“ der Belegschaften, d.h. zum Personalabbau (vor allem in der Industrie) bei. Gewerkschaften wie betriebliche Interessenvertretungen sehen sich daher einer Verschärfung betrieblicher und gesellschaftspolitischer Konfliktlinien konfrontiert, die sie zu einem „doppelten Spagat“ herausfordern: „von arbeitspolitischer Modernisierung über Co-Management versus Aufbau und Erhalt von Gegenmacht sowie Durchsetzung moderner Arbeitsformen versus traditioneller Schutz- und Leistungspolitik vor dem Hintergrund auseinanderdriftender Beschäftigungssegmente“. In der Folge wird Interessenvertretungspolitik wesentlich komplizierter: „Erstens: Spiegelbildlich zur anwachsenden Verbetrieblichungsproblematik nimmt auch im gesellschaftlichen Bereich (Stichwort: Massenarbeitslosigkeit) die Brisanz der Probleme zu, die Regulierungskraft der zuständigen Institutionen – von der Tarifpolitik bis zum Staat – im Gegenzug aber ab. Zweitens: Innerbetrieblich hat die – bislang ja durchaus erfolgreiche – Praxis vorgängiger Interessenvertretung aktuell noch keine erprobten Lösungen für das Problem einer stärker partizipationsorientierten Interessenvertretung hervorgebracht; spätestens mit der Ausweitung von Gruppenarbeitskonzepten – und nicht zuletzt im Zusammenhang von gesellschaftlich erzeugten Veränderungen von Partizipationsansprüchen – wird dies jedoch immer dringlicher“ (Schumann u.a. 1994: 409/410).

Viertens schließlich wird konstatiert, daß die Gewerkschaftspolitik in Europa sich „entideologisiert“ habe bzw. „pragmatischer“ geworden sei (Regini 1992: 10). Die in den 70er Jahren noch stark ausgeprägten Differenzen zwischen den politischen Richtungsgewerkschaften – sowohl innerhalb der Staaten als auch auf der Ebene der internationalen Gewerkschaftspolitik – haben erheblich an Bedeutung verloren. Die sozialistischen und kommunistischen Richtungsgewerkschaften in Südeuropa (Italien, Spanien, Portugal und Frankreich) waren schon Anfang der 80er Jahre in die Defensive geraten. Gleichzeitig hatten die britischen TUC-Gewerkschaften, deren linker Flügel sich auf die Basismilitanz der „Shop Stewards“ sowie auf die politische Kampfkraft der Bergarbeitergewerkschaft (NUM) gestützt hatte, in der Auseinandersetzung mit dem Thatcherismus schwere Niederlagen hinnehmen müssen. Dazu traf natürlich die Krise und der schließliche Zusammenbruch der staatssozialistischen Systeme Osteuropas nach 1989 vor allem den kommunistischen Flügel der Arbeiterbewegung in Westeuropa schwer. Allerdings beginnt die Krise dieses Typus einer radikalen – auf die Transformation des Kapitalismus gerichteten – Klassenkampfpolitik in den westlichen Metropolen wesentlich früher. Daß dem „Eurokommunismus“ (ebenso wie dem „Eurosozialismus“), der sich vom Modell des „real existierenden Sozialismus“ und der Politik der Sowjetunion distanzierte, Mitte der 70er Jahre nur eine kurze Blüte vergönnt war, ließ schon erkennen, daß die Gründe dieser Krise eher in endogenen (mit dem gesellschaftlichen Strukturwandel im Westen verbundenen), denn in exogenen Determinanten zu lokalisieren war.

In den 80er Jahren schien sich eine Konvergenz in Richtung auf das „Modell Deutschland“ (eine starke, exportorientierte kapitalistische Wirtschaft mit starken betrieblichen und gesellschaftspolitischen Machtpositionen der Gewerkschaften und einer hohen sozialstaatlichen wie arbeitsrechtlichen Regelungsdichte) anzudeuten. Angesichts der Erfolge und der relativen Stabilität der deutschen Gewerkschaften unter der konservativ-liberalen Regierung (ab 1982) nahm deren Ansehen im Europäischen Gewerkschaftsbund (EGB) zu. Diesem sind inzwischen – mit Ausnahme der französischen CGT – auch die früher dem kommunistischen Weltgewerkschaftsbund (WGB) angehörenden Richtungsgewerkschaften (die italienische CGIL, die spanischen Arbeiterkommissionen, CC.OO., und die portugiesische CGT-P) beigetreten. Einige wollten bereits von einer „Pionierrolle“ der deutschen Gewerkschaften bei der Ausgestaltung der „sozialen Dimension“ des europäischen Binnenmarktes ’92 sprechen.

Mitte der 90er Jahre sind solche Erwartungen bzw. Hoffnungen allerdings bereits weitgehend desillusioniert. Die deutschen DGB-Gewerkschaften sind durch die sozialen Folgewirkungen der deutschen Einheit (insbesondere der Massenarbeitslosigkeit im Osten), aber auch durch die Folgen der Wirtschaftskrise 1992/93 mit erheblichen Binnenproblemen konfrontiert (Mitgliederverluste, Finanzprobleme, Organisationsreform). Dazu wird ihre gesellschaftspolitische Macht in den 90er Jahren durch den neuen Schub der Privatisierung und Deregulierung, durch den „Umbau des Sozialstaates“ (Urban 1995) weiter ausgehöhlt. So deutet sich insgesamt eine Konvergenz in Richtung eines „neo-voluntaristischen Angebotskorporatismus“ heraus, der den Gewerkschaften – vor allem den betrieblichen Interessenvertretungen – im Prozeß der Restrukturierung der Konkurrenzverhältnisse auf dem kapitalistischen Weltmarkt die Rolle eines „Juniorpartners“ beim Kampf um die Rettung des „nationalen Standorts“ zuweist.

Erste Schlußfolgerungen

Fragen wir nun, welche Schlußfolgerungen aus dieser Analyse der Krise des Sozialismus sowie ihrer geschichtlichen und strukturellen Voraussetzungen abzuleiten sind. Ich werde mich dabei auf einige Thesen beschränken, die keineswegs einen Anspruch auf Vollständigkeit erheben.

Erstens. In den Kapitalmetropolen gibt es am Ende des 20. Jahrhunderts die klassische Arbeiterbewegung nicht mehr. Von ihren alten „Säulen“ (Parteien, Gewerkschaften, Genossenschaften, Kulturorganisationen) sind nur die Gewerkschaften übriggeblieben. Die sozialdemokratischen Parteien hatten sich schon in der Golden-Age-Periode vom „Stigma“ der proletarischen Klassenpartei befreit. Die großen kommunistischen Parteien im Westen konnten in den Klassenkämpfen nach 1968 (aber auch in den Kämpfen zum Sturz der Diktaturen in Griechenland, Portugal und Spanien) noch einmal ihren politischen Einfluß in der Arbeiterklasse ausdehnen. Die kleinen KPs des Westens hingegen zogen – im Gefolge der 68er Bewegungen – mehr Intellektuelle als Arbeiter an. Die anarchistische bzw. anarchosyndikalistische Tradition der Arbeiterbewegung – vor allem im Süden Europas – versickerte schon bis zum 2. Weltkrieg. Arbeiterbewegungen gab es in den späten 70er Jahren in Polen (dort allerdings als antikommunistische, katholische Bewegung), in Lateinamerika und in Südafrika, und selbstverständlich wird in den neu indsutrialisierten Ländern, wie das Beispiel Koreas zeigt, auch der Klassenkonflikt zwischen Kapital und Arbeit an Bedeutung gewinnen. Freilich ist nicht zu erwarten, daß diese Bewegungen und Konflikte in den gleichen Formen ausgetragen werden wie in Europa seit dem 19. Jahrhundert. „Arbeiterbewegung", die sich auf den männlichen, weißen Facharbeiter in der Industrie – im Alter von 40 bis 50 Jahren – stützt, hat als progressive politische und soziale Bewegung keine Zukunft. Diese Erkenntnis wurde freilich schon lange vor dem Zusammenbruch des „Realsozialismus" aus der Analyse der Veränderung der Produktionsweise und des Arbeitsprozesses – damit auch des Arbeitsbegriffes insgesamt – gewonnen.

Zweitens. Es gibt keinen Weg zurück. Das heißt: eine Renaissance jener Organisations- und Politikkonzepte, die die revolutionäre Arbeiterbewegung in der ersten Hälfte des 20. Jahrhunderts beflügelt hatten – vor allem der „Leninismus" – wird es, als hegemoniefähiges Projekt, nicht geben. Der Weg der „Oktoberrevolution" des Jahres 1917 hat sich definitiv erschöpft. Das bedeutet nicht, daß die historische Bedeutung der Oktoberrevolution für das 20. Jahrhundert gemindert werden soll. Die Kämpfe der Arbeiterbewegung des 20. Jahrhundert – einschließlich des „realsozialistischen" Weges – haben Ansprüche und Maßstäbe gesetzt, hinter die auch in Zukunft nur schwer zurückzugehen sein wird. Auch die französische Revolution von 1789 hatte Maßstäbe gesetzt, die im 19. Jahrhundert keineswegs eingelöst waren. Insofern hat Hobsbawm recht, wenn er darauf besteht, daß die Welt, die am Ende der 80er Jahre in die Brüche ging, durch den Einfluß der Russischen Oktoberrevolution des Jahres 1917 geprägt war (Hobsbawm 1994: 4).

Auch in Zukunft werden gewerkschaftliche und politische Organsationen notwendig sein, um in der Arbeiterklasse Widerstand gegen die „Despotie des Kapitals" im Betrieb und in der Gesellschaft zu entwikkeln und um sozialen und politischen Druck für eine Alternative zur herrschenden neoliberalen Politik zu erzeugen. Allerdings werden diese Organisationen nicht mehr als jene privilegierten Zentren und als

Avantgarden gelten, die nicht nur ein theoretisches Deutungsmonopol, sondern auch einen Führungsanspruch gegenüber anderen sozialen und politischen Kräften und Bewegungen beanspruchten. Der „Block der progressiven Kräfte“ wird bunt, pluralistisch, autonom in bezug auf die Artikulation von Interessen usw. sein müssen. Es war gerade der monistische Wahrheits- und Führungsanspruch des Marxismus-Leninismus (dessen Entstehung historisch wohl erklärt werden kann), der letztlich seine etatistisch-bürokratische Verknöcherung, seine Reformunfähigkeit, damit auch sein Scheitern bestimmt hat.

Drittens. Es gibt zahlreiche offene Fragen, an denen theoretisch und praktisch gearbeitet werden muß.

– War die „Staatsfixiertheit“ aller bisherigen sozialistischen „Versuche“, der revolutionären wie der reformistischen, ein wesentlicher Grund für ihr Scheitern?

– Welches waren die Gründe dafür, daß die sozialistische Ökonomie – Staatseigentum plus Planwirtschaft – nur in der „Aufbauphase“ effizient war und an der Modernisierung – auf Basis entwickelter Produktivkräfte und der „wissenschaftlich-technischen Revolution“ – scheiterte? Gibt es überhaupt eine nicht-kapitalistische Gebrauchswertökonomie – unter den Bedingungen eines hohen Entwicklungsstandes der Produktivkräfte? Und was heißt eigentlich Vergesellschaftung? Wie kann bzw. sollte das Verhältnis Markt und Plan aussehen?

– Dann natürlich die zentrale Frage nach dem Verhältnis von Sozialismus und Demokratie: was heißt sozialistische Demokratie? Wie sind Vergesellschaftung, Produzentendemokratie und Formen der repräsentativen und der direkten Demokratie – zusammen mit dem Schutz der Menschenrechte und der Sicherung der Rechtsstaatlichkeit – miteinander zu verbinden? Wie wäre eine solche Konzeption vor dem Hintergrund entwickelter westlicher Gesellschaften zu konkretisieren?

– Außerordentlich wichtig bleibt die bereits benannte Frage nach der Arbeiterklasse, der Arbeiterbewegung und ihrer Rolle in der Geschichte des Kapitalismus. Die These des jungen Marx von der „historischen Mission der Arbeiterklasse“ als des (notwendig) revolutionären Subjekts der Umwälzung des Kapitalismus bedarf einer gründlichen Überprüfung (orginelle Überlegungen hierzu bei Kuczynski 1993: 103 ff.). Damit sind weitere Fragen nach dem *historischen* Charakter der Marxschen Theorie selbst und nach ihren Widersprüchen verbunden. Gerade die historisch-materialistische Konzeption von Geschichte, die dem Klassenkampf und den kollektiven Klassensubjekten dieses Kampfes eine entscheidende Bedeutung zugemessen hat, bedarf einer kritischen Überprüfung. Dabei soll die Bedeutung sozialer und gewerkschaftlicher Kämpfe, überhaupt von sozialen und politischen Volks- und Massenbewegungen nicht ignoriert oder verabschiedet werden. Ohne solche sozialen Kämpfe und Bewegungen, die erst dann hegemonial werden können, wenn sie sich mit einem – auch von Intellektuellen konzipierten – Projekt der Veränderung, der Zukunftsgestaltung, der Emanzipation verbinden, sind überhaupt Veränderungen bestehender Herrschafts- und Machtverhältnisse denkbar.

Es kommt allerdings darauf an, solche Bewegungen und ihre historische Rolle zu entmystizifieren; denn diese Rolle muß immer wieder von Neuem – auf der „Höhe der Zeit" – begründet, entwickelt und praktisch organisiert werden. Außerdem kommt es darauf an, sich von der Vorstellung zu verabschieden, als ob gesellschaftliche Klassen kollektive Subjekte seien, die zugleich als soziale und politische Handlungssubjekte – vermittelt über das „Klassenbewußtsein" ihrer Mitglieder – agierten. Klassenkonstellationen in der Politik bzw. politisch relevante Kräfteverhältnisse zwischen den Klassen sind stets Artikulationen komplexer „Blockbildungen" von verschiedenen Klassenfraktionen bzw. sozialen Gruppen mit einer hegemonialen Struktur, die jeweils im einzelnen erforscht bzw. konstruiert werden muß (vgl. dazu u.a. Deppe/Dörre 1991).

– Überaus wichtig sind auch jene Fragen, die mit der Neubewertung des „Internationalismus" verbunden sind. Die Arbeiterbewegungen haben sich historisch als nationale Bewegungen und Organisationen entwickelt (mit ethnisch relativ homogenen Arbeiterklassen; in den USA hingegen – als dem klassischen Immigrationsland – hatte sich niemals eine Arbeiterbewegung nach westeuropäischem Vorbild durchsetzen können). Der Internationalismus war auf diese nationalen Pfeiler begründet – und darin wurzelte auch seine Schwäche, die nicht nur im Blick auf den August 1914 beklagt worden ist. Noch in der fordistischen Ära wurde mit dem Keynesianismus und dem nationalen Wohlfahrtsstaat ein „*nationaler* Klassenkompromiß" institutionalisiert. Diese Voraussetzungen haben sich aufgelöst – als Folge der Transnationalisierung der Ökonomie und der Rolle der transnationalen Konzerne, als

Folge der Schwächung (nicht der Aufhebung) und der Transformation der nationalstaatlichen Souveränität und der damit verbundenen Kräfteverhältnisse der Klassen, aufgrund sozialer Strukturveränderungen, die auch den Umfang und die Zusammensetzung der Arbeiterklasse betreffen. In der Folge der Migrationsprozesse haben sich inbesondere die neuen „Unterschichten der Arbeiterklasse" in den Randsegmenten des Arbeitsmarktes internationalisiert. „Internationalismus" – als emanzipatorisches politisches Projekt – verlangt daher nicht allein die Entwicklung von neuen Formen einer transnationalen Politik (z.B. im europäischen Rahmen), sondern auch einen neuen Internationalismus „vor Ort" – im Betrieb, in den Städten und Wohnbezirken, in den Schulen und den lokalen Verwaltungen. Die sozialistische Linke muß Träger einer solchen Politik sein. Deren Entwicklung steht erst in den Anfängen. Sie wird – auch aus der einheimischen Arbeiterklasse – mit vielfältigen Hindernisse und Einwänden konfrontiert (die sich z.B. in Wahlentscheidungen für die extreme Rechte oder auch in „alltäglichem Rassismus" manifestieren).

Viertens. Alle Überlegungen zur Zukunft des Sozialismus haben davon auszugehen, daß wir auf längere Zeit in einer kapitalistisch dominierten „One World" leben werden. Ralph Miliband (1994: 188) hat dies in seinem letzten Buch mit dem Titel „Sozialismus für ein skeptisches Zeitalter" folgendermaßen formuliert: „Die Befreiung vom Kapital steht nirgendwo auf der Tagesordnung der Politik. Die 'neue Weltordnung' wird für eine längere Periode in der Zukunft eine vom Kapital dominierte Weltordnung sein, beherrscht durch die Macht der großen Konzerne und durch Regierungen, die – soweit es die Umstände zulassen – in deren Interesse agieren; diese düstere Perspektive gilt für viele ehemals kommunistische Länder und die Länder Asiens, Afrikas und Lateinamerikas ebenso wie für die Länder des fortgeschrittenen Kapitalismus".

Die innerkapitalistischen Widersprüche und die sozialistische Kritik

Sozialismus soll hier nicht verstanden werden als der Traum vom Ende der Geschichte in einer klassenlosen Gesellschaft, auch nicht als der Glaube an einen quasi-naturgesetzlichen Prozeß, an dessen Ende unvermeidlich die Befreiung der Menschheit von Ausbeutung und Unterdrückung steht. Als sozialistisch bezeichnen wir die Bewegungen zur Verwirklichung der Menschenrechte, der Gleichheits- wie der Freiheitsrechte, die von der theoretischen und praktischen Kritik der kapitalistischen Wirtschaftsordnung sowie der ihr eigenen Herrschaftsverhältnisse in Gesellschaft, Politik und Kultur ausgehen. Als maßgebendes Kriterium für eine „konsequente Linke" bezeichnet Hansgeorg Conert (1996: 11) die „Anerkennung des vorrangigen Ziels einer grundlegenden Veränderung der kapitalistischen Produktionsweise ... die Eigengesetzlichkeit der Kapitalbildungs-, Akkumulations- und Reproduktionsprozesse muß insgesamt sowie in ihren maßgeblichen Teilphasen gesellschaftlicher Kontrolle unterworfen und demokratisch-politischer Gestalt- und Regulierbarkeit nachgeordnet werden".

Sozialistische Kritik hat sich jedoch niemals nur auf die Propagierung einer alternativen, in der näheren oder fernen Zukunft liegenden, Wirtschafts- und Gesellschaftsordnung beschränkt. Sie verband sich stets mit den Kämpfen um die Verbesserung der materiellen Lebensbedingungen, um die Erweiterung von Freiheitsrechten bzw. um die Verteidigung von demokratischen Errungenschaften der bürgerlichen Revolution. Sie verband sich so auch immer mit den Kämpfen um soziale und politische Reformen innerhalb des herrschenden Systems. Sozialistische Kritik ging stets von den Widersprüchen und Zerstörungspotentialen des Kapitalismus selbst aus. Lösungen dieser Widersprüche, die von Sozialisten vorgeschlagen werden, beschränken sich allerdings nicht auf die „Zivilisierung" der destruktiven Potentiale des Kapitalismus, sondern auf die Veränderung der Logik (und damit auch der Machtverhältnisse), nach der die Kohärenz von Ökonomie und Politik, von Akkumulation und Regulation gestaltet wird.

Je schwächer die sozialistischen Kräfte – global und national – sind, um so unumschränkter können sich die destruktiven Potentiale des Kapitalismus entfalten. Der amerikanische Ökonom Lester Thurow hat in seinem neuen Buch über die „Zukunft des Kapitalismus" (1996: 270) die These vertreten, daß der Kapitalismus am Ende des 20. Jahrhunderts, an dem er den Sozialismus auf breiter Front besiegt zu haben scheint, eben jene Problemen reproduziert, die einst die Geburt des modernen, antikapitalistischen Sozialismus eingeleitet haben: „Ohne einen sozialen Konkurrenten wird für den Kapitalismus stets die Versuchung bestehen, seine inneren Defizite zu ignorieren. Diese Versuchung ist schon in den hohen Arbeitslosenraten in der industriellen Welt zu erkennen. Es kann daher nicht überraschen, daß in dem Maße, wie die Bedrohung durch den Sozialismus gestorben ist, das Niveau der Arbeitslosigkeit, das toleriert wird, um die Inflation zu bekämpfen, ebenso angestiegen ist wie sich die Ungleichheit der Einkommen und Vermögen rapide vergrößert und das 'Lumpenproletariat', das aus dem ökonomischen System herauskatapultiert wird, zugenommen hat. Genau dies waren die Probleme zu der Zeit, als der Kapitalismus geboren wurde. Sie sind Bestandteil des Systems. Sie führten zur Entstehung des Sozialismus, des Kommunismus und des Wohlfahrtsstaates". Der Sozialdarwinismus, der Ende des 19. Jahrhunderts die Lehre vom „Survival of the Fittest" propagierte[2], erfährt am Ende des 20. Jahrhunderts – jetzt im Gewande der Standortdebatten und der neoliberalen Deregulierungstheologien – eine Renaissance.

Auch der Schriftsteller Michael Schneider hat in seinem Werk vom „Ende eines Jahrhundertmythos" (1992: 401), in dem er die Geschichte der gescheiterten Sozialismuspfade bilanziert, die These vertreten, daß nunmehr wiederum die Thematik der ursprünglichen Kapitalismuskritik auf der Tagesordnung stehe: „Solange die Weltökonomie dem Selbstlauf der sog. Marktkräfte überlassen bleibt und einzig der Profitlogik gehorcht, werden weder der Welthunger und die absolute Verelendung beseitigt noch der Raubbau der Natur gestoppt noch der Marsch in die duale Gesellschaft aufgehalten werden können. Wann

2) Der wichtigste Vertreter dieser Lehre war der britische Soziologe Herbert Spencer (1820-1903), der vor allem in den USA am Ende des 19. Jahrhunderts begeistert rezipiert wurde. Spencer bekämpfte die Verstaatlichung der Post und des Münzwesens, er lehnte den öffentlichen Unterricht ebenso ab wie eine öffentliche Unterstützung der Bedürftigen und ein öffentliches Gesundheitswesen. Er schrieb in seinem Buch „Social Statics" (1865) u.a.: „Teils dadurch, daß die Natur die am schlechtesten entwickelten Individuen ausmerzt, teils dadurch, daß sie die übrigen der unaufhörlichen Disziplin der Lebenserfahrung unterwirft, sichert sie die Aufzucht einer Rasse, die sowohl die Bedingungen ihres Daseins begreift als auch imstande ist, auf diese einzuwirken. Die Unwissenden vor den ihnen drohenden Konsequenzen zu bewahren und damit jene Disziplin – sei es auch nur im geringsten Grade – zu suspendieren, ist unmöglich, ohne in entsprechendem Grade den Fortschritt zu hemmen. Wenn der Unwissende ein ebenso gesichertes Dasein führt wie der Gescheite, wird kein Mensch sich bemühen, gescheit zu werden" (zit. n. Galbraith 1963: 56).

immer die Frage gestellt wird nach einer demokratischen Organisation von Rohstoffnutzung, Produktivkraftentwicklung, Güter- und Arbeitsplatzverteilung, steht daher wieder der Sozialismus zur Debatte: nicht als staatsmonopolistisches System, nicht als zentralistisch-bürokratische Planwirtschaft, sondern als eine neue, Markt und Wettbewerb einschließende und Eigeninitative fördernde Ordnung der sozialökonomischen Beziehungen, die Rücksicht auf Natur und Schöpfung nimmt, die den armen Ländern Raum zu einer eigenständigen und selbstbestimmten Entwicklung gibt und die es gestattet, Gesellschaft und Gesellschaftlichkeit in wachsendem Ausmaß als Räume individueller Emanzipation und Selbstentfaltung zu gestalten".

Die zentralen Widersprüche, die der heutige Kapitalismus erzeugt, sind – z.B. durch die Analysen von Paul Kennedy (1993), des Club of Rome (1991), des World Watch Instituts oder der Stiftung Entwicklung und Frieden (1995) – wohl Gegenstand des öffentlichen Bewußtseins und auch von politischen Debatten. Die von der UNO organisierten Weltkonferenzen über „Umwelt" (Rio, 1994), über die Armut in der Welt (Kopenhagen, 1995) sowie die Weltfrauenkonferenz in Peking (1996) haben die Ausbreitung und Zuspitzung globaler Wiederspruchskonstellationen, deren Gefahren und Destabilisierungspotentiale auch für die „reichen Zentren" des Nordens durchaus zur Sprache gebracht. Allerdings machen sich im Ergebnis solcher Konferenzen – angesichts ihrer nur schwachen praktisch-politischen Wirkungen – auch immer wieder Ohnmachtsgefühle bzw. Enttäuschungen breit.

Worum also handelt es sich dabei?

– Um die globalen Spaltungen zwischen Armut und Reichtum, die sich in den Metropolen selbst reproduzieren und verfestigen und eine Krise der Gesellschaft erzeugen, die sich zunehmend „fragmentiert".

– Um die Ausbeutung von Ressourcen, die Zerstörung der Natur und die Belastungen des Klimas, des Wassers, der Böden usw. durch die gleichsam ungehemmte Fortsetzung und weltweite Verbreitung des industriekapitalistischen Wachstumsmodells.

– Um die Schwächung der Nationalstaaten als der politischen Arenen, in denen demokratische Forderungen durchgesetzt und Instrumente sowie Institutionen zur Kontrolle der kapitalistischen Entwicklungswidersprüche (in Gestalt der Polarisierung von Armut und Reichtum sowie der mit den Wirtschaftskrisen verbundenen sozialen Risisken, vor allem der Massenarbeitslosigkeit) erkämpft wurden, durch die Globalisierungstendenzen in der „Weltökonomie".

– Um eine Überakkumulationskrise des Kapitals, die durch Produktivkraftsteigerung („mikroelektronische Revolution"), durch das Aufblähen des „fiktiven (spekulativen) Kapitals" sowie durch den Abbau des fordistischen Wohlfahrtsstaates gerade nicht in eine neue, stabile Formation (Kohärenz von Akkumulationsregime und Regulationsweise) übergeht, sondern sich durch Wachstumsschwäche, chronisch ansteigende Massenarbeitslosigkeit und konjunkturelle – vor allem monetäre – Instabilität auszeichnet.

– Um eine Krise der „Arbeitsgesellschaft", die mit der Steigerung der Produktivkraft der gesellschaftlichen Arbeit zugleich einen wachsenden Teil der Bevölkerung aus dem Erwerbssystem – aus der „auf dem Tauschwert beruhenden Produktion" – „freisetzt", was allerdings bei Fortbestehen der kapitalistischen Produktionsweise eine Vermehrung der „Surplusbevölkerung", also die Schaffung von „disposable time außer der notwendigen Arbeitszeit" bedeutet (Marx 1953: 592 ff.) – aber gerade nicht als Befreiung vom Naturzwang der schweren Arbeit in dem Sinne, die „freie Entwicklung der Individualitäten" zu ermöglichen, sondern als soziale Marginalisierung, die mit Armut und Ausgrenzung („Exklusion") verbunden ist: „Zu den Wohlhabenden, den Mittelschichten und den Armen gesellt sich die Kategorie der 'Ausgeschlossenen', deren entscheidendes Merkmal es nicht ist, daß sie über ein zu geringes Einkommen verfügen, sondern daß sie außerhalb des Produktions- und Verteilungssystems bleiben. Es handelt sich bei ihnen auch nicht mehr um eine marginale und im Prinzip wieder integrierbare Randgruppe oder um das typische Produkt der Fäulnis von Metropolen, sondern um das Ergebnis eines ökonomischen Wachstums, das ohne einen Zuwachs an Arbeit auskommt und deshalb auch breitere Bevölkerungsschichten aus jener bescheidenen sozialen Umverteilung des Vermögens ausschließen kann, welches die Lohnmasse darstellt" (Ingrao/Rossanda 1996: 96/7). Jeremy Rifkin beschwört die Dramatik der globalen sozialen Katastrophe, die sich am Übergang ins 21. Jahrhundert immer deutlicher abzeichnet: „An der Schwelle zum dritten Jahrtausend steht unsere Zivilisation an einer Wegscheide. Der eine Weg führt in eine verheißungsvolle, utopische Welt, der andere in eine unheilvolle Welt voller Gefahren. Zur Debatte steht unsere Vorstellung von Arbeit. Wie soll die Menschheit damit umgehen, daß in Zukunft die meiste Arbeit nicht mehr von Menschen, sondern von Maschinen erledigt werden wird? Unsere politischen Institutionen, unsere gesellschaftlichen Verpflichtungen und wirtschaftlichen Beziehungen sind alle auf Menschen ausgerichtet, die ihre Arbeitskraft auf dem Markt verkaufen. Jetzt, da unsere Arbeitskraft für die Industrie wie für den Dienstleistungssektor immer unwichtiger wird und ihr Marktwert rapide sinkt, müssen wir uns neue Wege ausdenken, wie man Einkommen und Kaufkraft sichern könnte. Wir brauchen Alternativen zur Erwerbsarbeit, um die Kraft und das Talent zukünftiger Generationen nicht brachliegen zu lassen" (Rifkin 1995: 161; vgl. dazu auch Kapstein 1996).

– Und schließlich handelt es sich auch um eine Krise der politischen Kultur – unter Einschluß der demokratischen Institutionen –, die nicht allein auf die sozialökonomischen Prozesse, sondern vor allem auch auf die neuen Medien („Informationsgesellschaft") zurückzuführen ist, die den gesamten politischen Prozeß, vor allem die Formen und Organisationen der „zivilgesellschaftlichen" Vermittlung, der Öffentlichkeit zwischen Gesellschaft und Staat/Politik, d.h. eben die Funktionsbedingungen der Demokratie, grundlegend verändert haben.

Der neue „Sachzwang"-Totalitarismus der Märkte und des Geldes – ohne totalitäre Regierung – entspringt aus den Funktionsgesetzen der globalisierten Märkte. „Welche demokratische Ideologie kann es mit der Vorspiegelung der 'freien Wahl' auf 'freien Märkten' aufnehmen und uns wieder in den Stand versetzen, daß wir gemeinsam für das öffentliche Wohl entscheiden können und uns von den nachteiligen öffentlichen Folgen aller dieser ach so freien Marktentscheidungen befreien, die sich als Inbegriff der Freiheit verkleidet haben?" (Barber 1996: 162) Der Präsident der Deutschen Bundesbank, Hans Tietmeyer, lehnt z.B. die Forderung nach einem „europäischen Sozialstaat" mit dem Hinweis auf die Bedingungen globaler Märkte und die Widersprüche eines – wie er sagt – „ausufernden Sozialstaates" ab. Dann aber formuliert er brutal die Logik des neuen Totalitarismus: vor allem übersehe eine solche Forderung, „mit welcher Wucht ökonomische Realitäten politische Fehlkonstruktionen zerschmettern können" (Tietmeyer 1996: 12). Dieser neue Totalitarismus – so Joachim Hirsch – „geht nicht mehr entscheidend vom Staatsapparat aus, sondern wurzelt in den Strukturen der Zivilgesellschaft" selbst (Hirsch 1995: 161). Die Ökonomen – so H. Munsberg in der Süddeutschen Zeitung (3./4. 8. 1996) – „sind dreist geworden. Sie fühlen sich nicht mehr bloß als Politikberater – am liebsten erließen sie die Gesetze gleich selber".

Der französische Soziologe Pierre Bourdieu, gegen den Tietmeyer hier argumentiert, kritisiert nicht allein das „Tietmeyer-Denken" als die neue „Religion" des Neoliberalismus und als Philosophie der Herrschaft des Finanzkapitals (Bourdieu 1996b). In einer Rede vor streikenden Arbeitern – in Paris, Ende des Jahres 1995 – hat er zugleich auf die Zerstörung der Demokratie als Folge der Vorherrschaft globaler Märkte und der Privatisierung des öffentlichen Dienstes aufmerksam gemacht: „Worum es heute geht, das ist *die Rückeroberung der Demokratie aus den Händen der Technokratie*. Es muß Schluß sein mit der Tyrannei der 'Experten', vom Stil der Weltbank oder dem Internationalen Währungsfonds, die ohne jede Diskussion die Verdikte des neuen Leviathan, 'der Finanzmärkte', durchdrücken und die nicht verhandeln können, sondern lediglich 'erklären'; man muß mit dem neuen Glauben an die historische Zwangsläufigkeit brechen, den die Theoretiker des Liberalismus verbreiten; es gilt, neue Formen einer kollektiven, politischen Anstrengung zu erfinden, die geeignet sind, die Sachzwänge, insbesondere die ökonomischen, zu erfassen (was die Aufgabe der Fachleute sein kann), sie aber auch zu bekämpfen und, wenn möglich, unwirksam zu machen" (Bourdieu 1996a: 178).

Zukunft von Sozialismus?

Damit ist schon die Richtung angedeutet, in der die Zukunft des Sozialismus zu denken wäre. Die sozialistische Kritik an den herrschenden Zuständen bemißt sich nicht länger an ihrem „realsozialistischen Gegner", der diesem ohnehin nur zeitweise gewachsen war. Der Kapitalismus – so der richtige Kern von Fukuyamas These vom „Ende der Geschichte" – hat keine Gegner mehr, die Mauern errichten und sich bis an die Zähne bewaffnen müssen, um sich vor seinen aggressiven Zugriffen zu schützen. Seine Dynamik wendet sich mehr nach innen und beschleunigt sich in der Zeit (Altvater/Mahnkopf 1996: 577). Seine sozialökonomischen, ökologischen, politischen und kulturellen Widersprüche und Krisen, die sich mit der Beschleunigung der Kapitalakkumulation zu einem Katastrophenprogramm verdichten, werden selbst zum Gegenstand sozialer und politischer Konflikte, zum Bezugspunkt für praktischen Widerstand ebenso wie für theoretische Debatten und Analysen, die die Frage nach der Möglichkeit alternativer Entwicklungspfade überprüfen. „Die 'Totalisierung' des Kapitalismus bedeutet zugleich seine zunehmende Verwundbarkeit durch seine eigenen Widersprüche und durch oppositionelle Politik" (Meiskins Wood 1996: 11).

Eric Hobsbawm spricht am Ende seines Buches „Zeitalter der Extreme" davon, daß – nach einem Jahrhundert des Wachstums – nunmehr im Übergang zum 21. Jahrhundert gewaltige Verteilungskämpfe – in globalen Dimensionen – anstehen: zwischen Armen und Reichen, Verteilungskämpfe um Wissen sowie um natürliche Ressourcen, ganz abgesehen von den Schlachten um Marktanteile auf dem Weltmarkt (Hobsbawm 1994: 577 f.) – Kämpfe also um die Verteilung von Macht und um Zugang zu ihren Ressourcen, Kämpfe zwischen Staaten und Staatengruppen, zwischen Klassen und Verbänden, zwischen den Geschlechtern. Der „Zusammenstoß der Kulturen"[3], den amerikanische Politikwissenschaftler als das Hauptkonfliktpotential der bevorstehenden Epoche benennen, um dabei zugleich den Führungsanspruch der USA – der entwickelten kapitalistischen Staaten insgesamt – für die Weltpolitik des 21. Jahrhunderts zu legitimieren, dieser „Zusammenstoß" ist keineswegs ideologisch oder religiös determiniert, sondern durch die Strukturen der Ungleichheit, der Abhängigkeit und der Marginalisierung in der „Weltgesellschaft" materiell fundiert und vermittelt.

---

3) Huntington (1993: 22) faßt seine „Hypothese" so zusammen: „Die wichtigste Ursache von Konflikten in dieser neuen Welt (nach dem Ende des Ost-West-Gegensatzes) wird weder überwiegend ideologisch noch überwiegend ökonomisch bestimmt sein. Die großen Spaltungen der Menschheit und die dominanten Ursachen von Konflikten werden kulturell bestimmt sein. Die Nationalstaaten werden die mächtigsten Akteure in der Weltpolitik bleiben; die hautpsächlichen Konflikte der globalen Politik werden allerdings zwischen Nationen und zwischen Gruppen von verschiedenen Zivilisationen stattfinden. Der Zusammenstoß der Kulturen wird die globale Politik beherrschen. Die Konfliktlinien zwischen den Zivilisationen werden die Kampflinien der Zukunft sein". Der Westen steht gegen den „Rest der Welt" – und muß seine Außen- wie seine Innenpolitik auf diese Herausforderung einstellen.

Sozialismus wäre in diesem Zusammenhang das Programm für die Lösung jener Probleme, die der globale Kapitalismus erzeugt, in einer sozialen Ordnung, deren Gestaltungsprinzipien Demokratie, Gleichheit und Kooperation zu sein hätten. Angesichts der strukturellen Malaise des fortgeschrittenen Kapitalismus, seiner ökonomischen und monetären Instabilität und angesichts der strukturellen Schranken, die mit der Freisetzung der Profit- und Marktlogik gerade diese Malaise (Massenarbeitslosigkeit, Polarisierung von Armen und Reichen, Erosion der staatlichen Sozialpolitik etc.) noch verstärkt, könnte eine „gesellschaftliche Umstrukturierung" auf die internationale Tagesordnung politischer und sozialer Kämpfe gesetzt werden. „Sollte der Sozialismus für diese Probleme sinnvolle Lösungen finden, müßte keine andere Bewegung auf ihn folgen. Vielmehr rehabilitierte er sich dann aus sich heraus als Programm für eine Welt, die egalitärer und lebenswerter wäre" (Anderson 1993: 170).

Allerdings sollte die Hoffnung auf eine Rehabilitierung sozialistischen Denkens und Handelns auf blinden Zukunftsoptimismus ebenso verzichten wie auf das traditionelle Pathos, mit dem dereinst die „Notwendigkeit des Sozialismus" begründet wurde. „Am Beginn der so notwendigen Rekonstruktion (links)alternativer Positionen steht der Verzicht auf Dogmatismus und Begriffsfetischismus ebenso wie die Anerkennung der Tatsache, daß die Schwierigkeiten wachsen, kritische Reflexion und Aktion (die berühmte Einheit von Theorie und Praxis) in Übereinstimmung zu bringen" (Ziebura 1996: 90). Eine nüchterne und illusionslose Analyse der tiefgreifenden gesellschaftlichen und politischen Umbrüche am Ende des 20. Jahrhunderts wird es zudem für eher wahrscheinlich halten, „daß auf die geschichtlich absehbare Zeit der Abwehrkampf, der Kampf um die Sicherung der elementaren Bedürfnisse im Mittelpunkt stehen müßte" (Fritzsche 1996: 56).

Dazu gehört freilich auch eine gründliche historische Analyse. Diese muß einerseits die Gründe für Fehlentwicklungen und Niederlagen in der Geschichte des Sozialismus offenlegen. Andererseits wird sie zeigen, daß alle Fortschritte der Demokratisierung, der Humanisierung und der Zivilisierung, der Verbesserung der materiellen Lebensbedingungen, die im 20. Jahrhundert im und gegen den Kapitalismus realisiert wurden, immer auch Resultate des Klassenkampfes und der Intervention der sozialistischen Arbeiterbewegung gewesen sind. Diese kritische Erinnerungsarbeit ist notwendig, um zunächst dem herrschenden konservativ-liberalen Bewußtsein, dem die Geschichte des Sozialismus als totalitäre Fehlentwicklung erscheint, entgegenzuwirken. Außerdem ist sie ein Baustein bei der Konstruktion eines gegenhegemonialen Blockes, denn die Auflösung des historischen Denkens in der postmodernen Beliebigkeit reflektiert zugleich das „Übergewicht des Gegenwärtigen", das über Vergangenheit wie Zukunft herrscht (Altvater/Mahnkopf 1996: 121/122). „There ist no Alternative" („TINA") – mit diesem – global vertretenen – selbstbewußten Slogan des Neoliberalismus muß sich die Linke auseinandersetzen (Panitch 1996) .

Die Auseinandersetzung um solche Alternativen ist freilich nicht voraussetzungslos und deshalb findet die Diskussion über die Zukunft des Sozialismus auch nicht in „virtuellen Räumen" statt. Der Sozialismus hat unzweifelhaft schwere Niederlagen erlitten und befindet sich am Ende des 20. Jahrhunderts nicht nur in der Defensive, sondern in einer existentiellen Krise. Jene Angehörigen der herrschenden Klassen in den ehemals „realsozialistischen Systemen" um die Sowjetunion, die ihre Privilegien und ihre Macht durch die Öffnung zum Kapitalismus erhalten wollten, haben dem Sozialismus einen schweren – möglicherweise irreparablen – Schaden zugefügt. Kommunistische Parteien, die z.B. noch in China oder in Vietnam im Namen des Marxismus-Leninismus staatliche Macht ausüben und gleichzeitig einen Prozeß der „ursprünglichen kapitalistischen Akkumulation" vorantreiben, werden dem Sozialismus im Übergang zum 21. Jahrhundert wohl kaum neue Impulse oder gar Ausstrahlungskraft verleihen. Je mehr sich die ökonomische Basis zum Kapitalismus transformiert und zum Weltmarkt öffnet, um so stärker werden antikommunistische „Demokratiebewegungen" in diesen Ländern auch die „Machtfrage" stellen. Auf der anderen Seite wird sich – wie in der ehemaligen Sowjetunion – eine durch und durch korrupte „kommunistische" politische Klasse, die sich der Staatsideologie des Marxismus-Leninismus immer noch bedient, um ihre Diktatur zu legitimieren, schnell dieser ideologischen Fesseln entledigen, wenn sie mit den Eigentümern und Managern der ehemaligen Staatsbetriebe verschmolzen ist und ihr Bereicherungstrieb als Fundament einer neuen, marktwirtschaftlichen Zivilisation anerkannt werden kann.

Auch die Wahlerfolge von sog. „postkommunistischen“ Parteien in den Transformationsgesellschaften Osteuropas sollten nicht vorschnell als Vorboten einer weltweiten Rehabilitation des Sozialismus fehlgedeutet werden. Solche Erfolge signalisieren zunächst einmal, daß sich mit dem Zusammenbruch der alten Ordnung die Lebensbedingungen großer Bevölkerungsteile z.T. dramatisch verschlechtert haben. Vielfach wird die sozialistische Vergangenheit – z.B. in Rußland die Breschnew-Ära der 70er Jahre – als eine Art „Golden Age“ des Realsozialismus verklärt. Der Siegeszug von Marktwirtschaft und politischem Liberalismus, der noch Anfang der 90er Jahre als eine Art Wundermedizin von westlichen „Experten“ verordnet wurde, hat in weiten Teilen Mittel- und Osteuropas zu einem sozialökonomischen und politischen Fiasko geführt. Die entscheidende Bedeutung von „postkommunistischen“ oder sozialistischen Parteien und Regierungen – aber auch zunehmend von sozialen und gewerkschaftlichen Bewegungen und Streiks – in diesen Ländern besteht daher nicht allein darin, ob – in einem längerfristigen Prozeß – Massenarmut, Arbeitslosigkeit, Kriminalität usw. überwunden werden, sondern auch darin, ob dabei gesellschaftliche Regelungen jenseits des Privateigentums und des Marktes erfolgreich durchgesetzt werden können. In diesen Ländern muß freilich auch mit abrupten, gewaltsamen Veränderungen gerechnet werden. Konstellationen der inneren und auch außenpolitischen Instabilität werden auf längere Zeit in diesen Räumen vorherrschen. Die Explosionen der Unzufriedenheit – auch gegenüber sog. postkommunistischen Regimen wie in Bulgarien, Rumänien, Albanien oder Serbien – reflektieren in erster Linie die desolate soziale Lage der Volksmassen und die Verbitterung über die Unfähigkeit, den Bereicherungstrieb und die Korruptheit der politischen Klasse, die sich mit einer neu zu formierenden – ökonomisch herrschenden – Kapitalistenklasse zu einem „Machtblock“ entwickeln und verschmelzen muß. Dies ist jedoch ein langwieriger Prozeß – mit vielen Risiko- und Instabilitätsfaktoren behaftet.

Von der politischen Landkarte Westeuropas ist die politische und gewerkschaftliche Linke ebenso wenig verschwunden (Anderson/Camiller 1994) wie die – gewiß schwächer gewordenen „neuen sozialen Bewegungen“. In einigen Ländern erreichen kommunistische Parteien bzw. Bündnisse linker Kräfte aus der Arbeiter-, Ökologie-, Friedens- und Frauenbewegung mehr als 10 Prozent der Wählerschaft. In Italien ist aus dem Auflösungsprozeß der einst mächtigen Kommunistischen Partei (PCI) immerhin die Partei der „Rifondazione Communistà“ hervorgegangen, die nicht nur auf lokaler Ebene und in den Gewerkschaften, sondern auch im Prozeß der Ablösung der rechten Berlusconi-Fini-Regierung eine wichtige Rolle gespielt hat. Die sozialdemokratischen Parteien befinden sich ebenfalls in einem tiefgreifenden Wandel. Auf der einen Seite bewirkt die Anpassung an die vorgeblichen „Sachzwänge“ der Globalisierung, Modernisierung und Deregulierung eine Abkehr von Positionen der „alten“ Sozialdemokratie (Wohlfahrtsstaat plus Keynesianismus plus Wirtschaftsdemokratie). Diese Abkehr wird am radikalsten im Programm der von Tony Blair geführten „neuen“, britischen Labour Party vollzogen (als Kritik vom linken Labour-Flügel: Barrat Brown/Coates 1996). Falls dieser die bevorstehenden Unterhauswahlen gewinnen sollte, wird dies natürlich Rückwirkungen auf die europäische Sozialdemokratie haben. Auf der anderen Seite ist die Sozialdemokratie immer stärker gezwungen, sich für die neue „soziale Frage“ zu öffnen, also die Thematik der Massenarbeitslosigkeit und der wachsenden sozialen Ungleichheit, der unverhohlenen Klassenpolitik der Geldvermögensbesitzer und des Finanzkapitals bei der Demontage des Sozialstaates als Opposition aufzugreifen und Alternativen zur herrschenden Politik in den eigenen Reihen zumindest zu diskutieren. Insofern bleibt auch die Sozialdemokratie ein politischer Raum, in den die Kapitalismuskritik und die Debatten um die Zukunft des Sozialismus hineinwirken.

Im Hinblick auf die Zukunft des Sozialismus ist auch hier die Organisationsfrage bzw. die Fixierung auf eine bestimmte Partei oder Richtung derzeit weniger bedeutsam als die politische Qualität eines Prozesses, in dem praktischer Widerstand gegen die angeblichen Sachzwänge der neoliberalen Politik, Kritik des herrschenden Modells der Kapitalakkumulation und der Entfesselung der Marktfreiheiten und eine offene und kontroverse Diskussion über Geschichte und Perspektiven des Sozialismus sich in vielfältigen Lernprozessen miteinander verbinden. Diese Interventionen werden sich nicht einmal hauptsächlich auf Wahlen beschränken. Wichtiger ist, daß sie in der „Zivilgesellschaft“ und in den Alltagskulturen Netzwerke von oppositionellen Diskursen, alternativen Lebensformen und praktischem Widerstand festigen. Kapitalismuskritik verbindet sich hier mit Kämpfen um jene Wertvorstellungen, die die politische Kultur des Sozialismus immer wieder (trotz aller Fehlentwicklungen) ausgezeichnet hatten: Antirassismus und Antifaschismus; soziale Gerechtigkeit und Selbstbestimmung; Kritik der Religion; Gleichheit der Geschlechter und Antisexismus; Friedenspolitik und Internationalismus. Die amerikanische Sozialistin Nancy Fraser (1994: 24) sieht gerade hier eine wichtige Aufgabe der Intellektuellen. Sie nehmen eine „Zwischenstellung" ein, in der sich „oppositionelle Diskurse und Expertendiskurse" überschneiden: „Das was kritische Intellektuelle also tun – abgesehen von Gesprächen mit den Protestbewegungen einerseits und mit Experten andererseits – ist, Wege zu finden, um deren disparate Diskurse miteinander zu verflechten. Mit andern Worten, wir engagieren uns bei der Bildung brückenschlagender Diskurse und bei der Eröffnung neuer, hybrider Öffentlichkeiten und Kampfschauplätze".

Ein Ende der neoliberalen Hegemonie auf wirtschafts- und gesellschaftspolitischem Gebiet sowie eine Ablösung der neokonservativen Wertvorstellungen im politischen Raum sind nicht in Sicht. Allerdings mehren sich die Anzeichen für einen Umschwung des Meinungsklimas, wie ihn Claus Leggewie (1997: 284/5) sogar für die USA seit 1995 konstatiert: „Nach einem jahrzehntelangen Klassenkampf von oben (sind sie) an einem Punkt angelangt, an dem viele apathisch gewordene Amerikaner (und vor allem Amerikanerinnen) sagen: 'Enough is enough – es reicht!' Und die Linke, sagen viele sarkastisch, ist so tief gesunken, daß es nur noch bergauf gehen kann". Weltweit nimmt der Widerstand gegen die vorgeblichen Sachzwänge neoliberaler Politik zu: vom Aufstand der Zapatisten im mexikanischen Chiapas (vgl. Boris 1996: 200 ff.), über Massenproteste und Generalstreikbewegungen in Südamerika, Südafrika, Australien und Korea bis hin zu einem Aufschwung gewerkschaftlicher Aktivitäten in Westeuropa, wo gerade die militanten und kämpferischen Organisationen des linken Flügels der Gewerkschaftsbewegung seit den späten 70er Jahren in eine tiefe Krise geraten waren, die sich u.a. in Mitgliederverlusten, rückläufiger Streiktätigkeit und strategischer Desorientierung manifestiert hatte.

Seit 1992/93 hat – vor allem in den entwickelten kapitalistischen Staaten – die Streiktätigkeit erheblich zugenommen. In verschiedenen Formen artikuliert sich sozialer Protest. Das innere Band dieser neuen Welle der Klassenkämpfe wird durch die gemeinschaftliche Kritik an den vorherrschenden sozialökonomischen und politisch-ideologischen Entwicklungstendenzen in den reichen Metropolen des Kapitals geknüpft. Protest und Widerstand richten sich gegen das Ansteigen der Massenarbeitslosigkeit und der Armut auf der einen und gegen die Demontage des Sozialstaates – einschließlich des Abbaus von Arbeiter- und Gewerkschaftsrechten – auf der anderen Seite. Überall steht die Kritik der neoliberalen „Wirtschaftstheologie" und Politik im Mittelpunkt. Darin sind diese Bewegungen zunächst einmal defensiv; und es ist nicht auszuschließen, daß mit der fortschreitenden Erosion der fordistischen Klassenformationen auch diese Welle des sozialen Protestes verebben wird und/oder daß sie auch für die politische Rechte instrumentalisiert werden kann.

Die zunehmende Politisierung der sozialen Frage impliziert freilich auch Ansätze und Potentiale, die über deren defensiven – von der Angst der Menschen diktierten – Ausgangspunkt hinausführen könnten. Immer mehr Menschen wird bewußt, daß die Antworten der herrschenden Wirtschaftskräfte (der Repräsentanten der transnationalen Konzerne wie der Großbanken) und der neoliberalen Politiker auf die Krise diese zur sozialen und ökologischen Katastrophe zuspitzen müssen. Angesichts der zunehmenden Entkoppelung von Wirtschaftswachstum und Beschäftigungsentwicklung muß die weitere Senkung der Arbeits- und Sozialkosten im globalen Wettbewerb, das Festhalten am Primat der Deflations- und Austeritätspolitik sowie die Hypostasierung des monetären Fetischs die bestehenden Probleme der Arbeitslosigkeit und der Unterbeschäftigung auf der einen, der Handlungsohnmacht der Politik und des Staates auf der anderen Seite verschärfen.

Proteste und Widerstand gegen diese Politik haben sich nicht allein in Italien (in der Auseinandersetzung mit der Regierung Berlusconi) und in der großen Sozialbewegung in Frankreich Ende 1995 artikuliert. Im Verlaufe des Jahre 1996 kam es zu Massenstreikbewegungen in Belgien, Spanien, Portugal, Griechenland und selbst auf wirtschaftsfriedlichen „Inseln" wie der Schweiz und der Bundesrepublik Deutschland. Die politische Dimension dieser sozialen Protestbewegungen besteht also darin, daß sie die herrschende Politik und ihre Ideologie angreifen und kritisieren. Die Lösung der sozialen und ökologischen Probleme am Übergang ins 21. Jahrhundert kann nicht durch eine weitere Radikalisierung der Marktfreiheiten, durch mehr Deregulierung und

Privatisierung, durch mehr Spekulationsgewinne auf globalen Finanzmärkten, sondern nur durch einen erfolgreichen Kampf um die Einschränkung und gesellschaftliche Kontrolle dieser „Freiheiten“ – und der mit ihnen verbundenen Herrschaftsverhältnisse – erreicht werden. Die Gesellschaft, deren Fragmentierung und Zerfall allenthalben beklagt wird, muß – im Medium und Resultat dieser Kämpfe, die sich keineswegs auf die Gewerkschaften beschränken und beschränken dürfen – die Kontrolle über die verselbständigte Dynamik der Marktkräfte zurückgewinnen[4]. Die Lösung der globalen Beschäftigungskrise – bei Erhaltung bzw. Schaffung von sozialen Sicherungssystemen, die den Anforderungen der sozialen Gerechtigkeit und des ökologischen Umbaus entsprechen – kann nur durch regulative Eingriffe, gesetzliche Steuerungen, Umverteilungsmaßnahmen, umfassende beschäftigungspolitische Maßnahmen außerhalb der privaten Märkte, politische Kontrollen der transnationalen Kapitalbewegungen usw. – durchgesetzt werden, wobei in der Europäischen Union die Frage nach der Ausgestaltung der „sozialen Dimension“ gegen den Widerstand der konservativen Regierungen und der Kapitalverbände in die strategischen Diskurse Eingang finden muß.

In Frankreich hat nach der großen „sozialen Bewegung“ Ende 1995 nicht nur der Druck der Streiktätigkeit angehalten; auch bei den Mei-

---

4) Hier kann an die Überlegungen angeknüpft werden, die Karl Polanyi (1978: 329 u. 333) im Jahre 1944 in seinem Buch „The Great Transformation“ angestellt hat. Die Katastrophen der ersten Hälfte des 20. Jahrhunderts erklärt er daraus, daß „der Konflikt zwischen dem Markt und den elementaren Erfordernissen eines geordneten gesellschaftlichen Lebens diesem Jahrhundert seine Dynamik verlieh und die typischen Spannungen erzeugte, die schließlich zur Zerstörung dieser Gesellschaft führten. Die Kriege beschleunigten nur diesen Prozeß“. Polanyi plädiert dafür, „die Produktionsfaktoren Boden, Arbeit und Geld dem Markt zu entziehen“. Der US-amerikanische Politikwissenschaftler Benjamin Barber (1995: 252 ff.) schließt am Ende des Jahrhunderts an diese Position an. Er weist zunächst die „dümmliche und überzogene Behauptung“ zurück, „daß der nackte und völlig ungehemmte Markt das einzige Mittel sei, alles für Menschen Wichtige zu erzeugen und gerecht zu verteilen ... Märkte sind mitnichten das ideale Werkzeug zur Regelung und Gestaltung des Gemeinwohls, auch wenn manche Möchtegern-Demokraten behaupten, aus ihnen ergäben sich gemeinwohlstiftende Verhaltensnormen und demokratische Werte von allein ... Wirklich frei entwickelt haben sich in diesem Jahrhundert nur gemischte Volkswirtschaften, in denen demokratische Regierungen für einen Ausgleich zwischen Wirtschaftsinteressen und sozialer Gerechtigkeit sorgten“.

nungsumfragen ist die konservativ-liberale Koalition, die bei den letzten Parlamentswahlen einen triumphalen Sieg über die Linke – vor allem über die Sozialisten – errungen hatte, in ein drastisches Popularitätstief geraten. Besonders bedeutsam scheint freilich der Tatbestand, daß sich ein Teil der Intellektuellen Frankreichs – nach einer langen Periode der Desorientierung und Entpolitisierung – mit den sozialen Volksbewegungen solidarisiert und zugleich wieder in die gesellschaftspolitischen Debatten des Landes eingreift. Dabei stehen die Europapolitik („Maastricht") sowie die Währungsunion („Euro") im Mittelpunkt der Kritik an der Regierungspolitik mit ihrer Unterwerfung unter die Führung durch die deutsche Bundesregierung und Bundesbank. Immer mehr konzentriert sich diese Debatte auf die mit dem Zerfall der Gesellschaft verbundenen Risiken sowie auf die Kritik des Neoliberalismus und der Globalisierungsideologie (als der neue „Sachzwang-Totalitarismus"). Diese Rückkehr der kritischen Intellektuellen in die Politik, die u.a. von Pierre Bourdieu personifiziert wird, hat natürlich auch Rückwirkungen auf die Debatten über die wirtschafts-, sozial- und beschäftigungspolitischen Alternativen gegenüber dem Primat der monetären Stabilitätspolitik. Offen ist noch die Frage, ob diese Wende in der politischen Kultur Frankreichs Bestand haben wird und auch auf andere Mitgliedstaaten der Europäischen Union – und damit auf die Auseinandersetzungen um die zukünftige Ausgestaltung Europas im Sinne eines „europäischen Sozialmodells" – ausstrahlen wird.

Der Kampf gegen die Massenarbeitslosigkeit erfordert dabei Antworten, die – neben den beschäftigungs- und verteilungspolitischen Maßnahmen „im System" – in die Richtung einer vollständigen Neubewertung des Erwerbs- und Arbeitsbegriffs entwickelt werden müssen (André Gorz hatte schon Ende der 70er Jahre in diese Richtung gedacht). Solche Entscheidungen erfordern jedoch Eingriffe nicht nur in das ungehinderte Wirken der globalen (und nationalen) Marktkräfte, politische Eingriffe, um die mit der transnationalen Liberalisierung der Finanzmärkte verbundenen Spekulationsgeschäfte zu unterbinden, und natürlich Eingriffe in die unumschränkte Verfügung über das Kapitaleigentum selbst. Solche Eingriffe erschöpfen sich nicht in Sozialisierungsmaßnahmen (obwohl auch in der Zukunft der öffentliche Wirtschaftssektor für die Wirtschafts- und Sozialpolitik, vor allem aber für die Beschäftigungspolitik eine wichtige Rolle spielen wird!), sondern erfordern vor allem auch gesetzliche Regelungen zur „Demokratisierung der Wirtschaft", der nationalen Ökonomie ebenso wie der transnational operierenden Konzerne.

In diesen Auseinandersetzungen der Gegenwart entscheidet sich zunächst einmal, ob die Epoche der neoliberalen Hegemonie, die Ende der 70er Jahre begann, durch eine neue Epoche abgelöst wird, in der die Anerkennung und Ausgestaltung sozialer Bürgerrechte im Mittelpunkt politischen Handelns stehen wird. Und in diesen Auseinandersetzungen wird auch darüber entschieden, ob der Sozialismus noch eine Zukunft hat. Der schwedische Soziologe und Sozialist Göran Therborn (1992: 32) vertritt am Ende eines Artikels über die Geschichte des Sozialismus einen verhaltenen Zukunftsoptimismus, dem auch ich mich anschließen möchte: „Die zentralen Werte der sozialistischen Kultur – universelle Gleichheit und Solidarität – bleiben intakt. Aufgrund des zunehmend globalen Charakters der sozialen Probleme – der Armut und Migration sowie der Umwelt zum Beispiel – und aufgrund der Existenz globaler Kommunikationsnetzwerke werden diese Werte wahrscheinlich neue Anhänger gewinnen und deshalb eher stärker als schwächer werden. Die klassische Linke wird wahrscheinlich im nächsten Jahrhundert auf dieser Basis wiederhergestellt werden. Wie dies genau aussehen wird, können wir natürlich jetzt noch nicht sagen. Aber wahrscheinlich wird in der Zukunft die europäische sozialistische Linke eher so aussehen wie die Linke in den Neuen Welten Amerikas als die klassische Linke des europäischen Industriekapitalismus. Sie wird sehr viel heterogener sein, sowohl in ihren Anliegen und ihrem Selbstverständnis als auch in ihren Langzeitperspektiven; mehr beeinflußt durch exogene kulturelle Tendenzen; lockerer und demokratischer organisiert; pragmatischer in ihrer Praxis".

Literatur

W. Abendroth (1952), Zur Funktion der Gewerkschaften in der westdeutschen Demokratie, in: Gewerkschaftliche Monatshefte, 3. Jg., Nr. 11, S. 641 ff.

W. Abendroth (1967), Antagonistische Gesellschaft und politische Demokratie, Neuwied.

K. Adam (1993), Weder Weimar noch Kathargo, in: S. Unseld (Hrsg.), Politik ohne Projekt? Frankfurt/Main, S. 87 ff.

T. W. Adorno (1993), Jene zwanziger Jahre, in: ders., Eingriffe, Frankfurt/Main, S. 59-68.

M. Albert (1992), Kapitalismus contra Kapitalismus, Frankfurt/New York.

L. Althusser (1977), Ideologie und ideologische Staatsapparate, Hamburg.

L. Althusser (1978), Die Krise des Marxismus, Hamburg.

E. Altvater (1987), Sachzwang Weltmarkt, Hamburg.

E. Altvater (1991), Die Zukunft des Marktes, Münster.

E. Altvater (1994), Die Arbeitgesellschaft muß umgepolt werden, in: „Freitag" vom 3. Juni 1994, S. 6.

E,. Altvater (1996), Am Ende eines politischen Zyklus, mitten in einem großen Bruch, in: P. Ingrao/R. Rossanda, Verabredungen zum Jahrhundertende, Hamburg, S. 193 - 203.

E. Altvater/B. Mahnkopf (1996), Grenzen der Globalisierung. Ökonomie, Ökologie und Politik in der Weltgesellschaft, Münster.

G. Anders (1956), Die Antiquiertheit des Menschen, 2 Bände, München.

P. Anderson (1993), Zum Ende der Geschichte, Berlin.

P. Anderson (1994), Introduction, in: Anderson/Camiller (1994: 1-22).

P. Anderson/P. Camiller (1994), Eds., Mapping the West European Left, London/New York.

H. Arendt (1963), Über die Revolution, München.

H. Arendt (1981). Vita Activa, München.

H. Arendt (1986), Elemente und Ursprünge totaler Herrschaft, München.

H. Arendt (1993), Was ist Politik? Fragmente aus dem Nachlaß, München/Zürich.

R. Aron (1957), Opium für Intellektuelle. Oder: Die Sucht nach Weltanschauung, Köln/ Berlin.

G. Arrighi (1994), The Long Twentieth Century. Money, Power, and the Origins of Our Times, London/New York.

G. Baratta (1989), Antonio Gramsci Critico dell Americanismo, in: ders./A. Catone (Ed), Modern Time. Gramsci e la Critica dell Americanismo, Milano, S. 29 ff.

B. Barber (1996), Cocal-Cola und Heiliger Krieg. Wie Kapitalismus und Fundamentalismus Demokratie und Freiheit abschaffen, Bern/München/Wien.

A. Baring (1991), Deutschland, was nun? Ein Gespräch mit D. Rumberg und W. J. Siedler, Berlin.

A. Baring/R. Scholz (1994), Hrsg., Eine neue deutsche Interessenlage? Veröffentlichungen der Hanns-Martin-Schleyer-Stiftung, Band 41, Köln.

M. Barrat Brown (1993), Limitations of Market and Liberal Democracy, in: ToD. The Working Paper Series, 4/1993, New York/Beograd, S. 10 ff.

M. Barrat Brown/K. Coates (1996), The Blair Revelation, Nottingham.

U. Beck (1986), Risikogesellschaft, Frankfurt/Main.

U. Beck (1993a), Der feindlose Staat. Militär und Demokratie nach dem Ende des Kalten Krieges, in: S. Unseld (Hrsg.), Politik ohne Projekt?, Frankfurt/Main, S. 106 ff.

U. Beck (1993b), Die Erfindung des Politischen, Frankfurt/Main.

U. Beck (1996a), Kapitalismus ohne Arbeit, in: Direkt. Das Themenheft der IG Metall, 2. Jg., Nr. 5 (November), S. 39.

U. Beck (1996b), Das Zeitalter der Nebenfolgen und die Politisierung der Moderne, in: ders. u.a., Reflexive Modernisierung. Eine Kontroverse, Frankfurt/Main.

F. Behrens (1992), Abschied von der sozialen Utopie, Berlin.

D. Bell (1991), Die kulturellen Widersprüche des Kapitalismus, Frankfurt/New York.

D. Bering (1982), Die Intellektuellen. Geschichte eines Schimpfwortes, Frankfurt/Main / Berlin / Wien.

K. von Beyme (1991), Theorie der Politik im 20. Jahrhundert, Frankfurt/Main.

H. J. Bieling/F. Deppe (1996a), Internationalisierung, Integration und politische Regulierung, in: M. Jachtenfuchs/B. Kohler-Koch, Hrsg., Europäische Integration, Opladen, S. 481 - 512.

H. J. Bieling/F. Deppe (1996b), Gramscianismus in der Internationalen Politischen Ökonomie, in: Das Argument, Nr. 217, 38. Jg., Heft 5/6, S.729 - 740.

H. J. Bieling/F. Deppe, Hrsg. (1997), Arbeitslosigkeit und Wohlfahrtsstaat in Westeuropa. Neun Länder im Vergleich, Opladen.

H. Bierbaum (1995), Kurswechsel durch Überraschungscoup? Der Gewerkschaftstag der IG Metall, in: Sozialismus, 12/1995, S. 35 ff.

J. Bischoff/R. Detje, (1989), Massengesellschaft und Individualität, Hamburg.

J. Bischoff/M. Menard (1992), Weltmacht Deutschland? Hamburg.

T. Blanke u.a. (1996), Perspektiven in gefährlichen Zeiten, in: Gewerkschaftliche Monatshefte, 10/1996, S. 653 - 661.

J. Blau (1980), Sozialdemokratische Staatslehre in der Weimarer Republik, Marburg.

N. Bobbio (1988), Die Zukunft der Demokratie, Berlin.

H. Bömer (1996), Ökosozialer Deal als Konzept alternativer Wirtschaftspolitik, in: Z. Zeitschrift Marxistische Erneuerung, 7. Jg., Nr. 28 (Dezember), S. 94 - 108.

M. Bonder, B. Röttger, G. Ziebura (1992), Deutschland in einer neuen Weltära. Die unbewältigten Herausforderungen, Opladen.

D. Boris (1996), Mexiko im Umbruch, Darnstadt.

P. Bourdieu (1996a), „Contre la déstruction d'une civilisation". Rede vor streikenden Arbeitern, in: Blätter für deutsche und internationale Politik, 2/1996, S. 177 ff.

P. Bourdieu (1996b), Warnung vor dem Modell Tietmeyer, in: Die Zeit vom 1. 11. 1996.

K. D. Bracher (1984), Zeit der Ideologien. Eine Geschichte des politischen Denkens im 20. Jahrhundert, Stuttgart.

J. Burckhardt (1928), Die Kultur der Renaissance in Italien (1860), Berlin.

C. Butterwege (1991), Austromarxismus und Staat. Mit einem Geleitwort von Bruno Kreisky, Marburg.

C. Castoriadis (1990), Gesellschaft als imaginäre Institution, Frankfurt/Main.

U. Cerroni (1973), Teoria Politica e Socialismo, Roma.

J. Chirac (1996), Französisches Memorandum für ein europäisches Sozialmodell, in: Blätter für deutsche und internationale Politik, 41. Jg. (1996), Heft 5, S. 632 - 636.

R. Cockett (1995), Thinking the Unthinkable. Think-Tanks and the Economic Counter-Revolution, 1931 - 1983, London.

L. Colletti (1977), Rousseau. Kritiker der bürgerlichen Gesellschaft, in: ders., Marxismus und Dialektik, Frankfurt/Berlin/Wien, S. 78 ff.

T. Collingworth u.a. (1994), Time for a Global New Deal, in: Foreign Affairs, Vol. 73, No. 1, January/February, S. 8 - 13.

H. G. Conert (1996), Die „konsequente" Linke, Supplement der Zeitschrift Sozialismus, 12/1996.

R. Cox (1987), Production, Power and World Order. Social Forces in the Making of History, New York.

R. Dahrendorf (1990), Die Sache mit der Nation, in: Merkur, 44. Jg., Heft 10/11, S. 823 ff.

R. Dahrendorf (1992), Der moderne soziale Konflikt, Stuttgart.

R. Dahrendorf (1993), Ich bleibe eine radikaler Liberaler, in: Die Zeit vom 27. August 1993, S. 3.

A. Demirovic u.a., Hrsg. (1992), Hegemonie und Staat. Kapitalistische Regulation als Projekt und Prozeß, Münster.

F. Deppe (1970), Verschwörung, Aufstand und Revolution. Louis Auguste Blanqui und das Problem der sozialen Revolution im 19. Jahrhundert, Frankfurt/Main.

F. Deppe (1981), Eigentum und Staat als Gegenstand der Gesellschafstheorie und Politik in der Epoche der Herausbildung des Kapitalismus, in: IMSF, Der Staat im staatsmonopolistischen Kapitalismus der Bundesrepublik. Staatsdiskussion und Staatstheorie, Frankfurt/Main, Band 1, S. 8 - 48.

F. Deppe (1983a), Vergesellschaftung und Politik. Zur politischen Theorie von Karl Marx, in: IMSF (Hrsg.), „...einen großen Hebel der Geschichte". Zum 100. Todestag von Karl Marx, Frankfurt/Main, S. 86 ff.

F. Deppe (1983b), Notizen zur Aktualität der politischen Theorie von Karl Marx, in: D. Albers u.a., Aktualisierung Marx', Berlin, S. 145 ff.

F. Deppe (1985), Ende oder Zukunft der Arbeiterbewegung? Gewerkschaftspolitik nach der Wende, Köln, 2. Aufl.

F. Deppe (1987), Niccolò Machiavelli, Köln.

F. Deppe (1991), Jenseits der Systemkonkurrenz. Überlegungen zur neuen Weltordnung, Marburg.

F. Deppe (1992), Die Linke nach dem Zusammenbruch des Realsozialismus - neue Bezugspunkte sozialistischen Denkens, in: J. Bischoff u.a., Nach dem Zusammenbruch des Realsozialismus, Frankfurt/Main, S. 9 ff.

F. Deppe (1993a), Wolfgang Abendroth und Antonio Gramsci, in: Forum Wissenschaft (Marburg), 2/1993, Beilage S. VI ff.

F. Deppe (1993b), Gestaltungskompetenz und Gegenmacht. Antworten auf die „Verschlankung" von Produktion und Gesellschaft, in: Sozialismus, 2/1993, S. 24 ff.

F. Deppe (1996a), Auf- und Abstieg der „neuen Mittelklasse", in: Z. Zeitschrift Marxistische Erneuerung, 7. Jg., Nr. 26, S. 88 - 100.

F. Deppe (1996b), Arbeitslosigkeit, Wohlfahrtsstaat und Gewerkschaften in der Europäischen Union, Supplement der Zeitschrift Sozialismus (Hamburg), 2-1996.

F. Deppe (1996c), Integration und/oder Hegemonie - deutsche Politik vor Maastricht II, in: G. Binus u.a., Internationalisierung - Finanzkapital - Maastricht II, IMSF, Frankfurt am Main.

F. Deppe (1996d), Die Renaissance der „sozialen Frage" im globalen Kapitalismus, in: P. Ingrao/R. Rossanda, Verabredungen zum Jahrhundertende, Hamburg, S. 218 - 225.

F. Deppe (1996e), Deutschland - ein guter Partner für die europäischen Nachbarn? in: D. Heimann u.a. (Hrsg.), Weltmacht Deutschland? Bremen, S. 78 - 100.

F. Deppe/K. Dörre (1991), Klassenbildung und Massenkultur im 20. Jahrhundert, in: K. Tenfelde, Hrsg., Arbeiter im 20. Jahrhundert, Stuttgart, S. 726 - 771.

F. Deppe/K.P. Weiner, Hrsg. (1991), Binnenmarkt '92. Zur Entwicklung der Arbeitsbeziehungen in Europa, Hamburg.

F. Deppe/M. Felder (1993), Zur Post-Maastricht-Krise der Europäischen Gemeinschaft, FEG-Arbeitspapier, Nr. 10, Marburg.

K. Dörre (1989), Die Gewerkschaften im „Risikokapitalismus", in: F. Deppe u.a. (Hrsg.), Gewerkschaften im Umbruch, Köln, S. 16 ff.

B. Ebbinghaus/J. Visser (1994), Barrieren und Wege 'grenzenloser' Solidarität: Gewerkschaften und europäische Integration, in: W. Streeck, Hrsg., Staat und Verbände, Opladen, S. 223 ff.

P. K. Edwards/R. Hyman (1994), Strikes and Industrial Conflict: Peace in Europe?, in: R. Hyman/ A. Ferner, Eds., New Frontiers in European Industrial Relations, Ocoford, S. 250 - 280.

EG-Kommission (1993), Wachstum, Wettbewerbsfähigkeit, Beschäftigung. Herausforderungen der Gegenwart und Wege ins 21. Jahrhundert. Weißbuch. Bulletin der EG, Luxembourg, Beilage 6/93.

B. Ehrenreich (1992), Angst vor dem Absturz. Das Dilemma der Mittelklasse, München.

N. Elias (1977), Zur Soziogenese des Staates, in: ders., Der Prozeß der Zivilisation, Band 2, Frankfurt/Main.

G. Esping-Anderson (19990), The Three Worlds of Welfare Capitalism, Princeton, New Jersey.

J. Esser (1985), Staat und Markt, in: I. Fetscher/H. Münkler (Hrsg.), Politikwissenschaft, Reinbek bei Hamburg, S. 201 ff.

J. Esser (1993), Die Suche nach dem Primat der Politik, in: S. Unseld (Hrsg.), Politik ohne Projekt?, Frankfurt/Main.

M. Etxezarreta, Coord. (1991), Le Reestructuracion del Capitalismo en Espana 1970 - 1990, Barcelona.

H. Fenske (1991), Politisches Denken im 20. Jahrhundert, in: H. J. Lieber (Hrsg.), Politische Theorie von der Antike bis zur Gegenwart, Bonn, S. 657 - 880.

J. Fest (1991), Der zerstörte Traum. Das Ende des utopischen Zeitalters, Berlin.

J. Fest (1993), Krise des Politischen, in: FAZ vom 14. 10. 1994, S. 1.

I. Fetscher/H. Münkler (1987), Vorwort, in: dies., Hrsg., Pipers Handbuch der politischen Ideen, Band 5: Neuzeit, München/Zürich.

P. Flores d'Arcais (1993), Libertärer Existentialismus. Zur Aktualität der Theorie von Hannah Arendt, Frankfurt/Main.

Forum Gewerkschaften (1996), Soziale Marktwirtschaft - das Ende der Geschichte? Zur Kritik des Entwurfs für ein neues DGB-Grundsatzprogramm. Mit Beiträgen von Otto König, Frank Deppe u.a., Supplement der Zeitschrift Sozialismus (Hamburg), 6-1996.

S. Freud (1960), Das Unbehagen in der Kultur (1930), in: ders., Das Unbewußte. Schriften zur Psychoanalyse, Frankfurt/Main, S. 339.

M. Friedman (1976), Kapitalismus und Freiheit, München.

K. Fritzsche (1996), Sozialismus, in: F. Neumann, Hrsg., Handbuch Politische Theorien und Ideologien, Band II, Opladen, S. 1 ff.

F. Fukuyama (1990), Das Ende der Geschichte?, in: Europäische Rundschau, Winter 1990, S. 1 ff.

J. K. Galbraith (1963), Gesellschaft im Überfluß, München/Zürich.

J. K. Galbraith (1992), Die Herrschaft der Bankrotteure (The Culture of Contentment), Hamburg.

A. Giddens (1990), The Consequenes of Modernity, Stanford.

A. Giddens (1994), Beyond Left and Right. The Future of Radical Politics, Cambridge.

A. Glyn u.a. (1990), The Rise and Fall of the Golden Age, in: Marglin/Schor (1990), S. 39 ff.

B. Görlich/ A. Lorenzer (1987), Sigmund Freud, in: Fetscher/Münkler (1987), S. 180 ff.

H. Gollwitzer (1982), Geschichte des weltpolitischen Denkens. Band 2: Zeitalter des Imperialismus udn der Weltkriege, Göttingen.

A. Gorz (1991), Und jetzt wohin? Nördlingen.

A. Gramsci (1992), Gefängnishefte, Band 4, Hamburg.

A. Gramsci (1996), Gefängnishefte, Band 7, Hamburg.

G. Gysi (1994), Plädoyer für einen neuen Gesellschaftsvertrag (Ingoldstädter Manifest), in: Neues Deutschland, 17. Februar 1994, S. 10.

J. Habermas (1973), Legitimationsprobleme im Spätkapitalismus, Frankfurt/Main.

J. Habermas (1981), Die Geschichte von den zwei Revolutionen (1966), in: ders., Philosophisch-politische Profile, Frankfurt/Main, S. 223 ff.

J. Habermas (1994), Staatsbürgerschaft und nationale Identität. Überlegungen zur europäischen Zukunft, in: N. Dewandre und J. Lenoble, Hrsg., Projekt Europa, Berlin, S. 11 ff.

J. Habermas (1995), 1989 im Schatten von 1945, in: ders., Die Normalität einer Berliner Republik, Frankfurt/Main, S. 167 ff.

G. W. F. Hegel (1955), Grundlinien der Philosophie des Rechts (1821), Hamburg.

R. Heilbroner (1994), Kapitalismus im 21. Jahrhundert, München.

H. Heller (1931), Staat, in: A. Vierkandt (Hrsg.), Handwörterbuch der Soziologie, Stuttgart, S. 608 - 613.

U. J. Heuer (1989), Marxismus und Demokratie, Baden-Baden.

J. Hirsch/R. Roth (1986), Das neue Gesicht des Kapitalismus. Vom Fordismus zum Postfordismus, Hamburg.

J. Hirsch (1993), Internationale Regulation, in: Das Argument, 35. Jg., 198, S. 195 ff.

J. Hirsch (1995), Der nationale Wettbewerbsstaat, Berlin.

T. Hobbes (1976), Leviathan (1651), hrsgg. v. I. Fetscher, Frankfurt/Berlin/Wien.

E. Hobsbawm (1962), The Age of Revolution, London.

E. Hobsbawm (1980), Die Blütezeit des Kapitals, Framkfurt/Main.

E. Hobsbawm (1989), Das imperiale Zeitalter. 1875 - 1914, Frankfurt/Main-New York.

E. Hobsbawm (1991), Der Tag nach dem Ende eines Zeitalters, in: Sozialismus, 2/1991, S. 23 - 27.

E. Hobsbawm (1994), Age of Extremes. The Short Twentieth Century, London.

W. Hofmann (1962), Die säkulare Inflation, Berlin.

W. Hofmann (1968), Das Elend der Nationalökonomie, in: ders., Universität, Ideologie, Gesellschaft. Beiträge zur Wissenschaftssoziologie, Frankfurt/Main, S. 117 ff.

A. Honneth (1994), Die soziale Dynamik von Mißachtung. Zur Ortsbestimmung einer kritischen Gesellschaftstheorie, in: Leviathan, 22. Jg., Nr. 1 (März), S. 78 ff.

U. Huar/G. Fechner (1985), Marx und Engels über Politik, Berlin.

K. Hübner (1992), Entwicklungskoordinaten der Weltwirtschaft, in: K. Fuchs u.a. (Hrsg.), Zwischen Nationalstaat und Globalpolitik, Köln, S. 41 ff.

H. S. Hughes (1961), Consciousness and Society. The Reorientation of European Social Thought, 1890-1930, New York.

J. Huizinga (1975), Herbst des Mittelalters (1923), Stuttgart.

S. P. Huntington (1993), The Clash of Civilizations? in: Foreign Affairs, Vol. 72, No. 3, S. 22 - 49.

R. Hyman (1992), Trade Unions and the Disaggregation of the Working Cass, in: Regini (1992: 150 ff.).

E. Husserl (1954), Die Krisis des europäischen Menschentums und die Philosophie (1935), in: ders., Gesammelte Werke, Band VI, hrsgg. v. W. Biemel, Haag, S. 314 ff.

P. Ingrao/R. Rossanda (1996), Verabredungen zum Jahrhundertende. Eine Debatte über die Entwicklung des Kapitalismus und die Aufgaben der Linken, Hamburg.

M. Jachtenfuchs/B. Kohler-Koch (1996), Hrsg., Europäische Integration, Opladen.

R. Jacoby (1990), Die Verdrängung der Psychoanalyse - oder - Der Triumph des Konformismus, Frankfurt/Main.

K. Jaspers (1979), Die geistige Situation der Zeit (1932), Berlin/New York.

F. Jameson (1986), Postmoderne - zur Logik der Kultur im Spätkapitalismus, in: A. Huyssen/K. R. Scherpe, Hrsg., Postmoderne, Reinbek bei Hamburg, S. 45 ff.

U. Jürgens/F. Naschold (1994), Entwicklungspfade der deutschen Industrie in den 90er Jahren, in: Die Mitbestimmung, 1/1994, S. 11 ff.

H. Kaelble (1987), Auf dem Weg zu einer europäischen Gesellschaft. Eine Sozialgeschichte Westeuropas 1880 - 1980, München.

D. Kaesler (1987), Max Weber, in: I. Fetscher/H. Münkler, Hrsg., Pipers Handbuch der politischen Ideen, Band 5: Neuzeit, München/Zürich, S. 150 ff.

M. Kaldor (1992), Der imaginäre Krieg. Eine Geschichte des Ost-West-Konflikts, Hamburg/Berlin.

E. B. Kapstein (1996), Workers and the World Economy, in: Foreign Affairs, Vol. 75, No. 3 (May/June), S. 16 - 37.

K. Kautsky (1972), Der Weg zur Macht (1909), hrsgg. u. eingel v. G. Fülberth, Frankfurt/Main.

S. Kebir (1991), Gramsci's Zivilgesellschaft, Hamburg.

P. Kennedy (1989), Aufstieg und Niedergang der großen Mächte. Ökonomischer Wandel und militärischer Konflikt von 1500 bis 2000, Frankfurt/Main.

P. Kennedy (1993), In Vorbereitung auf das 21. Jahrhundert, Frankfurt/Main.

H. Kern (1994), Intelligente Regulierung. Gewerkschaftliche Beiträge in Ost und West zur Erneuerung des deutschen Produktionsmodells, in: Soziale Welt, 1/1994, S. 33 ff.

W. Kersting (1990), Vertrag, Gesellschaftsvertrag, Herrschaftsvertrag, in: O. Brunner, Hrsg., Geschichtliche Grundbegriffe, Band 6, Stuttgart, S. 901ff.

W. Kersting (1993), John Rawls. Zur Einführung, Hamburg.

J. M. Keynes (1956), Bin ich ein Liberaler? (1925), in: ders., Politik und Wirtschaft, Tübingen, S. 246 ff.

J. M. Keynes (1964), The General Theory of Employment, Interest and Money (1936), London.

A. King/B. Schneider (1991), Die globale Revolution. Ein Bericht des Club of Rome, Spiegel-Spezial, Hamburg.

C. Koch (1993a), Marktherrschaft. Von den kommenden Umwälzungen in Westeuropa, in: Merkur, 47. Jg., Heft 1, Januar, S. 1 ff.

C. Koch (1993b), Demokratie, sozialer Raum und Gewerkschaftspolitik in der Europäischen Union, unv. Man., Berlin.

L. Kofler (1971), Geschichte der bürgerlichen Gesellschaft, Neuwied und Berlin.

R. Koselleck (1997). Kritik und Krise. Eine Studie zur Pathogenese der bürgerlichen Welt (1959), Frankfurt/Main.

P. Koslowski (1988), Die postmoderne Kultur, München.

N. Kostede (1980), Staat und Demokratie. Studien zur politischen Theorie des Marxismus, Darmstadt und Neuwied.

S. Kracauer (1992), Der verbotene Blick, Leipzig.

M. Kronauer (1993), Ed., Unemployment in Western Europe, in: International Journal of Political Economy, Vol. 23, No. 3.

J. Kuczynski (1993), "Nicht ohne Einfluß". Macht und Ohnmacht der Intellektuellen, Köln.

J. Kuczynski (1996), Vom Zickzack der Geschichte. Letzte Gedanken zu Wirtschaft und Kultur seit der Antike. Köln.

C. Lasch (1995), Die blinde Elite, Hamburg.

G. Le Bon (1947), Psychologie der Massen (1895), Stuttgart.

D. Leborgne/A. Lipietz (1996), Postfordistische Politikmuster im globalen Vergleich, in: Das Argument, Nr. 217, 38. Jg. , Heft 5/6, S. 697 - 712.

H. Lefebvre (1976), De l'Etat, 4 Bände, Paris.

C. Leggewie (1997), America first? Der Fall einer konservativen Revolution, Frankfurt/Main.

W. I. Lenin (1964), Ausgewählte Werke in drei Bänden, Berlin.

K. Lenk (1989), Deutscher Konservatismus, Frankfurt/New York.

K. Lenk (1991), Probleme der Demokratie, in: H. J. Lieber (Hrsg.), Politische Theorien von der Antike bis in die Gegenwart, Bonn, S. 933 - 990.

G. Lichtheim (1973), Europa im 20. Jahrhundert. Eine Geistesgeschichte der Gegenwart, München.

A. Lipietz (1991), Demokratie nach dem Fordismus, in: Das Argument,, 33. Jg., Nr. 189, S. 677 ff.

A. Lipietz (1992), Towards a New Economic Order. Postfordism, Ecology and Democracy, Cambridge.

J. F. Lyotard (1986), Das postmoderne Wissen, Graz/Wien.

N. Luhmann (1984), Staat und Politik: Zur Semantik der Selbstbeschreibung politischer Systeme, in: U. Bermbach, Hrsg., Politische Theoriegeschichte, PVS-Sonderband, 15, Opladen, S. 99 - 125.

B. Lutz (1984), Der kurze Traum immerwährender Prosperität. Eine Neuinterpretation der industriell-kapitalistischen Entwicklung im Europa des 20. Jahrhunderts, Frankfurt/New York.

B. Lutz (1993), Es bleibt nicht mehr viel Zeit für den Umbau, in: Gewerkschaftliche Monatshefte, 1/1993.

N. Machiavelli (1925), Geschichte von Florenz, in: ders., Gesammelte Schriften in 5 Bänden, hier: Band 4, München.

N. Machiavelli (1986), Il Principe/Der Fürst, Stuttgart.

C. B. Macpherson (1973), Die politische Theorie des Besitzindividualismus, Frankfurt/Main.

A. Maddison (1991), Dynamic Forces in Capitalist Development. A Long-Run Comparative View, Oxford/New York.

C. Magris (1996), Utopie und Entzauberung. Ein Rund- und Rückblick auf das Millenium, in: Frankfurter Rundschau vom 28. Dezember 1996, Seite ZB 3.

B. Mahnkopf, Hrsg. (1988), Der gewendete Kapitalismus. Kritische Beiträge zur Theorie der Regulation, Münster.

E. Mandel (1985), The Actuality of Socialism, in: M. Nikolic, Ed., Socialism on the Treshold of the Twenty-First Century, Belgrade/London.

T. Mann (1991), Betrachtungen eines Unpolitischen (1916), Frankfurt/Main.

H. Marcuse (1962), Vernunft und Revolution, Neuwied und Berlin.

H. Marcuse (1970), Der eindimensionale Mensch (1964), Neuwied und Berlin.

S. Marglin and J. Schor, Eds. (1990), The Golden Age of Capitalism, Oxford.

T. H. Marshall (1973), Class, Citizenship and Social Development, Westport.

L. Martines (1979), Power and Imagination. City-States in Renaissance Italy, Harmondsworth.

K. Marx (1953), Grundrisse der Kritik der politischen Ökonomie, Berlin.

H. Matties u.a. (1994), Arbeit 2000. Anforderungen an eine Neugestaltung der Arbeitswelt. Eine Studie der Hans-Böckler-Stiftung, Reinbek bei Hamburg.

E. Meiskins Wood (1996), Postmoderne oder Kapitalismus? Supplement der Zeitschrift Sozialismus, 12/1996.

MEW - K. Marx/F. Engels, Werke, 40 Bände, Berlin 1961 ff.

T. Mierbach (1990), Überholte Legitimität? Oder: auf dem Weg zu einem neuen Politikbegriff, Darmstadt.

R. Miliband (1975), Der Staat in der kapitalistischen Gesellschaft, Frankfurt/Main.

R. Miliband (1977), Marxism and Politics, Oxford.

R. Miliband (1994), Socialism for a Sceptical Age, Cambridge.

B. Moore (1977), Social Origins of Dictatorship and Democracy, Harmondsworth.

T. Morus, Utopia (1516). Stuttgart.

R. Münch (1993), The Contribution of German Social Theory to European Sociology, in: B. Nedelmann/P. Sztompka, Eds., Sociology in Europe. In Search of Identity, Berlin/New York, S. 45 ff.

F. Neumann (1980), Die Herrschaft des Gesetzes. Eine Untersuchung zum Verhältnis von politischer Theorie und Rechtssystem in der Konkurrenzgesellschaft, Frankfurt/Main.

F. Nietzsche (1980), Der Wille zur Macht, Stuttgart.

A. Nitschke, G. A. Ritter u.a. (1990), Jahrhundertwende. Der Aufbruch in die Moderne, 1880 - 1930, 2 Bände, Reinbek bei Hamburg.

E. Nolte (1991), Der europäische Bürgerkrieg 1917 - 1945, in: ders., Lehrstück oder

Tragödie? Beiträge zur Interpretation der Geschichte des 20. Jahrhunderts, Köln/Wien/Weimar, S. 19 ff.

R. Nozick (1974), Anarchy, State and Utopia, New York.

L. Panitch (1981), Trade Unions and Capitalism, in: New Left Review, Nr. 125.

L. Panitch (1994), Globalisation and the State, in: R. Miliband/L. Panitch, Eds.: Between Globalism and Nationalism, Socialist Register,1994, London, S. 60 ff.

L. Panitch (1996), Ed., Are There Alternatives? Socialist Register 1996, London/New York.

V. M. Perez-Diaz (1978), State, Bureaucracy and Civil Society. A Critical Discussion of the Political Theory of Karl Marx, London.

E. Piper (1979), Savonarola, Berlin.

K. Polanyi (1978), The Great Transformation (1944), Frankfurt/Main.

N. Poulantzas (1975), Politische Macht und gesellschaftliche Klassen, Frankfurt/Main.

N. Poulantzas (1978), Staatstheorie, Hamburg.

N. Poulantzas (1979), Interview, in: Prokla, 3/1979, S. 127 ff.

H. Rausch (1974), J. S. Mill, in: H. Maier u.a. (Hrsg.), Klassiker des politischen Denkens, Band II, München, S. 240 ff.

J. P. Reemtsma (1993), Die „Signatur des Jahrhunderts" - ein kataleptischer Irrtum? in: Mittelweg 36. Zeitschrift des Hamburger Instituts für Sozialforschung, Jg. 2, Heft 5, S. 7 - 23.

M. Regini (1992), Ed., The Future of Labour Movements, London.

R. Reich (1996), Die neue Weltwirtschaft. Das Ende der nationalen Ökonomie, Frankfurt/Main.

B. Riexinger / M. Fritz / T. Adler (1997), Tarifrunde 1997. Vor dem Anfang schon am Ende, in: Sozialismus, 1/1997, S. 37 - 40.

J. Rifkin (1995), Das Ende der Arbeit und ihre Zukunft, Frankfurt/New York.

H. Rittstieg (1976), Eigentum als Verfassungsproblem. Zu Geschichte und Gegenwart des bürgerlichen Verfassungsstaates, Darmstadt.

U. Rödel u.a. (1989), Die demokratische Frage, Frankfurt/Main.

U. Rödel (1990), Hrsg., Autonome Gesellschaft und libertäre Demokratie, Frankfurt/Main.

P. Römer (1978), Entstehung. Rechtsform und Funktion des kapitalistischen Privateigentums, Köln.

B. Röttger (1993), Akkumulation und Regulation in der EG-metropolitanen Integration. Zur Dialektik von Vereinheitlichung und Faktionierung in Europa, Institut für internationale Politik (IIP), Berlin, Arbeitspapier Nr. 22.

G. Rohrmoser (1994), Der Ernstfall. Die Krise unserer liberalen Republik, Berlin.

S. Rokkan (1971), Die vergleichende Analyse der Staaten- und Nationenbildung, in: W. Zapf (Hrsg.), Theorien des sozialen Wandels, Köln/Berlin, S. 228 ff.

A. Rosenberg (1962), Demokratie und Sozialismus. Zur politischen Geschichte der letzten 150 Jahre (1937), Frankfurt/Main.

W. Roßmann (1991), Vom mühsamen Weg zur Einheit. Lesebuch zur Geschichte der Kölner Metall-Gewerkschaften, Band 1, Hamburg.

J. J. Rousseau (1977), Vom Gesellschaftsvertrag (1762), Stuttgart.

W. Schäfer (1996), Das 20. Jahrhudnert hat gerade erst begonnen, in: Die Zeit vom 25. Oktober 1996, S. 56.

F. W. Scharpf (1991), Die Handlungsfähigkeit des Staates am Ende des 20. Jahrhunderts, in: Politische Vierteljahresschrift (PVS), 4/1991, S. 621 ff.

P. Scherer (1994), Burgfrieden, Bürgerkrieg, Banenenrevolution, in: Sozialismus, 11/ 1994, S. 51 ff.

C. Schmitt (1963), Der Begriff des Politischen (1932), Berlin.

C. Schmitt (1985a), Die geistesgeschichtliche Lage des heutigen Parlamentarismus (1926), Berlin.

C. Schmitt (1985b), Der Hüter der Verfassung (1931), Berlin.

M. Schneider (1992), Das Ende eines Jahrhundertmythos. Eine Bilanz des Sozialismus, Köln.

H. M. Schönherr-Mann (1996), Postmoderne Theorien des Politischen, München.

C. E. Schorske (1994). Wien. Geist und Gesellschaft im Fin de Siécle, (1980), München.

T. Schulten (1995), Auf dem Weg zu einem neuen transnationalen Unternehmenskorporatismus? in: Bob Jessop u.a., Europäische Integration und politische Regulierung, FEG-Studie Nr. 5, Marburg, S. 97 - 113.

H. Schulze (1994), Staat und Nation in der europäischen Geschichte, München.

M. Schumann u.a. (1994), Rationalisierung im Übergang, in: WSI-Mitteilungen, 47. Jg., Nr. 7, S. 425 ff.

J. A. Schumpeter (1950), Kapitalismus, Sozialismus und Demokratie (1942), München.

H. P. Schwarz (1994). Die Zentralmacht Europas. Deutschlands Rückkehr auf die Weltbühne, Berlin.

P. Seguin (1996), Auf der Suche nach einer anderen Gesellschaft, in: Blätter für deutsche und internationale Politik, 12/1996, S. 1463 - 1473.

W. Seidel-Höppner/J. Höppner (1987), Sozialismus vor Marx, Berlin.

P. Sloterdijk (1994), Falls Europa erwacht, Frankfurt/Main.

N. Sombart (1991), Die deutschen Männer und ihre Feinde. Carl Schmitt - ein deutsches Schicksal zwischen Männerbund und Matriarchatsmythos, München.

G. Sorel (1969), Über die Gewalt (1908), Frankfurt/Main.

G. Soros (1997), Die kapitalistische Bedrohung. Übertriebener Individualismus, zuviel Konkurrenz und zuwenig Kooperation sind die Feinde der offenen Gesellschaft, in: Die Zeit vom 17. Januar 1997, S. 25 - 27.

A. Steil (1984), Die imaginäre Revolte. Untersuchungen zur faschistischen Ideologie und ihrer theoretischen Vorbereitung bei Georges Sorel, Carl Schmitt und Ernst Jünger, Marburg.

A. Steil (1993), Krisensemantik. Wissenssoziologische Untersuchungen, Opladen.

Stiftung Entwicklung und Frieden (1995), Globale Trends, hrsgg. v. I. Hauchler, Frankfurt/Main.

W. Streeck (1992), Training and the New Industrial Relations, in: Regini 1992: 250 ff.

R. N. Stromberg (1990), European Intellectual History since 1789, Englewood Cliffs, N. J. (5th Ed.).

G. Therborn (1976), Science, Class and Society. On the Formation fo Sociology and Historical Materialism, London.

G. Therborn, The Rule of Capital and the Rise of Democracy (1977), in: New Left Review, 103, S. 3 ff.

G. Therborn (1978), What Does the Ruling Class when it Rules? State Apparatuses and State Power under Feudalism, Capitalism and Socialism, London.

G. Therborn (1984), The prospects of Labour and the Transformation of Advanced Capitalism, in: Socialism in the World (Beograd), 8. Jg., No. 44, S. 50 - 88.

G. Therborn (1992), The Life and Times of Socialism, in: New Left Review, Nr. 194, S. 17 - 32.

G. Therborn (1995), European Modernity and Beyond. The Trajectory of European Societies 1945 - 2000, London.

G. Therborn (1996), Jenseits der Staatsbürgerschaft. Postliberale Demokratie oder postdemokratischer Liberalismus?, in: Sozialismus, 11/1996, S. 4 - 9.

L. Thurow (1996), The Future of Capitalism, New York.

H. Tietmeyer (1996), Die europäische Wirtschaft zwischen globalen Märkten und internen Herausforderungen. Jean Monnet Lecture vor dem Europäischen Hochschulinstitut in Florenz am 28. November 1996, Vortragsmanuskript.

C. Tilly, Ed. (1975), The Formation of National States in Western Europe, Princeton, New Jersey.

A. de Tocqueville (1956), Über die Demokratie in Amerika (1835/40), Frankfurt/Main.

A. de Tocqueville (1969), Der alte Staat und die Revolution (1856), Reinbek bei Hamburg.

I. Tömmel (1995), Die Europäische Integration: ökonomische Regulierung und Politikgestaltung zwischen Staat und Markt, in: B. Jessop u.a., Europäische Integration und politische Regulierung, FEG-Studie Nr. 5, Marburg, S. 49 - 63.

S. Tönnies (1994), Der Rest von Marx, in: Die Zeit vom 20. Mai 1994, S. 60.

B. Trentin (1989), Europa im Programm der CGIL, in: F. Steinkühler, Hrs., Europa '92, Hamburg, S. 183.

H. J. Urban (1995), Deregulierter Standort-Kapitalismus? Krise und Erneuerung des Sozialstaates, in: H. Schmitthenner, Hrsg., Der 'schlanke' Staat, Hamburg, S. 9 ff.

J. Visser (1992), The Strength of Union Movements in Advanced Capitalist Democracies, in: Regini (1992: 17 ff).

L. Vollmer (1994), Eine Koalition des New Deal, in: Blätter für deutsche und internationale Politik, 4/1994, S. 395 ff.

M. Walzer (1991), Zweifel und Einmischung. Gesellschaftskritik im 20. Jahrhundert, Frankfurt/Main.

M. Weber (1964), Wirtschaft und Gesellschaft, Zweiter Halbband, Köln.

U. Wehler (1995), Angst vor der Macht. Die Machtlust der Neuen Rechten. Friedrich-Ebert-Stiftung, Bonn.

W. Welsch (1987), Unsere postmoderne Moderne, Weinheim.

H. Werner (1994), Anmerkungen zum Gesellschaftsvertrag, Klassenkompromiß und Wirtschaftsdemokratie am Ende einer Epoche, in: ders. (Hrsg.), Wirtschaftsdemokratie. Eine Antwort neu befragt, Berlin, S. 50 ff.

S. West (1993), Fin De Siècle, London.

H. Willke (1992), Ironie des Staates, Frankfurt/Main.

H. Willke (1993), Abwicklung der Politik, in: S. Unseld , Hrsg., Politik ohne Projekt?, Frankfurt/Main 1993, S. 54 ff.

G. Ziebura (1984), Weltwirtschaft und Weltpolitik 1922/24 - 1931, Frankfurt/Main.

G. Ziebura (1996), Globalisierter Kapitalismus: chancenlose Linke? in: Prokla, Heft 102, 26 Jg., Nr. 1, S. 85 ff.

K. G. Zinn (1993), Die neue Qualität des Finanzkapitals. Deregulierung und Informationstechnologien veränderten in den 80er Jahren den Finanzsektor der Industrieländer, in: Wirtschaft und Gesellschaft, Jg. 19, Heft 1, S. 59 ff.

K. G. Zinn (1993). Dienstleistungsgesellschaft oder Krise des tertiären Sektors?, in: WSI-Mitteilungen, 1/1993.

K. G. Zinn (1994), An der Schwelle zum 21. Jahrhundert. Angebotspolitische Nachfrageexpansion und theorieloser Aktionismus, in: Sozialismus, 20. Jg., Heft 166, April 1994, S. 4 ff.